やわらかアカデミズム・〈わかる〉シリーズ

よくわかる
行 政 学
第2版

村上 弘・佐藤 満 編著

ミネルヴァ書房

はじめに

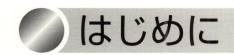

■よくわかる行政学［第2版］

　行政学という科目は，法学部や政治・政策系学部のなかにあって，一見，地味な存在です。たとえば，政治史のように波乱万丈とは言えず，国際政治学ほどにグローバルでもありません。しかし，実際には，行政学は豊かな広がりを持ち，かなりおもしろい科目なのです。

　その理由の第1は，行政が，現代社会において重要だということです。国と地方自治体の行政機関は，私たちに関係する幅広い仕事や政策を，さまざまな方法で実施しています。民間セクターと協力・対抗しながら，多くの成果と各種の問題を生み出し，少しずつ改革されていますが，旧態依然とした部分もあります。しかし，政府と行政の活動が小さく不十分であれば，政治家がいくら理想を掲げても，民間企業が成果をあげても，社会や市民生活はかなり混乱するはずです（そうでないという意見もありますが）。こうした行政の制度とメカニズムや，行政改革の議論を学ぶことは，公務員や法曹，議員，マスコミ，NPOなどをめざす人はもちろん，多くの市民にとって参考になるでしょう。

　行政学が幅広くてかなりおもしろい第2の理由は，柔軟な分析枠組みを用いて，いろいろな事実や理論に注目することです。行政学固有の研究テーマに加えて，政治学（とくに政治過程論），政策科学（公共政策論），地方自治論，組織論，憲法・行政法など，隣接の学問分野との関係が深く，いわばこうした諸科目の結節点になっています。行政学は，さまざまな学問エリアへの入口を提供してくれるわけです。実際，この本でも，「地方自治論」や「政策過程論」という科目のエッセンスをまとめた部分を置きました（第4部と第5部）。これらの科目に関心を持った読者は，さらに専門的に学んでみてください。

　このように，行政学は，一方で行政に関係する人々の実務や活動のための参考になり，他方でアカデミックな知的関心を広げ，育てるような科目だと言えるでしょう。

　さて，この本のタイトルは，「よくわかる行政学」です。
　もちろん，「よくわかる」とは，基礎的・入門的というだけの意味ではありません。この本では，基礎知識や入門的な事項を十分に説明したうえで，必要に応じて，発展的な知識や分析にも進むようにしました。発展的で少し高度な情報は，ページの横の注記を利用して，かなり詳しく書かれています。

　大判見開きで1項目（1節）を掲載する本書のスタイルも，読者にわかりや

すい教科書として，つぎのように役立つでしょう。
　①2ページ見開きで1項目なので，テーマごとにまとまった理解ができる。
　②本文は基礎的な内容を中心に読みやすく書き，一方，横の欄の注記で，
　　用語説明や詳しい知識を提供する。
　③クロスリファレンス表示で，関連する他の項目を参照しやすい。
　④参考文献を各項目ごとに掲げているので，自分で勉強を進めやすい。
さらに，次のような工夫もしてみました。
　⑤全体を6部編成にまとめ，行政学の体系をわかりやすく示した。それぞ
　　れの部は，基本的に，短い理論的な章から入り，具体的なテーマの章へ
　　と進んでいくように設計した。なお，Ⅰ，Ⅱ，Ⅲ……で示す章の単位に
　　分解すると，この本の全体は19章から成り立っている。
　⑥とくに，他の教科書で細かく章を分けて並べることが多い諸テーマを，
　　行政の「内部過程」（第2部），「外部過程」（第3部）というかたちで，
　　「大くくり」に統合した。これによって，「何がどこに書いてあるのか」
　　という行政学の全体構造が，見渡しやすくなっている。
　⑦理論的な説明には，できるだけ具体例を添えるようにした。
　⑧筆者が自分の研究テーマを語るコラムや，「行政学がよくわかる映画」
　　シリーズなどのコラムを並べている。
　そして，執筆は，各テーマに詳しい，行政学，政治学，公共政策，行政管理論などを担当する大学教員の方々に，お願いしています。執筆の過程では，意見交換や調整をていねいにおこないました。なお，「さくいん」で調べてみると，同じ事項が複数の場所で扱われていることがありますが，読み比べれば理解が深まります。

　この本の全体の流れはつぎのとおりです。なお，詳しくは，第1～6部の各冒頭ページにある解説を参照してください。
　第1部「行政と行政学の展開」は，今日までの日本・欧米の行政（学）の歴史をたどり，現代の政府と行政を考える視点を引き出そうとします。公共性，ガバナンス，福祉国家，小さな政府論などについても論じます。
　続く第2部と第3部は，さまざまなテーマを行政の「内部過程」と「外部過程」に分類してまとめた大型ユニットです。ただし，内部に分類したテーマが

はじめに

外部にも深く関係する場合やその逆が少なくないことには、注意してください（1-I-1「行政、行政学とは何か」を参照）。

第2部「行政の内部過程」では、まずアメリカを中心とする組織論の展開をたどったあと、各論として、政府組織の編成、組織を調整・統合するためのしくみ、公務員制度と人事、財政と予算について説明します。

第3部「行政の外部過程」では、理論として、行政責任論、官僚制論をとりあげたあと、各論として、議会、利益団体、市民という現代政治の重要な参加者（アクター）のそれぞれと行政官僚制との関係を説明します。

第4部「地方自治」は、行政的のみならず政治的機能も持つ地方自治の理念と役割について述べ、つづいて日本の現状を、中央地方関係（国と地方自治体の関係）の側面と地方政治の側面とに分けて考察します。

第5部「政策過程」は、行政（と政治）をそれが産み出す政策の側面から観察し、政策過程のスタイルという視点や、時間軸に沿った5段階区分（課題設定、決定、実施、評価、発展・縮小・中止）にもとづいて検討します。

第6部「行政改革」は、行政の意図的な変化をとりあげ、その理論、日本での歴史的展開、そして今日の行政改革の主要なテーマとして、民営化・民間委託、評価、規制緩和、財政健全化の4項目を検討します。

最後になりましたが、お忙しいなか原稿を準備してくださった執筆者の方々、出版のお世話をいただいたミネルヴァ書房の梶谷さん、そして、大学院時代から何かとお世話になっている共同編集者の佐藤さんに、深く感謝いたします。

2009年2月　　　　　　　　　　　　　　　　　　　　　　　　村上　弘

*　　　　　*　　　　　*

本書の第2版を出版できることを、たいへん喜ばしく思います。

新たな執筆者にも加わっていただき、ミネルヴァ書房では中村さんにもお世話になり、初版発行後6年間の政治行政の変化をはじめとして、全面的に見直しや情報の追加・更新をおこないました。

2015年10月　　　　　　　　　　　　　　　　　　　　　　　　村上　弘

もくじ

■よくわかる行政学［第2版］

はじめに

図表一覧

第1部　行政と行政学の展開

Ⅰ　行政の歴史と行政学

1　行政，行政学とは何か……………2
2　絶対王政と官房学………………4
3　自由主義と小さな政府…………6
4　政治・行政二分論とアメリカ行政学
　　………………………………8
　　［コラム］POSDCORBと自主性：
　　　　　　ゼミ運営の経験から…9
5　20世紀の政府機能の拡大………10
6　福祉国家と行政国家……………12
7　新自由主義と小さな政府論……14
8　公共性とガバナンス(1)：公共性
　　の意味内容…………………18
9　公共性とガバナンス(2)：公共性
　　の実現主体…………………20
10　行政と公共政策における
　　価値基準(1)：5種類の価値……22
11　行政と公共政策における
　　価値基準(2)：総合的な評価……24

Ⅱ　日本の行政の展開

1　日本の行政原理(1)：
　　明治憲法の時代………………26
2　日本の行政原理(2)：
　　日本国憲法の時代………………28
3　政府・行政の規模：国際比較……30

［映画コラム］小さな政府，大きな政府
　　………………………………34

第2部　行政の内部過程

Ⅰ　組織理論と管理の技術

1　組織とは何か：行政組織の場合…38
2　科学的管理法……………………40
3　人間関係論………………………42
4　古典的組織論から新たな展開へ
　　………………………………44
5　サイモンとサイモン以後………46
6　意思決定論………………………48

もくじ

7 組織のイノベーション............50

　[映画コラム] 政策決定・意思決定.....52

Ⅱ　中央政府の組織編成

1 内閣と政治的任命職............54

2 中央省庁とその内部構成，中央省庁改革............56

3 行政委員会と審議会............58

　[コラム] 教育委員会はどう変わったのか…59

4 公企業の設立理由とその形態.....60

　[コラム] 水道事業にはどのような形態が望ましいのか…61

5 公企業改革の歴史............62

　[コラム] JICA（国際協力機構）の変遷に見る特殊法人・独立行政法人改革…63

Ⅲ　行政組織における調整と統合

1 計画による行政............64

2 ラインとスタッフ............66

3 コミュニケーションと稟議制.....68

4 リーダーシップ............70

　[映画コラム] 組織とリーダーシップ，政策執行............72

Ⅳ　公務員制度と人事

1 公務員制度の諸原理............74

2 公務員のライフサイクル：採用・昇進・退職............76

　[コラム] 人事交流............78

3 公務員を支える組織：人事院・総務省・内閣人事局............80

4 公務員の義務とモラル............82

5 公務員を取り巻く環境の変化：近年の公務員制度改革............84

　[映画コラム] 公務員の人事慣行......86

Ⅴ　財政制度と予算・決算

1 財政制度............88

2 予算編成の年間スケジュールと参加者............90

3 予算編成の技術............92

4 決算と会計検査院............94

5 日本財政の争点............96

第3部　行政の外部過程

Ⅰ　行政責任の理論

1 行政責任の概念............*100*

2 フリードリッヒ・ファイナー論争と説明責任............*102*

　[コラム] 京都駅ビルはなぜ高さ60mになったのか…103

3 行政統制の類型化............*104*

4　執行過程における行政裁量と統制
　　　　　　　　　　　　　　　　………106

Ⅱ　官僚制の機能と権力

　　1　M.ウェーバーの官僚制論………108
　　2　官僚制の限界と病理…………110
　　3　官僚制モデルを超えて………112
　　4　ストリート・レベルの官僚制…114

Ⅲ　議会と行政

　　1　執政制度………………………116
　　2　立法過程(1)：立法過程の実態…118
　　3　立法過程(2)：政官関係論………120
　　4　立法過程(3)：議会過程…………122
　　5　日本の国会をどう見るか………124

Ⅳ　利益団体と行政

　　1　利益団体の機能と課題…………126
　　2　利益団体の活動………………128

Ⅴ　市民と行政

　　1　行政と政策主体の多様化………130
　　［映画コラム］コミュニティ権力構造
　　　　　　　　　　　　　　　　………132
　　2　市民参加の機能と課題…………134

　　3　市民活動・NPOの登場と広がり
　　　　　　　　　　　　　　　　………136
　　4　広報・広聴の広がり……………138
　　5　情報公開と市民と行政…………140
　　6　不服申立て等による行政救済…142
　　7　議会，監査委員への働きかけ…144
　　8　司法による行政救済……………146
　　9　オンブズマンの機能と制度……148
　　10　直接請求と住民投票……………150
　　［映画コラム］市民社会と大衆社会…152

第4部　地方自治

Ⅰ　理念と役割

　　1　団体自治と住民自治……………156
　　2　地方自治の展開と役割…………158

Ⅱ　中央地方関係

　　1　「集権・分権」と「分離・融合」
　　　　　　　　　　　　　　　　………160
　　［コラム］新しい政令指定都市：新潟市
　　　　　　　　　　　　　　　　………162
　　2　国の法的統制と事務制度………164
　　［コラム］国地方係争処理委員会：横浜市
　　　　　の場合……………………166
　　3　国の財政的な統制と支援………168

 4 地方分権改革 …………………… *170*

 5 道州制と大阪都（大阪市廃止分割）構想 …………………… *172*

Ⅲ 地方政治

 1 二元代表制 …………………… *174*

 2 選挙と住民参加 …………………… *176*

 ［映画コラム］社会科学と実験 ……… *178*

第5部　政策過程

Ⅰ 政策過程の理論

 1 政策過程の分析 …………………… *182*

 ［コラム］福祉政策は実施過程を見ると化ける？ …………………… *184*

 2 合理主義とインクレメンタリズム …………………… *186*

 3 政策形成のパターン …………… *188*

 ［コラム］日本政治過程の見取り図 …… *190*

Ⅱ 政策過程の諸段階

 1 前決定過程：課題設定と非決定 …………………… *192*

 ［コラム］統治するのはだれか？：CPS 論争 …………………… *194*

 2 政策決定過程 …………………… *196*

 3 実施過程 …………………… *198*

 ［コラム］権力なき権威？：実施過程の日本的特徴 …………………… *200*

 4 政策評価 …………………… *202*

 5 政策の発展・縮小・中止 ……… *204*

第6部　行政改革

Ⅰ 行政改革の理論と歴史

 1 行政改革の必要性 ……………… *208*

 2 行政改革の歴史的展開(1)：占領期 …………………… *210*

 ［映画コラム］アメリカの連邦・州・自治体間関係 …………………… *212*

 3 行政改革の歴史的展開(2)：占領以後 …………………… *214*

 4 NPM …………………… *216*

Ⅱ 現代日本の行政改革

 1 民営化と民間委託 ……………… *218*

 2 評　価 …………………… *220*

 3 規制と規制緩和 ………………… *222*

 4 財政健全化 …………………… *224*

あとがき …………………… *227*

さくいん …………………… *229*

図表一覧

第1部　行政と行政学の展開
- 表1-1　政府の活動と企業の活動の比較……………………………………16
- 表1-2　大きな政府か小さな政府か…………………………………………17
- 図1-1　ガバメント，ガバナンス，小さな政府のイメージ………………21
- 表1-3　有効性と公平性：どの政策を選ぶべきか，またどの政策が選ばれやすいか……………………………………………………24
- 図1-2　2015年度一般会計予算………………………………………………31
- 表1-4　国民経済に占める財政の役割：国際比較…………………………32
- 表1-5　主要国の国民経済に占める政府収支の比率………………………33
- 表1-6　日本の公務員数の推移………………………………………………33

第2部　行政の内部過程
- 図2-1　文部科学省の内部組織（2015年4月現在）………………………57
- 図2-2　中央省庁再編前後（2015年4月現在）……………………………57
- 表2-1　独任制と合議制………………………………………………………58
- 表2-2　人口1000人あたりの公務員数の国際比較…………………………76
- 表2-3　国家公務員の労働基本権が認められているか……………………82

第3部　行政の外部過程
- 表3-1　行政統制の分類………………………………………………………105
- 図3-1　議院内閣制（左側）と大統領制（右側）…………………………116
- 表3-2　新規閣法・衆法・参法の提出件数と成立数………………………118
- 表3-3　官僚と政治家：役割の発展…………………………………………120
- 表3-4　各政策領域でどんな利益集団が影響力を持つか…………………129
- 図3-2　政策類型の考え方……………………………………………………130
- 図3-3　政府・市場・市民社会セクターの活動領域………………………135
- 図3-4　情報提供の意思と提供方向…………………………………………138
- 図3-5　現在の不服申立て制度の流れ………………………………………143
- 表3-5　法律の根拠がある行政救済の制度…………………………………146
- 表3-6　行政に対する訴訟の類型……………………………………………147
- 図3-6　オンブズマンの分類…………………………………………………149
- 表3-7　地方自治法上の直接請求制度………………………………………150

第4部　地方自治
- 図4-1　集権・分権軸と分離・融合…………………………………………160
- 図4-2　中央地方関係モデル…………………………………………………161
- 図4-3　自治事務と法定受託事務……………………………………………165
- 図4-4　国と地方の役割分担（2012年度決算）……………………………168
- 表4-1　地方自治体の主な財源（2012年度）………………………………169

第5部　政策過程
- 図5-1　政策形成過程のモデル………………………………………………183
- 図5-2　ローウェル図式………………………………………………………187
- 図5-3　政策サイクル…………………………………………………………192

第6部　行政改革
- 図6-1　改革が構想した省庁・内閣の関係…………………………………215

第1部 行政と行政学の展開

　教科書の導入部分として、行政と行政学を全体として理解しイメージを持ってもらうためには、今日の諸問題や制度から入る方法もありますが、ここでは歴史的発展をたどってみることにしました。

　欧米や日本における国家と政府の歴史をマクロにたどり、そのなかで政府と行政というものがどんな働きをしてきたか、どんな変化を、なぜ経験してきたかを考えてみましょう。また、「公共性」「ガバナンス」「市場の失敗」「政府の失敗」「民主性」「有効性」「効率性」など、現代の政治行政を考えるためのキーワードについても解説します。

国の立法、行政機関などが集まる東京都千代田区

出所：筆者作成。

I 行政の歴史と行政学

行政，行政学とは何か

1 行政学の対象：三権分立のなかの行政

まず，行政学が対象とする「行政」とは何か，定義しておくのがよいだろう。わかりやすいのは，政府機構の「三権分立」のなかで行政を位置づける定義だ。

三権分立とはもちろん，政府の権力を，立法，行政，司法の三つに分割して異なる機関に委ね，互いに牽制させて権力の集中や独裁を避けるという原理である。立法とは法律を制定すること，行政は法律等を執行すること，司法は紛争等に法律を適用し裁定することを意味する。なお，立法機関は民主主義のもとでは，主権者である国民や住民の代表という意味を合わせ持つようになっている。

日本国憲法によれば，国会が立法権を，内閣が行政権を，そして最高裁判所と下級裁判所が司法権を担当する（それぞれ41条，65条，76条）。また，地方自治体は，司法権は持たないが，条例や予算の議決権等を持つ議会（地方自治法6章）と，長や行政職員から成る「執行機関」（同法7章）を設置する。

行政権が担当する法律の執行（または実施）とは，法律を，社会のなかで具体的に実現していくことを言う。法律は数ページ程度の紙に書かれた言語であるが，それを実際に執行するためには多くの人々の共同作業が必要になる。たとえば，都市計画法には，道路や公園等の整備計画，用途地域の指定などを含む都市計画を決定し，それにもとづいて公共事業を進め，民間の建築行為の確認（許可）をおこなうことが定められているが，これを全国の都市で実施していく作業は，膨大なものになる。法律外の政策，予算の執行，税の徴収なども，同じようなかたちを取る。そのため，行政機関はふつう立法機関よりも規模が大きく，専門的な職員を集め，複雑な組織を作っている。

さらに，行政機関は執行以外のフィールドにも進出している。特に法律，政策，予算の企画立案には，専門家集団としての行政が深く参加する。

以上をまとめると，行政学の対象である行政とは，「政府の執行機関と，それが行う執行・立案等の活動」だと言えるだろう。

2 行政学の方法：行政法学との違い

学問や人間の諸活動を定義する一つの視点は，どんな対象をどんな方法であつかうか，ということだ。たとえば，同じ魚や野菜や卵を使っても，調理方法

▷1 三権分立の原理は，フランスの思想家であるモンテスキューが，『法の精神』（1748年）において唱え，今日では各国で採用されているが，権力の分立の仕組みは国によって異なる。

によっていろいろな名前の料理ができる。同じメロディーを用いても，編曲や楽器を変えると，違った音楽が生まれる。

行政学と行政法（学）とは，ほぼ同じ対象，つまり本節❶で述べた行政機構とその活動をあつかっている。しかし，行政学は政治学の一分野であり，行政法学は法律学に属するので，対象にアプローチする学問的方法はかなり違ってくる。

法律学が法律の構造の認識とその解釈・適用の検討に特化するのに対して，政治学は法律や制度だけでなく，関係者（アクター）の行動や心理，政策とその社会的効果などの諸要因を幅広く検討しようとする。

たとえば，行政機関の不適当な活動をとりあげる場合，行政法学ならばその活動が合法か違法か，損害賠償請求が認められるか，訴訟の場でどのように法的論理が適用されるかを検討する。一方，行政学ならば，なぜそんな活動が生じるのか，行政機関や政治家はどう対応しているか，選挙や住民投票で争うことが有効か，どのような制度改革が有効か，などを検討することになるだろう。

たしかに，法令の規定や法的論理はそれだけで膨大なものだし，違法のおそれのある行為を前もって避けたり，議論や訴訟の勝敗を争うことは実益が大きいので，法律の知識は有用で，かつ習得には時間と労力を要する。しかし，現実の社会の動きを総合的に理解し，複雑な因果関係を分析し，問題に対処する思考を養うためには，政治学の勉強も欠かせない。公務員，政治家，マスコミ等をめざす人にとって，法律学とともに，政治学・行政学あるいは経済学などの他の社会科学を学ぶことは，有益だと考えられている。

❸ 行政の内部過程と外部過程

この教科書は，行政学の構成をわかりやすく展示するため，行政の内部過程（2部）と外部過程（3部）を分けている。後者の外部過程は，行政機構と，その外にある社会，議会，市民等との関係を指す。他方，行政機構は巨大な組織体であるため，その内部のメカニズムも複雑で，特別なしくみや管理運営技術が働いているので，これを内部過程と呼ぶことにしよう。もちろん，内部過程と外部過程は峻別できず，双方にまたがる事項は数多く存在する（例：予算編成，官僚制）。そうした事項のなかでも，地方自治，政策過程，行政改革はとくにまとまりのあるテーマなので，独立してとりあげることにした（4～6部）。

「行政」は英語で public administration と言うが，administration とは「組織の活動を管理・運営すること」を意味し，したがって民間企業や諸団体でも行われている営みである。実際，組織内部でのメンバーの行動やそれに対する管理運営技術（組織編成，人事，計画など）には，政府と企業とで共通するものも多い。しかし，組織とその外部の関係は，民間企業の場合と，public（「政府の」）が付された「行政」の場合とでは，かなり異なってくるだろう。

▷2 したがって，行政学・政治学のある側面は，経済学や社会学につながっている。経済学，特に財政学や公共経済学は，政府の活動の必要性や現状，問題点を分析するために役立つ。官僚制や市民運動の研究は，社会学者によっても進められてきた。

▷3 村松岐夫編『新版行政学講義』青林書院，1985年の編成も参考にさせていただいた。行政統制における内部・外部手法の区分は，3-Ⅰ-3「行政統制の類型化」を参照。

▷4 public の一般的な訳は「公共の」であり，これは，「政府の」および「社会全体の」という2つの意味を持つ。⇒1-Ⅰ-8「公共性とガバナンス(1)」

参考文献
日本行政学会『年報行政研究36 日本の行政学：過去，現在，未来』ぎょうせい，2001年。西尾勝『行政学』（新版）有斐閣，2001年，4章。村松岐夫『行政学教科書』（第2版）有斐閣，2001年，1章。真渕勝『行政学』有斐閣，2009年，序章。

I 行政の歴史と行政学

 ## 絶対王政と官房学

1 政府の役割と行政

行政は政府の一機構なので、行政が成立する前提として、政府や国家という政治単位について説明しておきたい。

たとえば、古代のローマは、地中海周辺を支配する大帝国を築いた。政治家は農地を獲得し経営して利益を上げ、民衆に対しては「パンとサーカス」を提供して人気を得ようとした。帝国はまたローマ法と呼ばれる法体系を整備し、今日に残る円形劇場・闘技場、道路、水道施設などの公共施設を建設した。

中国の歴代王朝は、首都と豪華な宮殿を建設する一方で、異民族に対する防衛のための万里の長城、南北を結ぶ大運河などの「公共事業」を進めた。また、人材を広く求めて、科挙と呼ばれる厳しい官吏試験を実施した。

中世ヨーロッパでは、国王から自治権を認められた自治都市が発達した。都市の政府は、防衛のための市壁を築き、衛生面のルールや都市計画を定めた。ベネチアやジェノバのように、貿易拡大のために海軍を持った都市もある。

これらの例からわかるように、政府や国家の役割は「二面性」を持つと言われ、一方では権力者（国王、政治家、支配階級など）の利益や権力欲の満足をはかりつつ、他方で社会全体の発展に一定の配慮をすることが多い。後者は国家の基礎である経済力を強めるためにも、民衆の支持を得て統治を安定させるためにも必要である。二つの側面のどちらに重点が置かれるかは、時代や政治体制によって異なる。

いずれにせよ、政府はスローガンや方針を掲げるだけでなく、実際に大量の政策や事務を執行しなければならない。ここに、執行を担当する専門家集団としての行政機構が必要になる。

2 絶対王政と官僚制

中世のヨーロッパは、諸侯が統治する小領土や自治都市が各地に分立していたが、続く絶対王政の時期になると、大型の国家への統合が進んだ。

絶対王政とは、16～18世紀に成立した国王を頂点とする集権的な国家で、エリザベス1世（イギリス）、ルイ14～16世（フランス）、フリードリヒ2世（プロイセン）などの治世が有名である。こうした国家は、戦争等によって領土を拡大し、それまで多くの小国に分かれていた各民族をしだいに統一し、民族国家

▷1 宮崎市定『科挙：中国の試験地獄』中央公論新社、2003年。

▷2 政治家や官僚も人間なので、自らの利益や権力を追求する場合が見られる。ひとたび権力を持てば、威嚇と術策によってそれを拡大できる。しかし、他方でこれを抑制する要因として、今日では、政府は社会全体のためにあるという理念や民主主義の諸制度が働いているわけだ（村上弘『日本政治ガイドブック』法律文化社、2014年、6-10頁）。

▷常備軍
戦争にあたって兵士を集めるのではなく、平和時にも

(nation state) の原型を作った。ときには他民族を支配下に置くこともあった。当時のフランスやイギリスの領土は，現在のそれにかなり近づいている。

絶対王政は，**常備軍**と官僚制を整備し，豪華な宮殿や庭園を造り，道路網など国土の建設や，**重商主義**のための産業振興を進めた。行政官僚制は，こうした政策を実行し，また政策や戦争の経費をまかなうための徴税に必要だった。

3 ドイツ官房学の成立と分化

本格的な国家と行政官僚制が登場するとともに，17～18世紀のドイツを中心に，それを対象とする学問も始まった。啓蒙的な（改革派の）君主や重商主義的な国家のもとでは，官僚は法律だけでなく，経済や行政手法についても知識を持つことが期待されたのである。これは，官房学（Kameralismus［独語］）と呼ばれ，1727年にプロイセンの大学で講座が設けられた。官房学の内容は，国家経営に必要な実用知識の集まりであり，当時の重要な産業に関する林学，農学や，政府や行政の運営に役立つ財政学，経済学などを含む。しかし，これらの各分野は，しだいに個別の学問として分離独立していった。

時代は先に進むが，行政についての理論的考察として有名なものに，19世紀中頃の**シュタイン**の行政学がある。シュタインは行政（Verwaltung［独語］）を憲法（または憲政，Verfassung［独語］）と結びつけ，行政は憲法に導かれた国家の活動であると考えた。国家の行政だけを独立させて理解するのではなく，行政の政治的要素つまり社会からの参加（憲政）を視野に入れようとしたのである。そして，階級対立が激化していた当時のドイツ社会のなかで，シュタインは国家とその行政に，社会的対立を調停し抑制する自律的な機関としての役割と，社会改革を期待した。これは20世紀の福祉国家に通じる考え方だと言える。当時としては，絶対王政に仕える行政でもなく，かといって国家や行政を警戒し最小に抑えようとする英米の自由主義でもない，第3の立場を打ち出したということになる。

19世紀後半になると，ドイツでは，むしろ行政法学が主流になった。これは，1871年に成立したドイツ帝国での憲法制定や法治国家理念，行政裁判所の設置という状況を受けて，国家・行政と国民の関係を法律関係として構成し統御するもので，行政の権限や活動を根拠づけ，進めやすくするとともに，市民の権利の保護にも一定役立つなど，実用性があった。

他の社会科学分野では，**ワグナー**が，「国家活動膨張の法則」を唱えた。文明化された社会では，国家の活動（財政需要）が継続的に拡大する傾向が見られる，という理論である。また20世紀初め，**ウェーバー**は，**官僚制の理論**を体系化し，その権力拡大を警戒しつつも，独特の構造を備える官僚制が高度な能力により現代社会で不可避的な現象となっていることを説明した。

I-2　絶対王政と官房学

保有し訓練しておく常設の軍隊。

▷3　官僚制は，古代帝国から中世まで見られた国王の私的な使用人としての「家産官僚制」から，制度化され専門性の高い近代官僚制へと進化していった。

▷**重商主義**
貿易黒字によって国を富ませようとする政策で，国内産業の振興のために輸入品に高い関税をかけ，輸出商品（ゴブラン織，マイセン陶器など）の育成に努めた。

▷**シュタイン**（Stein, Lorenz von：1815-90）
ドイツ，オーストリアの国法学，経済学者。伊藤博文がヨーロッパ憲法調査（1882-83年）のときに教えを受けたこともあって，日本でよく知られている。

▷4　Stolleis, M., Geschichte des öffentlichen Rechts in Deutschland, Bd. 2, Beck, 1992, S. 388-393.

▷**ワグナー**（Wagner, Adolph：1835-1917）
ドイツの経済学・財政学者。

▷**ウェーバー**（Weber, Max：1864-1920）
ドイツの社会学者。

▷**官僚制の理論**
⇨ 3-II-1 「M.ウェーバーの官僚制論」

参考文献
今村都南雄他『ホーンブック　基礎行政学』（改訂版）北樹出版，2009年，1章。
W. H. マクニール『世界史』下，中公文庫，2008年。
佐藤成基『国家の社会学』青弓社，2014年。

第1部　行政と行政学の展開

I　行政の歴史と行政学

 自由主義と小さな政府

1　近代市民革命

　近代市民革命とは，17〜18世紀にヨーロッパで絶対王政を倒した革命で，その主体となったのは，市民つまり商工業者（資本家，ブルジョア）だった。イギリスのピューリタン（清教徒）革命（1642〜49年），名誉革命（1688年），そしてフランス革命（1789年）が典型である。また，アメリカの独立（1776年）も，イギリスによる植民地支配に抵抗した一種の市民革命という側面を持つ。(イギリスから言語や文化を強制されたわけではないが，)経済的な統制や課税と政治的な発言権の欠如への不満が大きかった。

　革命の結果，たとえば，フランスの「人権宣言」（1789年）は，従来の身分制度を否定し，主権者である市民を代表する議会制度や，すべての市民に対する人権保障を定め，民主主義への道を開いた。

　もっとも，実際には，人権といっても国家からの自由の保障（自由権や所有権）が中心で，貧困層にとってはそれほどありがたくない場合もあった。参政権の面でも制限選挙制を採用し，政治参加の資格を富裕層だけに限っていた。

2　自由主義と小さな政府

　市民革命は単なる暴動ではなく，新しい社会を築く諸思想に支えられていた。有名なものとして，政治面での社会契約論，経済面での自由放任主義がある。
　社会契約論は，人間は不安定な自然状態から脱するために，自由意思にもとづく契約によって国家を設立する，と述べた。市民が自らの利益のために合意によって政府を作るという民主主義の原理である。イギリスのロック，そして『社会契約論』の著者であるフランスのルソーなどが理論化した。
　一方，経済的な自由放任主義（レセフェール laissez-faire ［仏語］）は，国家介入に対する自由な市場原理の優位を説いた。つまり，個人が自由競争的な**市場**において私的利益を追求すれば，「見えざる手」に導かれて，結果的に社会に利益をもたらすという論理である。**アダム・スミス**が，主著『国富論』（『諸国民の富』）のなかで唱えた。
　社会契約論は，市民の政治参加を根拠づけるとともに，政府権力の抑制につながった。フランス「人権宣言」の表現を借りれば，「あらゆる政治社会形成の目的は，人の（中略）自然権の保全である」，「各人の自然権の行使は，同じ

▷1　アメリカ側がイギリスとの戦争に勝った一因はフランスの支援だが，支援の経費でフランスの財政危機は深まり，増税策が革命の一因になった。

▷2　他にも，自由と平等の原理，罪刑法定主義，表現の自由，行政の説明責任など，今日に通じるような規定が見られる。

▷市場
商品の売買や資源の配分が，品質や価格等を参考にして自由に行われる場のこと。こうした経済活動のしくみを市場原理（market mechanism）または市場経済と呼ぶ。反対概念は，政府が生産や配分を決定する「計画経済」または「統制経済」。

▷3　ただし，スミスは，私的利益の追求や競争は道徳的に是認されるようなものであるべきだとも考えていたようだ（中村達也・八木紀一郎・新村聡・井上義朗『経済学の歴史』有斐閣，2001年，1章2）。

▷アダム・スミス（Smith, Adam：1723-90）
イギリスの経済学者。

権利の享受を他の社会構成員に保障すること以外の限界を持たない。その限界は，法律によってのみ定めることができる」といった論理である。

また，市場での私益の追求が社会の公益につながるという自由放任主義の論理は，一見すると不思議だが，たしかに，企業や個人は市場競争で勝つため，負けないために，安くて良い物を作ろうとする。もし，この論理が全面的に成り立つなら，社会には自己統御能力があり，政府の介入は最小限が望ましい。これは，国防，治安維持等だけに国家の任務を限定する「夜警国家」や，「小さな政府」，「安価な政府」の理念につながった。

19世紀のイギリスは，世界一の工業国という自信をもとに，自由貿易（小さな政府）を実現していった。その象徴が，穀物法の廃止（1846年）である。穀物法とは，地主保護のために安価な外国産穀物の輸入を制限する制度で，商工業者が反対運動を展開していたのだった。とはいえ，同じ時期に，政府は労働組合を合法化し，工場での労働条件の改善のために最低基準を規制する「工場法」を整備していった。つまり，経営者と労働者個人との「契約の自由」の原理が，政府の介入により修正され始めていたことも，注目してよい。

アメリカ合衆国も，君主制を採用せず，また中央政府の権限を限定し州の自立性を確保する連邦制を取ったため，中央政府の活動とその行政機構は比較的小さかった。第3代大統領のジェファソンは，就任演説（1801年）のなかで，「人々が互いに傷つけあわないよう規制し，それ以外は人々が産業と進歩の追求を自主的に規律することを許す……ような，賢明で質素な（wise and frugal）政府」こそが「良い政府」だと述べた。

3 自由主義の社会的背景と限界

19世紀の英米で自由主義や「小さな政府」が実現したのには，それなりの背景があった。つまり，①政治的には，近代市民革命によって絶対王政と官僚支配を倒していた。②経済的には，先進的で自生的な近代化，工業化が進んでいた。つまり，当時の最先端の技術や工業を発達させ，かつ，それは国家の手を借りず，民間の経営者が生産と資本を拡大していくかたちで進められた。

これに対して，フランス，ドイツ，日本などは，後発的に近代化・産業化を進める立場にあり，先頭グループに追いつくために国家の積極的な関与が必要で，「小さな政府」というわけにはいかなかった。たとえば大学を見ると，英米では民間が，独・仏・日本では政府が主導して整備した。日本では，明治時代，国が富岡製糸場や八幡製鉄所を「官営工場」として建設し，また国有鉄道を整備した。

さて，英米においても，19世紀後半になると，産業革命に伴って工場労働者が増え，都市問題や貧困問題が深刻になっていく。次の世紀には，「小さな政府」の理念は修正を迫られることになるだろう。

▷4 もちろん，この論理だけでは，現代社会では単純すぎる。たとえば，今日の先進国で，多くの商品やサービスが，一定の品質かつ手頃な値段で私たちに提供されているのはなぜだろうか。（日本の）医療サービスのように政府が品質や価格を事実上統制している場合もあるが，基本的には，生産者・販売者が市場競争のなかで，品質と価格を工夫している。しかし，政府が安全・衛生基準や情報の表示を義務づけていることも重要で，それがなければ，商品やサービスの問題は，実際に被害が生じるまで放置されるだろう。⇨6-Ⅱ-3「規制と規制緩和」

▷5 フランス革命の過程で独裁的な「恐怖政治」が生じたり，19世紀に入ってもナポレオンの帝政や王制復活があり，中央集権体制が続いた。

参考文献
青山吉信他編『新訳世界史史料・名言集』山川出版社，2000年。高橋和之編『新版世界憲法集』岩波書店，2007年。W. H. マクニール『世界史』下，中公文庫，2008年。

I 行政の歴史と行政学

 ## 政治・行政二分論とアメリカ行政学

1 「デモクラシー」の行政への浸透

独立後のアメリカ合衆国は，民主主義と小さな政府の原理に立ち，このうち民主主義は，行政のあり方にも影響を与えた。

つまり，19世紀の初め，政権のリーダーや与党が公務員を任命し，大統領や州知事が交代すると広い範囲で公務員を入れ替えることが慣行になった。この猟官制（spoils system）は，政治リーダーが信頼しうる公務員を選んで政府を構成するという意味では，民主的かもしれないが，公務員の交代に伴う無能や非効率，人事をめぐる不公正・腐敗などの弊害は大きかった。

こうした状況を改革するために，ペンドルトン法（1883年）が，公務員の資格任用制（merit system）を導入し，能力重視の公務員人事への道を開いた。

2 政治・行政二分論

公務員制の改革と並行して，理念としての「政治・行政二分論」が登場した。これは，政治の関与・介入が行政を非能率にしているので，行政を政治から切り離し能率化を進めるべきだとする理念である。つまり，政治の世界は民主主義を追求しても，行政の世界では能率という別の価値が大切だということになる。**ウィルソン**が論文「行政の研究」（1887年）において唱え，影響を与えた。同じ立場の**グッドナウ**も，国家の意思の表明とその意思の執行とは区別できる，と主張した。この2人は，アメリカ行政学の創始者と呼ばれている。

3 アメリカ行政学の展開

アメリカの行政学は，政治・行政二分論から出発し，行政の能率的な管理技術を研究することに力を注いだ。

20世紀前半は，イギリスを抜き世界一の工業国になったアメリカで，民間企業が競いあって生産拡大に努めた時期でもある。大規模になった企業や工場の管理運営を工夫する必要から，**組織論**の研究が進んだ。まず有力になった科学的管理法は，分業，マニュアル，作業条件の整備等によって工場の労働者を「上から」管理し，能率を向上させようとした。逆に，人間関係論は，むしろ職場の非公式（インフォーマル）集団の意欲や自発性が，「下から」作業能率を上げていくと主張した。

▷1 猟官制は，政治家が有権者等からの支持と交換に利益を与える「利益誘導」の道具に使われた。日本の戦後の利益誘導がおもに予算や補助金の配分を道具としてきた以上に，強いレベルでの行政の政治化だといえる。

▷2 ⇒ 2-Ⅳ-1 「公務員制度の諸原理」

▷**ウィルソン**（Wilson, Woodrow：1856-1924）
アメリカの政治学者・行政学者。大学総長，州知事を経て大統領（1913-21）。

▷**グッドナウ**（Goodnow, Frank：1859-1939）
アメリカの政治学者。

▷**組織論**
⇒ 2-Ⅰ 「組織理論と管理の技術」

行政学は、政治学よりむしろこうした企業向けの組織論から影響を受けつつ、行政組織のための能率向上策を研究していった。これを、古典的組織論と呼ぶことがある。

その代表者の1人であるギューリックは、1937年の論文で、組織管理者の仕事とは「POSDCORB」（ポスドコルブ）に他ならないと説いた。POSDCORBとは、Planning（計画）、Organizing（組織編成）、Staffing（人事）、Directing（決定・指示）、Coordinating（調整）、Reporting（報告）、Budgeting（財務）の頭文字をつないだ造語であり、これら七つの具体的な組織管理技術を研究し原理を確立していくべきだという視点を、表したものだ。

そして、現実の行政の世界でも、行政学のアイデアを現場に適用するかたちで、市政改革運動や政府機構の改革が進められた。その産物が、自治体レベルの**シティ・マネージャー**や、連邦レベルで設置された**大統領府**などである。

このように行政組織の内部過程に関心を向けていたアメリカ行政学であったが、1940年代になって、外部過程の研究、つまり政治と行政の関係も注目されるようになった（政治・行政融合論）。ニューディールに象徴される政府の社会への積極的な関与とともに、行政の機能や権力が拡大し、政治や利益集団の側もこれに働きかけ、政治・行政の緊密化が進んだためだ。

こうして、官僚制の民主化、政策執行、政治と行政の関係や役割分担をはじめとする諸テーマが、研究の対象となった。その結果、行政学は、公共政策を多面的に検討する政策科学（政策研究）において、政治学、経済学、財政学、社会学、法学などとともに重要な柱の一つになっている。

他方でこの時期には、組織論の分野でも、サイモンによって新しい展開が体系化された。これは、管理技術を万能と考えず、組織メンバーの現実の意思決定に注目し、「限定された合理性」などの概念を用いて、研究を発展させた。

▷シティ・マネージャー（city manager）
行政の統括者として、市民が選ぶ市長を置くのではなく、市議会が行政・経営能力のある管理者を選ぶ制度。1920年代以降に普及し、今日ではアメリカの市の半分程度で採用されている。市支配人制とも訳される。

▷大統領府（EOP: Executive Office of the President）
大統領を補佐するスタッフ機関で、予算局などを含む。1939年に設置された。

(参考文献)
西尾勝『行政学』（新版），有斐閣，2001年，3章。今村都南雄他『ホーンブック基礎行政学』北樹出版，2006年，1章。

Column

POSDCORBと自主性：ゼミ運営の経験から

専門ゼミでは、予算（B）はともかく、計画（P）、指示（D）、調整（CO）はおもに教員の仕事だ。個人報告を好む先生もいるが、筆者は班報告スタイルなので、組織編成（O）として班分けをおこない、人事（S）つまり班長やゼミ委員長、会計等の役職を決めてもらう。学生に指示（D）したあとは、それが理解され実行されているか、報告（R）してもらうようにしている。

しかし人間関係論が力説したように、やはり学生たちの積極性と、動機づけが肝要だ。動機づけは、注意し、良い点を探して誉め、行政学はおもしろいと思わせる（？）解説をする。積極的・自主的な取り組みは、班報告にすると引き出しやすい。テキストを報告した後、次回に深める論点を考える（P）のは、班の仕事だ。班同士のディベートでは、賛否の分担を調整（CO）してもらう。近年は、宿題を決め（D）、次回のゼミですべての班に、班員の見解を調整（CO）し、要点を黒板に書いてプレゼンテーション（R）してもらっている。

なお、大講義でも、レジュメ配布型よりも「詳細な板書＋口述」型の方が、学生の能動性を促し、私語を抑えるメリットがある。

（村上　弘）

第1部　行政と行政学

I　行政の歴史と行政学

 ## 20世紀の政府機能の拡大

▷**資本主義**
生産手段の私的所有，経済活動や契約の自由，市場での自由競争などを特徴とする経済体制。

▷**社会主義**
生産手段の国有・社会的所有によって平等な社会を作ろうとする社会思想。資本主義国の左派政党の一部や，ロシア革命で成立したソビエト連邦，第二次世界大戦後の中国，北朝鮮，東欧諸国などが社会主義を掲げた。社会主義政権は経済建設や教育・福祉を一定達成したが，人権・自由の抑圧や経済停滞への批判が高まり，ソ連や東欧では1990年前後に崩壊した。

▷1　ここでは，市場原理の欠点の是正という視点から説明する。参考にした財政学の通説によれば，政府の財政は市場の失敗に対処するために，①資源配分（公共財や価値財の供給），②所得再分配（累進課税，社会保障），③経済安定化（雇用，物価，国際収支，経済成長の適正化）という三つの機能を果たす。なお，「社会経済の複雑化と社会問題の増大に伴って，それへの対処が政府の責務となった」と説明してもよいが，ややあいまいだ。

▷**社会保険**
国等が運営し，労災・病

1　20世紀の社会と経済

　19世紀から20世紀にかけて，市場原理に立つ**資本主義**経済は，発明・技術革新や企業拡大によって成長し，ロンドン，パリなどの大都市やその芸術・文化が繁栄した。しかし他方で，周期的に訪れる不況や失業増，都市に集中した労働者の貧困や劣悪な生活環境などの社会問題が深刻になり，労使の紛争が激化するなど，不安定な面を抱えていた。対外的にも，原料と商品販路を求めて，イギリス，フランス，ドイツ，アメリカなどが植民地獲得を競い，紛争や戦争を起こした。また，資本主義を根底から批判する**社会主義**運動も本格化した。

　こうした状況に直面して，各国の政府は，社会や経済への介入を強めた。自由主義経済のもと1920年代に繁栄を謳歌していたアメリカでも，1929年の大恐慌と膨大な失業者は衝撃を与え，1933年に就任したローズベルト大統領（民主党）は，ニューディール（New Deal）政策を打ち出すに至った。この政策は，労働者保護法制，失業対策，社会保険制度，TVA（Tennessee Valley Authority，テネシー河谷開発公社）等による公共事業など，政府の関与を拡大することによって，社会経済の諸問題を解決しようとした。

2　政府機能の拡大：市場の失敗

　20世紀に政府機能が拡大した理由は，社会的，政治的，行政的なものに区分できる。つまり，対処すべき社会問題が増えたこと，民主主義（普通選挙制，利益団体の活発化など）のもとで政府に各種の要求が集まったこと，および行政組織自体が予算や権限を拡大しようとすること，の三つである。

　もちろん，第1にあげた社会的必要性（政策需要，行政ニーズ）が基本なので，これをさらに分類し検討してみよう。

　①社会的不平等の緩和

　市場原理のもとでは，「弱肉強食」によって貧富の格差が拡大し，社会問題や紛争を生む。これを緩和するため，政府は，労働時間・条件・最低賃金を規制し，累進課税をおこない，**社会保険**，**公的扶助**，公営住宅，公教育などを整備してきた。また政府は，勤労者に労働組合結成，団体交渉，争議（ストライキなど）等の労働基本権を保障し，経営者との交渉力の向上に配慮してきた。

　②経済の安定化

市場経済は景気変動を伴い，好況下のインフレ，不況による失業等が深刻になりがちだ。不況は，民間企業の競争による生産や投資の過剰，低賃金や逆に欲求の充足による需要不足，産業構造変動などが原因で起こるとされる。

景気変動を安定させるための政府の政策として，**公共投資**・公的雇用・減税などの財政政策，公定歩合の操作などの金融政策，そして，衰退産業を一定保護し，今後有望な産業を振興する産業政策がある。ただし，政府財政の負担になる財政政策や，市場原理を歪める過度の衰退産業保護には，批判も強い。

③公共財の供給，外部不経済の抑制

市場原理や企業は，衣食住など人々が必要とするものを提供してくれるが，それが困難な場合もある。公共財（public goods）とは，「消費の排除不可能性」（料金を支払わない利用者を排除しにくい）および「消費の非競合性」（共同利用できる）という性質を持つ財・サービスであり，とくに前者の性質ゆえに民間企業が十分に供給できないので，政府（国や地方自治体）が供給すべきだとされる。公共財のうち灯台や国防，警察，消防は古くからあるが，道路，公園，街灯などは，近代化・都市化とともに需要が高まってきた。

このほか，料金は徴収できるがすべての市民に利用可能にするため政府による供給・支援が望ましい「準公共財」として，鉄道，教育，水道，有料道路などがある。これらは，一定の条件下ならば，民間企業でも供給できる。

さらに，外部不経済とは，市場での取引を介さず他人に不利益を与える行為を指し，環境汚染・公害が典型である。粗悪な製品を売る企業や，きちんと仕事をしない人には，取引において不利益が返ってくるだろう。しかし，企業や市民が，市場の外部にある空気や水を汚しても，費用請求は返ってこない。こうした外部不経済は，農村型社会では目立たないが，20世紀の技術発展や都市化とともに深刻になったもので，市場原理では解決できず政府の介入が必要だ。

以上，①②③で述べた問題は「市場の失敗（market failure）」と呼ばれ，政府の関与を根拠づける。さらに，次のような政府機能が20世紀に拡大した。

④さまざまな社会問題への対処

科学技術や医学の進歩，都市化，社会構造の変化など多様な原因によるものだが，食品・製品・建築等の安全性，新種の犯罪の防止，高齢者介護，少子化対策なども，公的な課題になってきた。

⑤軍拡とイデオロギー統制

20世紀は，戦争とイデオロギー（政治的信念）の時代でもあった。2度の世界大戦，ファシズム（全体主義），資本主義国と社会主義国の「冷戦」などが相次いで起こった。各国は軍事力を強化し，愛国心と国家への忠誠を養う，「敵」のイデオロギーを抑圧するなどの教育・宣伝を強めた。こうした政府機能は自由主義の側から批判され，ファシズムの崩壊と冷戦の終結後は縮小に向かった。ただし，適度な防衛力の整備や，政府による文化の振興は有益だろう。

I-5　20世紀の政府機能の拡大

気・失業・老齢時等に給付される強制加入保険。

▷**公的扶助**
税金を原資とする生活保護・児童手当などの福祉サービス。

▷**公共投資**
政府の投資により，道路，鉄道，ダム，住宅などの公共施設を建設すること。需要・雇用の創出（とくに建設業界の利益）と生産・生活基盤の整備という，「一石二鳥」の効果を持つ。しかし，産業の高度化による経済効果の低下，施設の充足，財政赤字などにより，批判も強まってきた。それでも大規模公共事業を進めたいときには，オリンピックや道州制の関連施設整備といった大義名分が掲げられる。

▷2　たとえば，政府による下水道建設，環境汚染・自動車排気ガス・路上喫煙への規制，環境税・ごみ有料化などの課徴金。

▷3　第二次世界大戦前・戦中の日本では，治安維持法や特別高等警察が思想や言論を厳しく取り締まった。今日では，学校での愛国心教育や国歌の強制をめぐって議論がある。

(参考文献)
西尾勝『行政学』（新版），有斐閣，2001年，1章。福田耕治・真渕勝・縣公一郎編『行政の新展開』法律文化社，2002年，4章（後房雄）。J. E. スティグリッツ『公共経済学』〈上〉東洋経済新報社，2003年。佐和隆光編『経済学用語辞典』日本経済新聞社，2006年。

I 行政の歴史と行政学

 ## 福祉国家と行政国家

1 福祉国家と大きな政府

社会への関与と機能そして規模を拡大した20世紀の国家は、「積極国家」、「大きな政府」と呼ばれる。19世紀に見られた、「消極国家」、「小さな政府」の反対概念である。

また、多くの場合、国民への社会福祉や教育等のサービス機能が拡大したので、「福祉国家（welfare state）▷1」と呼ばれる。これは、必要最小限の活動でよいとされた19世紀の「夜警国家」からの転換である。

福祉国家の構想として有名なのは、イギリスで、第二次世界大戦の最中の1942年に出されたベバリッジ報告（Beveridge Report）である。これは、社会保険を基本とした包括的な福祉制度を作り、人々に最低限の生活水準を保障することをめざしたもので、その包括性を示す「ゆりかごから墓場まで（from cradle to grave）」という標語は、戦後の日本でも広まった。報告書は世論の支持も高く、1945年に誕生した労働党政権のもとで、具体化されていった。▷2

それに先立ち、第一次世界大戦の敗北後、帝政から共和制に移行したドイツでは、ワイマール憲法（1919年）が、151条で社会権的な理念を掲げた。▷3

「経済活動の秩序は、すべての人に人間らしい生存を保障するための公正の原理に対応しなければならない。この限度内で、個人の経済的自由が保障される。（以下略）」

同憲法はさらに社会保険や失業対策を国の責務と定め、実際にも失業保険や公共住宅が整備されたが、世界恐慌とナチスの政権奪取によってワイマール共和国は終焉した。第二次世界大戦後のドイツの憲法（基本法）は、福祉国家とほぼ同じ理念を、社会国家（Sozialstaat［独語］）という表現で掲げている（20条、28条）。

日本では、第二次世界大戦の後、日本国憲法25条が「生存権」（社会権）を掲げ、次のように定める。

「すべて国民は、健康で文化的な最低限度の生活を営む権利を有する。国は、すべての生活部面について、社会福祉、社会保障及び公衆衛生の向上及び増進に努めなければならない。」

以上のような流れは、基本的人権の拡張として説明される。近代市民革命で登場した基本的人権は、個人の思想、言論、学問、信仰、職業選択、所有権な

▷1 service state（「職能国家」と訳される）はほぼ同じ意味だが、今では英米でもあまり使われない。

▷2 The National Archives, Exhibitions: Citizenship: The welfare state（www.nationalarchives.gov.uk/exhibitions）.

▷3 ワイマール憲法の社会権に関する規定は日本でも注目されており、戦後の新憲法の検討作業において学者、憲法研究会や社会党から社会権の追加が主張されたとされる。国立国会図書館「日本国憲法の誕生」を参照（国立国会図書館のウェブサイト www.ndl.go.jp）。

どについて国家から侵害されないという「自由権」が中心だった。また同時に「参政権」も掲げられたが，選挙権が実際に多くの市民に拡大されていったのは19世紀後半以降である。そして，20世紀になると，すべての人々が一定の福祉や教育等を国家から保障されるという「社会権」が，メニューに付け加えられるようになったのだ。

自由権の理念は一般に政府権力の抑制，つまり小さな政府につながるが，社会権の理念は政府の関与やサービスを要請する。このことは，前節で述べた各種の経済的，社会的な必要性とともに，積極国家や大きな政府を発展させていった。

さらに，経済学からの支持もあり，**ケインズ**が，政府は財政支出によって有効需要を創出し，景気循環をコントロールするべきであると説いた。財政学や公共経済学は，政府による「非市場的な資源配分」に注目する学問として発展した。

② 行政国家と官僚・公務員批判

さて，20世紀の国家は，「行政国家（administrative state）」であるとも言われる。この行政国家という概念は，上の積極国家や大きな政府とどのような関係にあるだろうか。

両者はしばしば重ね合わせて用いられるが，論理的には区別して考えられる。つまり，積極国家や大きな政府は，政府の機能や規模に注目した概念である。これに対して，行政国家は，政府内部での権力の所在を示す概念で，19世紀の「立法国家」とは反対に，行政やその官僚制が立法府に優越するような政治体制をさす。

たしかに積極国家は，政府活動を複雑で大規模なものにするから，行政の規模や専門性，規制権限，裁量権が拡大し，行政国家につながりやすい。しかし，これは必然ではなく，議会，社会集団，市民，マスコミ等の側も十分な権限と専門能力を持てば，行政の優位を抑えることができるだろう。

したがって，行政国家論は，それが現実かどうかは実証的に研究する必要がある。ただし，警告としては有意義だろう。たとえば，国や自治体の議員数を減らせば「改革」だという安易な提言は，それによって行政官僚の優位を強めてしまわないか（および多様な民意の反映機能を弱めないか）を，検討してみなければならない。

他方で，行政国家という認識をもとに官僚・公務員を批判する言説も，2000年代以降の日本で流行し，一部政治家の集票戦術にもなっている。民主党政権の「政治主導」は期待を集めたが，行き過ぎて官僚の反発を招いた。自治体でも，公務員への攻撃や給与引き下げが過ぎると優秀な職員が集まらない。

▷ ケインズ（Keynes, John Maynard：1883-1946）
イギリスの経済学者。

▷4 国会や地方議会の議員定数は多そうに見えても，実質的決定をおこなう複数の専門委員会に政治的立場・職業・性別などが多様な議員が参加できるためには，一定の人数が必要だ。近年の定数削減，さらに市町村会議員の歳費減という「改革」の結果，資金や時間があり，ときには「商売」に役立つ自営業の人はともかく，一般の会社員にとっては，落選のリスクも考えると立候補のハードルがさらに高くなっている。

参考文献
西尾勝・村松岐夫編『講座 行政学』（第1巻）有斐閣，1994年，2章（辻隆夫）。西尾勝『行政学』（新版）有斐閣，2001年，1章。加茂利男・大西仁・石田徹・伊藤恭彦『現代政治学』（第4版）有斐閣，2012年，3章。

I　行政の歴史と行政学

新自由主義と小さな政府論

▷サッチャー（Thatcher, Margaret：1925-2013）
イギリスの首相（1979-90）。

▷レーガン（Reagan, Ronald：1911-2004）
アメリカの大統領（1981-89）。

▷1　英語では privatization（私企業化）と呼ぶ。1987年、国鉄の民営化により複数の JR 株式会社が誕生した。JRは、経営努力とサービス改善の面で成果をあげたが、他方で、赤字ローカル線から撤退して地元の運営に委ねた。また、乗客106人の死者を出した尼崎の脱線事故（2005年）の背景には、職員への厳しい教育と処分、競争による余裕のない列車ダイヤの設定、過度の効率化があった（JR西日本ウェブサイト「福知山線列車事故の反省と今後の取り組みについて」）。

▷2　⇒ 6-I-3 「行政改革の歴史的展開(2)」

▷3　これに対して、今日の「リベラリズム」（liberalism）は、人間の自由や成長を重視する立場で、多様な思想や文化への寛容、すべての人に成長の可能性（＝自由）を保障するための平等な福祉・教育等を提唱する。リベラリズムへの批判としては、寛容による社会の混乱、政府支出の膨張などが指摘される。

1　経済的自由主義の復活：政府の失敗

大きな政府は、資本主義国の社会と経済を改善し安定させたが、1980年代になると弊害も目立つようになる。その背景には、政府活動の膨張への批判や、経済停滞、財政赤字などの新たな状況があった。

イギリスでは、国有企業や手厚い福祉国家が労働意欲の低下や経済停滞（「英国病」）をもたらしているとして、保守党の**サッチャー**首相が、小さな政府をめざす民営化、福祉サービスの抑制、労働組合の抑制に取り組んだ。アメリカの**レーガン**大統領（共和党）も、政府歳出の削減と減税によって経済活性化をはかった。

日本でも、経済の低成長で政府財政が悪化した80年代、自民党政権が「行革」（行政改革）をスローガンに、政府歳出の抑制、赤字の国有鉄道等の民営化や政府規制の緩和などを進め、その後も各種の行政改革が継続されている。

こうした政治方針を、「新自由主義（neo-liberalism）」と呼ぶことがある。19世紀の経済的な自由主義を、一定、復権させようとするためである（批判的な立場からは、この動きは「福祉国家の危機」とも呼ばれる）。

新自由主義の根拠づけは、「政府の失敗（government failure）」の理論である。政府活動は「**市場の失敗**」とは別の種類の失敗や欠点を伴う。欠点とは、①財源が保障され市場での競争を欠くことから生じる非効率や、②「レントシーキング（rent seeking）」つまり政治的圧力による資源配分の歪み（例：必要が薄れた政策の継続、政策の過剰供給）などだ（表1-1）。こうした視点からは、政府規模の縮小や市場原理の重視が提唱される。つまり、財政支出で需要増をはかるケインズ主義を批判し、むしろ規制緩和や減税によって企業等の供給側を活性化させ、結果として雇用・税収増につなげるような政策が説かれるのである。

2　大きな政府か小さな政府か

前の二つの節とこの節で述べた「大きな政府」論と「小さな政府」論について、まとめてみよう。おもな論点は、政府と企業の活動はどちらが公平、正確、積極的、あるいは効率的か、また市民にとって政治的な統制と消費者としての選択のどちらが利用しやすいかという比較（表1-1）、および政府の大小が経済や人々の生活にどう影響するかという検討（表1-2）などである。

簡単な議論ではないが、両者の主張の説得力を考えてみてほしい。

これは，今日の先進国政治において，中道左派（社会民主主義・リベラル）政党と中道右派（保守）政党との間の重要な争点軸の1つだ。

　注意すべき点をあげると，第1に，経済的な強者と弱者とでは利害が異なる。自由競争システムは「弱肉強食」を放置し，政府による再配分を縮小するので，強者は利益を増やすが弱者は厳しい状況に追い込まれる。したがって，小さな政府は，とくに企業や富裕層から好まれる。もっとも，企業経営者は，小さな政府が減税や競争を通じて経済活力を高め社会全体を豊かにすると主張する。

　第2に，「極小の政府」や，「極大の政府」（ファシズムや社会主義はその典型）は弊害が多いだろう。二者択一ではなく中間的な選択肢——適正規模の政府，政府と市場のバランス——がありうる。もちろん，経費を抑えつつ公共サービス等を維持改善できる工夫が見つかれば，それに越したことはないが，「貧すれば鈍する」で限界があるだろう。

　現代政治では，収斂現象も見られる。自民党（保守）は，資本主義原理に立ちつつも，福祉，農業保護，公共事業などの政策を拡大し，幅広い国民の支持を得ようとしてきた。ただし，自民党は近年，小さな政府への傾斜を強め，2005年の衆院選を郵政民営化（小さな政府）の公約を掲げて大勝したが，2009年からの民主党政権は，児童手当や公立高校無償化など大きな政府に傾き，並行して，自民党等との合意で「社会保障のための」消費税引き上げにも踏み切った。

　第3に，日本の特別な事情，つまり西欧やカナダとの比較における政府支出の小ささと，税収入の低さ（1-Ⅱ-3 表1-4，表1-5）をどう考えるか。

　消費税率が20％近い西欧諸国では，国民に対して小さな政府をめざすとは言いにくい面があろう。逆に日本では小さな政府（質素な政府サービス）を掲げる場合には，消費税引き上げへの抵抗感は消えない。

　日本が上の条件のもとで取りうる財政の選択肢は，4種類くらいある。

①政府サービスを拡大して西ヨーロッパに近づけ，それを根拠に増税をする。どの政策のための支出を増やすか，税金のムダ使いにならないか，どの税目で増税すべきかが議論になるだろう。

②小さな政府規模を維持し，一定の増税によって，国債発行を減らす。しかし，国民へのサービス改善なしに増税することが，財政赤字の深刻さをアピールするだけで可能だろうか（ただし，経済成長と一定のインフレを継続させ，税の自然増収をはかる方法はありうる）。

③小さな政府規模を維持し，増税もせず，国債発行または税の自然増収でまかなう。従来の路線で，政治的抵抗も少ないが，政府債務の膨張による弊害が懸念される。

④政府規模をさらに縮減し，増税なしに国債発行を減らす。公共サービスはおそらく低下し，国民の不満や社会問題を引き起こすおそれがある。

▶市場の失敗
⇨ 1-Ⅰ-5 「20世紀の政府機能の拡大」

▶4　政府よりも民間企業は効率的とされるが，これにはムダを省いている面と，人員削減や非正規雇用などで人件費を抑えている面がある。また，政策の質について比べると，たとえば，民間の出版物が傑作から有害無益なものまで幅広いのに対して，政府出版物には両極端が少ないように思える。

▶5　村上弘『日本政治ガイドブック』法律文化社，2014年，5章。

▶6　ただし，軽減税率が設けられることが多い。たとえば，イギリスの付加価値税（VAT）は20％だが，家庭用燃料などは5％，食料品，新聞などは0％となる（ジェトロのウェブサイトで「英国」「税制」を検索。2015年訪問）。

(参考文献)
福田耕治・真渕勝・縣公一郎編『行政の新展開』法律文化社，2002年，4章（後房雄）。岩田規久男『「小さな政府」を問いなおす』ちくま新書，2006年。真渕勝『行政学』有斐閣，2009年，8章。加茂利男・大西仁・石田徹・伊藤恭彦『現代政治学』（第4版）有斐閣，2012年，3章。片桐正俊『財政学：転換期の日本財政』（第3版）東洋経済新報社，2014年，2章。総務省，財務省，各政党，日本経団連，労働組合（連合など）のウェブサイト。

表1-1 政府の活動と企業の活動の比較

	政府	民間企業
政治的・法的コントロール	・行政組織内部の統制，各種の法律による統制が整備され，正確で公平な活動をはかっている。 ・長，議会，市民による政治的統制ができる。公的な議論や，情報公開請求もできる。 ・ただし，違法・不適切な活動の規制が中心で，積極性を促すとは限らない。 ・選挙・請願等の政治的コントロールは，迅速・有効に働かないことがある。	・法律や政府の規制を受ける。 ・しかし，企業内部には介入しにくいこともあり，数多くの企業を相手に監督の限界があるので，違法・不適切な活動も起こりうる。
市場によるコントロール	・一般の行政は市場原理や競争から遮断され，費用対効果を軽視し，非効率になりやすい。 ・ただし，公企業，独立行政法人等は一定のコントロールを受ける。 ・国や自治体の施設のまま，管理運営を民間に委託する改善策もある。	・日常的にコントロールを受け，市場での競争，評価，売り上げ，収益，株価などが指標となる。それは効率と改善，積極性に向けての努力を促す。 ・ただし，一部には悪質企業も利益をあげて存立しうる。 ・全体としては計画的調整はなされず，過剰な生産・投資や投機が起こりうる。
資源の調達・投入	・政治的判断で公共性の高い分野に税収等の資源を投入でき，サービスを安価，公平に提供できる。 ・他方，政治的に注目されなければ需要が増えても政策は伸びない。 ・政治的圧力による資源配分の歪みが起こることがある。 ・累進課税等で所得再配分ができる。 ・税収の限界	・売り上げが伸びれば資源を投入するので，需要増に対応しやすい。逆に支払い能力のない人へのサービスは軽視される。 ・価格は競争により下がるが，利潤確保のために限界もある。ただし，政府の補助を受ければ価格をより下げられる。 ・有力企業，人気商品なら価格を高く設定できる。
手続き	・官僚制と法規・規則による手続きで非効率になりがちである。 ・ただし，地方分権により，また公企業，独立行政法人などでは改善しうる。 ・市民は権利としてサービスを受け，サービス供給者を一定選択できる。 ・しかし，すべての市民向けのサービスなので，多様化には限りがある。	・企業ごとに意思決定するので，手続きはかなり効率的になる。 ・市民は企業（サービス供給者）を自由に選択できる。受益と負担の関係も明確。しかし，支払い能力がなければサービスを受けられない。

出所：筆者作成。

表1-2 大きな政府か小さな政府か

	大きな政府	小さな政府（スリムな政府）
理念・スローガン	・福祉国家 ・格差是正，セーフティーネット ・国や自治体の公共サービス ・中道左派，社会民主主義	・市場（競争）原理，「官から民へ」 ・活力ある社会，自助・自立 ・官僚制の縮小，公務員の削減 ・新自由主義
論拠〈社会状況〉	・格差是正，所得再配分が必要 （格差は競争原理から必ず生じるので，公平を回復し弱者の人権を守ることは政府の責任である） ・福祉は人権を保障し，社会を安定させる。教育は機会の平等を保障する。 ・経済的な格差が拡大し，新旧の社会問題も数多く存在する。 ・日本は企業優位の社会になっている。	・一定の格差は当然かつ公正 （格差は個人の努力と怠慢の結果なので，それを認めることこそ公正） ・能力に応じた教育をすべきだ。 ・経済的な豊かさが達成され，以前より政府に頼る必要は薄れている。 ・企業こそが日本の活力を作る。
〈経済〉	・公共事業や必要な雇用（教育，介護サービスなど）などへの政府支出によって需要を創出できる。 ・減税は政府財政を悪化させ，また，貯蓄や投機に回るかもしれない。 ・政府の規制によって安全性や公正を確保し，また場合によっては新製品やサービスへの需要を創出できる（景観，環境規制など）。 ・教育は経済の人的基盤を作る。	・規制緩和による競争で，商品開発と価格低下が生じ，需要を創出できる。 ・減税は，人々の消費や企業の投資につながる。 ・民間企業にとって事業を拡大でき，ビジネスチャンスを生む。 ・過度の福祉は自立心や勤労意欲を損なう。一定の格差は勤勉への動機づけになり経済活力を生む。
〈財政〉	・必要な財源は，不要な経費の削減や累進課税等でまかなうべきだ。消費税引き上げもありうる。 ・日本の公務員は国際的に見て少ない。議員減は民主主義にとってマイナス。 ・日本はすでに歳出において小さな政府だ。	・累進課税や企業課税は，経済を衰退させる。現状でも国債を減らすため消費税引き上げが課題になっている。 ・公務員や議員が多すぎ，税金のムダ使いが見られる。 ・巨大な政府債務を減らすため，さらに小さな政府をめざすべきだ。
〈政府と企業〉*	・政府と政治システムを一定信頼し，「市場の失敗」を問題にする。	・企業と市場原理を一定信頼し，「政府の失敗」を問題にする。

（注）＊は表1-1を参照。
出所：筆者作成。

I 行政の歴史と行政学

8 公共性とガバナンス(1)：公共性の意味内容

1 公共性とは何か

公共（性）という概念は，社会・政治・行政を考えるうえでのキーワードの1つで，近年，さまざまな場面で用いられる（類似した言葉として，「公益」「公共の福祉」などもある）。

たとえば，「公共サービスの充実」「公共のルールを守ろう」「公共の課題として地域住民で取り組もう」などと一定の価値を表現したり，私益を追求する政治家，官僚，企業，市民に「公共性の感覚」を求めたり，あるいは，「この公共事業は本当に公共性があるのか」「むしろ景観や環境の保護こそ公共性につながる」と，公共性を疑いその意味の転換をはかるなどである。

とはいえ，この概念には，かなりあいまいな，または両義的な部分がある。国語辞典を見ると，「公共」は，公共投資，公共団体などの場合には「国家や政府（地方自治体を含む）に関する」という意味だが，公共料金，公共交通，公共の利益，公共危険罪などの言葉においては「社会全体に関する」という意味になる。

英語でも，public の意味には，国家・政府および社会全体の二つがある。前者の例は public administration（行政），public finance（[政府の]財政），public law（公法），public servant（公務員）など，後者の例は public transport（公共交通），public health（公衆衛生），public opinion（世論）などである。

2 公共性の三つの側面

公共性の理論や定義については，政治思想史・政治哲学の分野で多くの研究や主張がなされている。

ここでは，上に述べた「国家・政府」および「社会全体」という二つの語義をもとに検討するが，社会全体といっても，そのメンバーの利益や価値がほぼ共通である場合と，メンバーの利益や価値が異なり対立する場合とでは，違う扱いをしたほうがよさそうだ。

そこで，公共性を，次の三つの側面に分けて説明しよう。

A1：多くの市民や社会集団の共通利益や価値

ただし，多数者の利益のために，少数者，外国人，将来の世代などに不利益を転嫁するなら，公共性は小さくなる（例：一部の低賃金労働に依存した，あるい

▷1 公共とは，そもそも，朝廷・幕府・国家などを表す「公」と，人々の共同・共通の事柄を表す「共」とを連結した単語なのだ。

▷2 斎藤純一『公共性』（岩波書店，2000年）などを参照。

▷3 国家は，他の社会集団と同じく，成功も失敗もする。アメリカにとっての

は発展途上国や将来の世代の温暖化被害を伴うような，豊かな生活）。つまり，少数者の人権も公共性の一部だと考えられる。

なお，従来は個人的・私的な問題と見なされていた事柄（例：失業，高齢者介護，セクシュアルハラスメント，DV）が，公共的に対処すべき課題として理解されるようになることがある。すべての個人的問題が公共性を持つわけではないが，基本的人権の保障などは，個人間あるいは個人・企業の関係に任せず，公共の手続きや議論の対象にすることで，公正な解決につながることがある。

A2：市民や社会集団の異なる個別利益（私益）や価値の総和

ただし，所得配分のように，異なる利益をどのように調整するのが公正なのかが問題になる。利益の総和が増えても，不平等が強まるならば，公共性が増進したとは言い難い。逆に，うまく調整を工夫すれば，関係者全員の利益が増すこともある（例：都市計画，交通規則，公共のルールやマナー，歩車道の分離）。

なお，A1と同じく，個人的問題や「私益」を公共性の一部として理解すべき場合がある。さらに，支配的な公共性の観念に対して，他の価値こそが公共性であるとの主張が対抗することもある（例：公共事業に対する環境保護の主張）。

B：国家や地域の「全体」の利益や価値

個々の市民や集団とは別に，国家，地域（地方自治体），世界（東アジア，ヨーロッパなど）あるいは地球などの「全体」が，増進すべき利益や価値を持っているとする考え方がある。

このうち「国益」と呼ばれるのは，国家の安全保障，威信・国際的地位，経済力などだ。これらは市民や社会の利益につながることもあるが，外国への軍事侵攻や国家の威信などはそうとは限らない。むしろ，市民や社会の犠牲を伴い理解を得られないような「全体の利益」は，公共性と呼べないのではないか。さらに，国家が政策を誤ったり，国益の名のもとに一部の指導者・支配層が私益やイデオロギーを追求した事例も，歴史上少なくない。

さて，以上の三つのどれを重視するかは，立場により異なる。社会的公共性（A）と国家的公共性（B）の組み合わせで考えると，三つの見解がある。

① 公共性とは原則として市民的（社会的）なものだという見解。「国益」については否定的で，国家の存在理由はむしろ，市民や社会の利益への奉仕にあるということになる。リベラルで民主主義的な立場である。

② 社会的な公共性とともに，それに間接的につながる（またはそれを侵害しない）範囲で国家的な公共性も認める見解。折衷説だが，「公共」という言葉の用法には合致している。

③ 公共性は国家的・全体的なものだとする見解。「国益」を重視し，国民に対してもそのための貢献や愛国心を求めることになりやすい。国家主義につながる見解であり，今日でもなお右派・ナショナリズムの立場から唱えられている。

ベトナム戦争，ソ連等社会主義国の一党制と計画経済，1930年代のドイツ，イタリア，日本による他国への侵略などは，失敗と考えられることが多い。

▷4 この証明は難しいが，たとえば，軍事的に非常に劣勢になった第二次世界大戦末期，日本政府は本土決戦を叫び，連合国に降伏するにしても，天皇制の護持や日本による戦争責任者の処罰などの条件を貫こうとした。「国を守る」と言いつつ，実は国民の命や国土よりも，戦争指導者の利益等にこだわっていたと言える（五百旗頭真『日米戦争と戦後日本』講談社，2005年（原著1989年），2章）。

▷5 さらに，公共性と見なす利益の具体的な内容についても複数の見方がある。政策効果を最大化すること（有効性），市民の意見を反映しその理解を得ること（民主性），経費や人員を節約すること（効率性）のうち，どれがもっとも公共の利益になると考えるかは，人によって，また場合によって異なる。⇒ Ⅰ-Ⅰ-10「行政と公共政策における価値基準(1)」

参考文献

宮川公男『政策科学入門』（第2版）東洋経済新報社，2002年，120-126頁。山口定・佐藤春吉・中島茂樹・小関素明編『新しい公共性：そのフロンティア』有斐閣，2003年。村上弘「公共性について」『立命館法学』2007年6号。川崎修・杉田敦編『現代政治理論』（新版）有斐閣，2012年，9章。

第1部 行政と行政学の展開

Ⅰ 行政の歴史と行政学

公共性とガバナンス(2)：公共性の実現主体

公共性の担い手は誰か

　もし公共性の意味内容を国家的なもの（国益）と理解するならば，それを実現するアクター（参加者）はまず国家・政府であり，国民や社会はそれに協力・奉仕する存在になるだろう。

　他方で，公共性を社会的なものと理解したとき，これを誰が決定・推進するかについては，複数の可能性がある。

　日本の状況についてよく言われるのは，国家による公共性の「独占」が崩れてきたことだ。まず，公共性の意味に関して，戦前・戦中の国家主義から戦後の民主主義への転換のあと，公共性と国益を同一視する論理が徐々に弱まっていった。前節で述べたように，公共性の意味内容は，社会全体の利益（市民の多様な利益の一部を含む）に拡張されていった。

　それでも公共性を決定・実現する主体は政府（国や自治体）だという見方が強かったが，1980年代ごろから，この側面での政府の独占も崩れていく。これは，いくつかの理念や動向の集合として説明できるだろう。

①市民運動等が，国や自治体が一方的に決定する公共事業等の政策の公共性を疑い，情報公開や市民参加を求めるようになった。また，市民自らがボランティアやNPOとして，まちづくり，環境保護，災害復興等の公益を増進し貢献しようとする動きが強まった。

②経済界や新自由主義の立場は，「小さな政府」をめざし，政府の仕事を民間企業に委ねることを主張した。たとえば，鉄道や郵便事業を民営化すれば，サービス向上と効率化という二つの公共性をともに実現できるという主張である。そして，政府や自治体は，行政改革の柱として，民営化や民間委託を進めてきた。

③国や地方自治体の行政の側でも，政策の決定・執行に市民や企業が参加協力する「パートナーシップ」（協働）を進めるようになった。目的は，政府の経費・負担の軽減と，協力による政策推進上のメリットだろう（例：高齢者介護，地球温暖化防止，廃棄物の減量とリサイクル，都市や地域の活性化）。

　とはいえ，行き過ぎは問題を生む。政府が民間企業に任せて公共性への責任を放棄したり，市民を半強制的に「ボランティア」に動員して削減された公務員の仕事を肩代わりさせるのは，望ましくない。前者の場合，民間に依存・

▷1　西尾勝・村松岐夫編『講座行政学』第6巻，有斐閣，1995年，7章（水口憲人）。⇨3-Ⅴ-1「行政と政策主体の多様化」。ただし，市民が利己的判断に陥ったり，政治家によって扇動されるおそれもあり，さらに重大な専門的決定を引き受けさせることの可否が問題になる（例：裁判員制度）。

▷2　⇨6-Ⅱ-1「民営化と民間委託」

▷3　⇨3-Ⅴ-2「市民参加の機能と課題」

「丸投げ」しすぎると，政策やサービスの質・水準の不安定化，資源の不足，責任の所在のあいまい化，料金の引き上げなど，社会的な公共性にとってのマイナスが起こるおそれがある。

2 ガバナンス：政府と民間の協働

「ガバナンス」という概念には，いくつかの意味がある。

よく用いられる意味の一つは，公共性の実現や公共政策を政府（国，自治体）と民間（市民，企業など）が協力して進めるような様式である。つまり，「ガバナンス（governance）」は，従来の，政府が上から公共性を実現する「ガバメント（government）」（統治）と異なり，政府と，自律した社会諸アクターとが，対等な協力関係によって政策を進め，社会を運営することを指す（図1-1）。

たとえば，グローバルな環境問題を解決するために，国際機関，各国政府，地方自治体が相互調整しながら政策を進め，さらにこれらと協議・協力しつつ，民間企業（技術革新とその適用）やNPO，環境保護団体（環境改善事業やライフスタイルの工夫）が取り組むことを，「環境ガバナンス」と呼ぶことがある。

このガバナンスのモデルは，政府と社会の関係に見られる近年の変化（❶の①③）に適合している。また，大きな政府か小さな政府かという論争のなかで，政府がすべての政策を決定・担当するのではなく，かといって政府の責任を放棄して民間企業に任せてしまうのでもない，中間的な解決法を示しているように思える（図1-1）。具体的には，自治体が図書館，公園などの管理運営を民間に委託したり（指定管理者），イベント，観光振興などをNPOや市民の参加協力を得つつ進める方式（パートナーシップ）が，広がっている。

ただし，上の定義によれば，参加者の対等性や相互協調（相互の利益）などの条件が必要で，それらを欠く場合にまでガバナンスモデルを適用すると無理を生じ機能不全に陥らないか，あるいは，参加者がそれぞれの立場から協力するだけで公共性，責任，必要な費用などが確保できるのか，誰がリーダーシップを取るのか，といった問題は，検討を要する。ガバナンスを理念として掲げるだけではなく，政府，企業，市民が公共性に貢献するためには，それぞれどんな条件が必要かを考えてみることが必要だろう。

▷4 藤井浩司・縣公一郎編『コレーク行政学』成文堂，2007年，1章。

▷5 この意味でのガバナンスの訳は「協治」などがあるが，確立していない。

▷6 つまり，ガバナンスには，「新自由主義への対抗戦略」という側面がある（神野直彦・沢井安勇編『ソーシャル・ガバナンス：新しい分権・市民社会の構図』東洋経済新報社，2004年，1章）。新自由主義が言うように企業と市場に任せてしまうのではなく，政府が企業や市民団体への協力調整機能を保持するのが，ガバナンスだというわけだ。

▷7 ⇨ 1-I-7 「新自由主義と小さな政府論」表1-1

参考文献
日本行政学会編『年報行政研究39 ガバナンス論と行政学』ぎょうせい，2004年。村松岐夫『テキストブック地方自治』東洋経済新報社，2006年，7章（秋月謙吾）。新川達郎編『公的ガバナンスの動態研究』ミネルヴァ書房，2011年，1，7章。

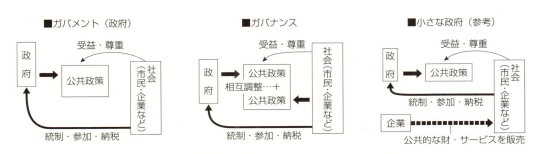

図1-1　ガバメント，ガバナンス，小さな政府のイメージ

第 1 部　行政と行政学の展開

I　行政の歴史と行政学

 行政と公共政策における価値基準(1)：
5 種類の価値

1　歴史と法規定から考える

　前に説明した行政と行政学の歴史を振り返ってみよう。19世紀アメリカでは，「民主主義」の行政への過剰浸透を改めるために「政治・行政二分論」が提唱され，行政の専門性や効率性を高めることが課題となった。逆に，絶対王政期のイギリス，フランス（あるいは第二次世界大戦敗北までの日本）のように，王権のもとで行政官僚が――使命感を持ち有能かもしれないが――権力を振るった社会では，むしろ民主的なコントロールこそが課題と考えられた。

　この民主性，効率性という二つの価値基準は，日本の戦後改革期の法にも登場する。憲法は，国民主権と国会の行政に対する統制を重視している。また，地方自治法や国家公務員法は，それぞれの 1 条（目的）に，「地方公共団体における民主的にして能率的な行政の確保」，「公務の民主的且つ能率的な運営」を掲げる。

　近年の行政関連の法律が掲げる価値は，より具体的で多様になっている。

・行政手続法（1993年）――「行政運営における公正の確保と透明性」，「国民の権利利益の保護」
・NPO 法（1998年）――「市民が行う自由な社会貢献活動としての特定非営利活動の健全な発展」，「公益の増進」
・情報公開法（1999年）――「政府の有するその諸活動を国民に説明する責務」の遂行，「国民の的確な理解と批判の下にある公正で民主的な行政の推進」
・政策評価法（2001年）――「効果的かつ効率的な行政の推進」，「政府の有するその諸活動について国民に説明する責務」の遂行
・行政改革推進法（2006年）――「簡素で効率的な政府」の実現
・公共サービス改革法（2006年）――公共サービスの実施の民間への委託，「公共サービスの質の維持向上」，「経費の削減」

　なお，上記の政策評価法 3 条は，政策評価の進め方について，「政策効果（中略）を把握し，これを基礎として，必要性，効率性又は有効性の観点その他当該政策の特性に応じて必要な観点から」進める，と定めている。

民主性，有効性，効率性，必要性，合法性

　以上をもとに，行政や公共政策における価値を 5 種類に分けて説明しよう。

▷1　ここでは，それぞれの 1 条（法律の目的）から抜粋した。各法の正式名称や全文は，六法書，またはインターネットの「法令データ提供システム」を参照。

▷2　⇒ 5-Ⅱ-4 「政策評価」

①民主性・公平性——民主性,民主主義という概念は,さまざまに理解される。大きく分けて,手続きに関する民主性と,内容(実体)に関する民主性がある。前者はさらに,直接・間接民主制,政治構造の多元性,広範な市民の政治参加,政府情報の公開,法治主義・法の支配などの要素を含んでいる。

内容面で定義する民主主義は,「多数者の利益」「最大多数の最大幸福」といったイメージになるので,公益,公共性,公正,公平という表現を用いるほうが明確になるだろう。このうち公益または公共性は,社会全体の利益,あるいは社会メンバーの利害の総和と理解されるが,後者の場合,利益の総和の増大だけでなく,その配分も重要になる。

▷3 ⇨ I-I-8「公共性とガバナンス(1)」

社会メンバーの間の公平の確保,つまり格差の是正についての考え方としては,一定の「結果の平等」まで求める見解と,「機会の平等」だけで十分とする見解とに分かれる(例:賃金,所得の平等は前者。教育や職業選択の機会の平等は後者)。憲法上は,2種類の平等を,少なくとも基本的人権の範囲で保障すべきだということになろう。

②有効性——政府の政策や活動による効果の,目標水準に対する達成率を言う。効果には2種類あり,政府からの直接の出力(output)と,それが他の要因とともに作用して生じる社会的効果(outcome)を区別することが多い。たとえば,警官のパトロール回数と犯罪の減少とは別だし,保育所の増設と出生率の上昇とは必ずしも連動しないからである。次に,こうした効果は無限に追求するべきだとは限らない。資源の制約や,他の活動との優先順位があるからだ。

③効率性(能率性)——政策や活動の効果を,それに要する資源(とくに費用・人員等)で割ったものを言う。出力の入力に対する割合であり,これを厳密におこなおうとするのが,費用効果分析である。同じ仕事を,より少ない費用でおこなうことが(無理なく)できれば——たとえば,同じ人員や貨物の輸送をより少ない費用,交通施設面積,エネルギーを用いてできれば——効率が高いことになる。

④必要性——ある政策や政府活動が必要か否かを判断することは重要だが,判断基準が難しい。その政策・活動が,政府の本来の目的に含まれない場合,政府の既存の他の政策あるいは他の自治体等の政策と重複する場合,民間企業や市民でも十分に供給できる場合などには,必要性が低いと言えるだろう。

逆に,有効性や効率性が高くなくても,生命・安全・人権等を守るために必要な政策は,必要性が高いと言える。

⑤合法性——市民も一般的な法令を守らなければならないが,さらに行政の場合には,行政や政策に関する個別の法令があり,それに従って活動しなければならない。これを,「法律による行政の原理」または「法治主義」と言う(憲法73条を参照)。

⑥さらに,現実の行政においては,政策案の「デメリット」や,政治的あるいは技術的な「実現可能性」も,しっかり検討してみなければならない。

参考文献

西尾勝『行政学』(新版)有斐閣,2001年,18章。今村都南雄他『ホーンブック基礎行政学』(改訂版)北樹出版,2009年,10章。秋吉貴雄・伊藤修一郎・北山俊哉『公共政策学の基礎』(新版)有斐閣,2015年,6章。

I 行政の歴史と行政学

行政と公共政策における価値基準(2)：総合的な評価

価値基準間の関係

行政や政策に関する複数の価値基準は，相補的な関係にあることも，背反的な関係（トレードオフ）にあることもある。

有効性と効率性はしばしば背反する。費用Cを投入し効果50を得ている現状に対して，費用を2Cに倍増すると効果は70に改善されるとする。この場合，有効性は上がるが，効率性（効果÷費用）は下がる。どちらを選ぶかは微妙だが，費用をかけても有効性を最大化しなければならない政策が存在するのは事実だ（例：危険な伝染病や汚染物質，災害，原発事故などへの対策）。

有効性と公平性が背反することもある。たとえば，政府が派遣労働の規制緩和を拡大すれば，企業の売り上げや利益が伸びるとしても，派遣労働者は不安定さや正社員との賃金格差による不公平を背負うことになるだろう。

つまり，有効性（政策による利益）は，関係者の間で不均等に発生することがある。社会全体の利益の総和は増えるが，一部の人々の不利益（犠牲）を伴うような政策もありうるので（表1-3），これをどう判断するかが問題になる。

表1-3 有効性と公平性：どの政策を選ぶべきか，またどの政策が選ばれやすいか

関係者 政策	X	Y	Z	利益の総和
現　状	1	1	0	=2
政策Aの場合	2	1	1	=4
政策Bの場合	4	3	−1	=6
政策Cの場合	5	5	−3	=7

（注）数字は各関係者の利益または損失（マイナス）を示す。一例として，原子力発電所建設のさいの，電力会社，電力消費者，発電所周辺の住民それぞれの利益・損失を考えるとよい。

民主性と効率性はどんな関係にあるだろう。たしかに民主性の確保には交渉・説得や利益の配分を要し，効率性と対立しがちだが，両者は場合によっては相補的に働く。たとえば，住民投票等でムダな大規模公共事業を中止する，住民の合意・協力を得て事業をスムーズに進める，などのケースである。

どの基準を優先させるかは時代や課題によって異なり，政治的判断でもある。

事　例

関心のある行政活動や政策を選んで，複数の価値・評価基準を当てはめ，評価してみよう。一例として，東京・大阪を1時間で結ぶリニア新幹線はどうか。

▷1　ただし，民間企業であるJR東海が全額自己資金（といっても新幹線料金の一部だが）で建設するとすれば，政府の政策の場合とは評価基準が異なる可能性がある。

時間短縮効果（有効性）は高い。ただし，それが大阪や名古屋の地位を低下させるなら，マイナスとして算入すべきかもしれない。次に，この効果が10兆円規模の建設費との比較で大きいか（効率性），新幹線の予備を作っておくべきか，空路もあるのに鉄道で1時間をめざすべきか（必要性）については，意見が分かれるだろう。さらに，その決定手続き（民主性），および，沿線の環境への影響，駅の数，整備新幹線や都市公共交通とのあいだの財源配分，料金のレベル（公平性）などを議論しうるだろう。

3 不確実性への対応

上述のように，ある政策がどのような場合にどのような利得（損失でもよい）をもたらすかを整理した表をペイオフ表（ペイオフ・マトリックス）と呼ぶ。上の例ではある政策がもたらす利得は関係者により異なるので，単純に利得の総計から選択をおこなうことはかならずしも公共の善を導くわけではないと論じている。

どういう政策選択肢が，どんな場合にどのような利得をもたらすかの情報が整理できれば，こうしたペイオフ表を作って，ある物差しで見た最善の選択を特定できる。合理的意思決定論が開拓してきた分野である。

	s1	s2	s3	s4
a1	15	10	0	−6
a2	3	14	8	9
a3	1	5	14	20
a4	7	19	10	2
確率分布	0.2	0.3	0.4	0.1

簡単に説明しよう。左図で a_1, a_2 ……は選択肢（alternative）を表している。s_1, s_2 ……は状況（situation）を示す。ある選択肢を選んだときにある状況であれば利得はこうなる，という表だ。たとえば s_3 で示した状況が確実に起こるのであれば，最大利得は a_3 を取ることで14を得ることがわかる。しかし，現実が不確実ならば，s_3 の状況ならそうだが，s_2 なら a_4 を取るべきだろう。状況が不確実であってもここで示すようにその状況が起こる確率が「確率分布」で記されるようなものであれば，計算により，最適の選択は導きうる。しかし，そのときに，何を最適と考えるかにより結果は異なる。

最尤未来原理（もっとも起こりそうなものが起こると信じるということ）でいけば，s_3 の列の最大値を示す a_3 を取るのだが，期待値原理でいけば，確率分布をそれぞれのペイオフに乗じていくことで期待値を計算し，そのなかの最大値を選ぶという行為になる。計算してもらえばわかるが，a_4 をとるべきだということになる。その他，最悪事態が起こったことを想定して，もっともましなものを選ぶ（ミニマックス原理）とか，最適行動でなかったときの後悔がもっとも少ないものを選ぶ（ミニマックス・リグレット原理）とか，政策選択をする者の状況の見込みに対する楽観度を勘案するものとか，いろいろの価値判断の物差しが提案されている。政策決定を合理的選択と見るとしても，どういう意味で合理的かについてはいろいろある，ということである。

▷2 ペイオフ表が利得を表しているのならば最悪事態が起こったときの利得が一番ましなものは，a_2 である。

▷3 1回きりの選択であれば確率を気にしてもしょうがないと思うこともある。むしろ最悪の事態に備えて（ミニマックス原理）とか，もっとも起こりそうな状況にかけよう（最尤未来原理）ということになりそうだ。何度も繰り返し同じ選択の機会がおとずれるのなら，平均利得の最大化を狙って期待値を比較することも意味がある。

参考文献

福田治郎・児玉正憲・中道博著『OR入門──はじめて学ぶ人のために』多賀出版，1989年，4章。見上崇洋・佐藤満編『政策科学の基礎とアプローチ』ミネルヴァ書房，2009年，1章2節（利根川孝一）。

Ⅱ 日本の行政の展開

1 日本の行政原理(1)：明治憲法の時代

明治の近代国家形成以降，今日まで，行政の原理は大きく変化した。

ここでは，行政を構成する四つの側面をとりあげ，おもに第二次世界大戦後の新憲法の制定を境として，戦前と戦後の特徴を概観し比較してみよう。

1 政府と行政の役割

1868年に成立した明治政府にとって最大の課題は，「富国強兵」すなわち産業・経済と軍事力の近代化であり，それは日本が「黒船」で見せつけられた欧米先進国との大きなギャップを埋め，追いつくために不可欠と考えられた。

そして，「強兵」は国が担当するが，「富国」も当初それに必要な資金や情報は国が優越的に保有していた。政府は，地租改正等で財源を確保し，官営工場，鉄道，郵便，教育施設等を整備し，欧米へ留学生を送り出し，また技術者や法律家などの「お雇い外国人」を招いて，産業基盤や社会制度の整備に努めた。日本は政府主導で「上からの近代化」を急ぐことになった。

その後，産業や教育，文化の発展は民間の手でも進められ，民間の企業はもちろん，私鉄（民間の鉄道）や私立大学も，発展していく。

しかし，昭和期に入ると，満州事変・日中戦争による戦時体制のなかで，政府は軍事力の増強と，社会経済への国家統制を進めていった。国家総動員法（1938年）によって，政府は，戦争遂行のために，国民を諸業務に徴用・動員し，物資の生産・配給・消費などに関して命令する等の権限を持つことになった。これによる官僚統制のしくみが，戦後の経済政策のなかでもかなり存続してきたという見方もある。他方，国民の自由な言論や社会運動に対する統制も，治安維持法（1925年）のもとで次第に強化されていった。

2 議会・国民との関係

▷1 大日本帝国憲法は多くの六法書に掲載されている。

1889年の明治憲法（大日本帝国憲法）▷1が定めた立憲君主制は，天皇を統治の中心に据えて国家の統合力を強め（1，4条），しかし天皇が立法をおこなう場合等に，帝国議会が一定の参加を行う（5条）という制度だった。

　　第1条「大日本帝国ハ万世一系ノ天皇之ヲ統治ス」
　　第5条「天皇ハ帝国議会ノ協賛ヲ以テ立法権ヲ行フ」

これは，君主制と民主制の折衷方式であり，1870年代からの自由民権運動（民主化運動）の要求を一部受け入れた面があった。とはいえ，行政や内閣そし

て官吏（官僚）は，議会・国民にではなく天皇に仕えるものとして，次のように位置づけられていた。

> 第10条「天皇ハ行政各部ノ官制及文武官ノ俸給ヲ定メ及文武官ヲ任免ス……」
>
> 第55条「国務各大臣ハ天皇ヲ**輔弼**シ其ノ責ニ任ス」

この制度のもとで，行政や官僚は，社会や国民に優越する社会的地位を誇り，「官尊民卑」と呼ばれた。また，議会や国民による統制をかなり免れることができた。

もっとも実際には，立法や予算の承認権を持つ（37, 64条）議会の影響力がしだいに高まり，1913年ごろからの大正デモクラシーのもと，議会の第1党から首相が指名される「政党内閣」が慣行になった。また，普通選挙を求める社会運動を受けて，1925年に普通選挙法が成立し，原則として25歳以上のすべての男性が有権者となった。

しかし，昭和期に入り，陸海軍の一部が政治家殺害・クーデタ未遂を行った「五・一五事件」（1932年）や「二・二六事件」（1936年）などを経て，議会勢力や多様な言論活動は軍部により抑えこまれた。

③ 行政組織の分化と統合

1885年に内閣制度が施行されたが，総理大臣（首相）の指導権は弱いものになった。憲法上は，上記の55条において，総理大臣の地位は他の大臣と横並びでしかない。このことは，内閣・行政における各省の割拠性（セクショナリズム）を助長した。

さらに，陸海軍の指揮権（統帥権）が，天皇に保有されていた（11条）。実際には天皇は日常的に軍事問題を指揮するわけではないが，軍はこの原則を根拠に，内閣や議会からの統制を退けることができた。

④ 地方自治

江戸時代は各地の藩に一定の自律性があったが，明治政府は1871年の「廃藩置県」によって，藩を廃止して県を置き，県の長（のちに知事）を国が任命する方式とした。国内の反乱等を防いで統一を確保し，また近代化を推進するために，中央集権体制を固めたわけだ。もっとも，東京から派遣されてきた知事が，地域の発展に貢献した例もある。

このあと，政府は，三新法（1878年），市制・町村制（1888年），府県制・郡制（1890年）によって，一定の地方自治制度を導入した。しかし，府県知事の任命制をはじめとする中央集権体制は，第二次世界大戦後の改革まで維持されることになった。

▷ **輔弼**（ほひつ）
補佐し助けること。

▷ 2　統治権を「総覧」するのは，理論的には天皇の役割だとされた（憲法4条）。

▷ 3　江戸時代の藩は，幕府から統制されつつ，世襲制による藩主の選出，軍事力，藩札（紙幣）の発行，特産物の振興，教育などを自律的に運営していた。これは一種の地方分権体制だが，住民の参加は目安箱などに限られていたので，現代的な地方自治とは別物である。

▷ 4　⇒ 4-Ⅰ-2 「地方自治の展開と役割」

参考文献

村松岐夫『行政学教科書』（第2版）有斐閣，2001年，2章。笠原英彦・桑原英明編『日本行政の歴史と理論』芦書房，2004年。詳説日本史図録編集委員会『詳説日本史図録』（第6版）山川出版社，2013年。国立国会図書館「史料にみる日本の近代」（国立国会図書館ウェブサイト www.ndl.go.jp 所在：電子展示会）。

Ⅱ 日本の行政の展開

日本の行政原理(2)：日本国憲法の時代

1945年に第二次大戦に敗北した日本は，1952年の講和条約まで，GHQ（連合国総司令部）によって占領・管理された。この時期に日本は，非軍事化・民主化を理念とする「戦後改革」と日本国憲法の制定によって，政治，社会の大転換を経験し，その影響はもちろん行政にも及んだ。さらに，60年代の高度経済成長やその後の経済社会変動が，行政に新たな課題と環境を与えることになった。

1 政府と行政の役割

明治期の「富国強兵」のうち，経済成長は引き続き日本の重要な目標だった。戦後復興の必要に加えて，欧米との経済格差はなお大きかった。一方，新しい日本国憲法は，「強兵」を国家目標からはずし（9条），かわりに国民の生存権の保障や社会福祉，教育を国などの責務として定めた（25，26条）。

国は地方自治体とともに，企業への支援や産業基盤（道路，工業用地，用水など）の整備を精力的に進め，民間企業の創意と努力，国民の勤勉さ，労働運動による賃金・購買力の上昇とあいまって，1960年代には高度経済成長が達成された。日本は，世界有数の工業生産力とGDP（国内総生産）を誇るようになった。ところが，この成功の負の側面として，1970年ごろには，各地での公害問題，大都市での人口集中と都市問題，農村部の過疎問題が深刻になる。こうした新たな政策課題も，自治体や国は引き受けなければならず，公共事業や環境規制，都市計画などによって，状況を徐々に改善してきた。

一方，生存権の保障のほうは具体化が遅れたが，1970年ごろから，不十分な福祉給付に対する訴訟，社会の高齢化，革新自治体による施策などを契機に，改善が進んだ。90年代以降は人口の「少子高齢化」が進むなかで，それまで私的な問題と考えられていた高齢者介護や少子化が，公的な課題になった。

なお，政府の役割については，財政的な制約等を理由に，1980年代から見直しが行われ，「小さな政府」の理念にもとづく行政改革も進められている。

2 議会・国民との関係

憲法は国民主権の原理を掲げ，国民を代表する国会が内閣・行政を統制するしくみを整備した（41，66，67，69条など）。従来は「天皇の官吏」とされていた行政職員についても，「すべて公務員は，全体の奉仕者であつて，一部の奉仕者ではない」（15条2項）という新たな位置づけを定めた。

▷1 ⇨ 6-Ⅱ 「現代日本の行政改革」

▷2 ⇨ 3-Ⅲ 「議会と行政」，3-Ⅴ 「市民と行政」

▷行政国家
⇨ 1-Ⅰ-6 「福祉国家と行政国家」

▷3 ⇨ 2-Ⅳ 「公務員制度と人事」

▷4 政治と行政の関係（政官関係）（⇨ 3-Ⅲ-1 「執政制度」）のモデルの一つは，政治家・政党の専門能力が①高いか②低いかの区別と，政治家・政党の行政官僚制に対する対応の区別（①政策決定からの排除，②有能で協力的な官僚の登用，③協調・妥協・依存）とを組み合わせて作れる。後者①の「脱官僚」は，評論家等も唱えるなかで2009年からの民主党政権が試みたが，デメリットや官僚の反発も大きかった（村上弘『日本政治ガイドブック』，2014年，3章）。

さらに，首相が内閣府などのスタッフに補佐され，閣僚や与党執行部の協力を

とはいえ，行政や官僚の力は，明治からの伝統に加えて現代的な「**行政国家**」の要因が働くことによって，少なくとも戦後一定の期間，かなり強い状況が続いてきた。官僚の権限を利用した汚職や天下りに対しては，今でもそうした解釈が可能だろう。他方で，行政や公務員が責任を持ってしっかり仕事をすることとその環境整備は，軽視してよい問題ではない。

1980年代以降，国レベルでは与党や，野党を含む議会が力を蓄え，行政への影響力を強めてきた。1990年代には，行政への不信の高まり，市民運動，新たな政策課題の登場などを受けて，情報公開，政策評価，住民参加が進展した。

2000年代には，「政治主導」のブームや，ポピュリズム（大衆扇動政治）が登場した。

3 行政組織の分化と統合

戦前とは異なり，内閣を代表・統合する長は首相（内閣総理大臣）であることが明確化された（憲法66，68，72条）。軍事部門も内閣に統合され，自衛隊の指揮監督権は首相と防衛大臣にあり（自衛隊法7，8，76条以下），両者は他の大臣とともに**文民**でなければならない（憲法66条2項）。

このように首相の統括権限やリーダーシップのしくみが導入されても，行政各部門は組織であるかぎり，その固有の利益や関心を追求する傾向（セクショナリズム）を持つだろう。この行政の「縦割り」の構造には，さらに各政策分野の議員グループや利益団体が，結びついていく。

近年，セクショナリズムは財政膨張や政策の停滞の一因としても批判されるようになったので，2001年実施の中央省庁改革は，省庁の統合や，首相を支える内閣府の設置により対応をはかった。条件が整った場合に，首相が重要政策に関してリーダーシップをふるう事例も見られるようになった。

4 地方自治

戦後改革による民主化の一環として，地方自治が重視され（憲法第8章，地方自治法），知事・市町村長の公選や，住民による直接請求などの制度が導入された。ただし，国の側も，補助金や機関委任事務など，地方自治体を誘導・統制する（かつ場合によっては支援もする）制度を維持した。

この制度改革に加えて，日本の地方自治は，経済の高度成長によって，政策課題と，財源，行政能力，政治的意思などの資源とを与えられ，発展した。

すなわち，1970年代ごろから，自治体は環境保全，都市整備，地域振興などの分野で自主的政策を推進するようになり，それが1999年の地方分権改革につながっていった。地方政治の面でも，1970年前後には住民運動が活発化して革新（中道左派）首長の当選を支え，90年代からは住民投票，NPO，首長選挙での投票行動の流動化，「市民派」議員の当選など，新たな展開が起こっている。

得て進める政治運営が，「官邸主導」と呼ばれ注目・研究されてきた。民主党政権での原発規制の強化，自民党・安倍政権での日銀による国債の大量買い入れ（アベノミクス），および専守防衛を超えた自衛隊の海外戦闘を認める安全保障関連法などがある。最後の事例は憲法違反だという批判も強く，官邸主導がメリットだけでなく，合意型の民主主義や立憲主義に反するおそれを示唆する。

▷ 5 定義は多様だが，強いリーダーが，非合理的で単純化した「改革」を宣伝し，しばしば反対派を人々の敵（「既得権者」，「抵抗勢力」など）として攻撃することで，人気を集める政治手法。現状を変えるパワーがあるが，多様な意見や，合理的な検討を軽視しがちだ（村上，同書，7章）。

▷ 6 ⇒ 2-Ⅱ「中央政府の組織編成」

▷ 文民
軍人の反対概念。ここで述べている原則を，シビリアンコントロール（文民統制）と呼ぶ。

▷ 7 ⇒ 4-Ⅰ-1「団体自治と住民自治」，4-Ⅰ-2「地方自治の展開と役割」

参考文献
村松岐夫『行政学教科書』（第2版）有斐閣，2001年，2章。詳説日本史図録編集委員会『詳説日本史図録第6版』山川出版社，2013年。国立国会図書館「日本国憲法の誕生」（国立国会図書館ウェブサイト www.ndl.go.jp 所在：電子展示会）。

第1部　行政と行政学の展開

Ⅱ　日本の行政の展開

政府・行政の規模：国際比較

▷1　⇒ 2-Ⅴ-5 「日本財政の争点」

▷2　表1-4は，財務省ウェブサイトでも見れる。政治家や評論家はむしろ「税金のムダ使い」を批判する言説を好む。

▷3　財務省も，「現在の日本は，政府支出（国民の受益）は低いものの，政府収入（国民の負担）はさらに低く，その差は将来世代の負担になります」と述べる（財務省「日本の財政を考える」財務省ウェブサイト，2008年，49頁）。

▷4　川上尚貴編『図説 日本の税制』財経詳報社，2008年，24-25頁。

▷国民負担率
国民負担率＝租税負担率＋社会保障負担率（それぞれGDPに対する比率）とされ，2005年の数字は，日本38.3％，アメリカ34.5％，イギリス48.3％，ドイツ51.7％，フランス62.2％，スウェーデン70.7％（財務省パンフレット「日本の財政を考える」2008年）。なお，「国民負担率」というのは日本独特の呼び名だが，この数字が高い国は政府の公共サービスも充実する可能性があるのだから，数字は低ければ低いほどよいとは限らない。

　戦後の行政のさまざまな変化のうち，政府の規模について，財政規模と公務員数という2種類の指標を用いて，国際比較のなかで検討しておこう。

　なお，政府の規模に関するその他の指標としては，行政機構の単位の数，政府規制の強弱などがある。

財政規模

　日本の財政支出額は，1990年代に拡大を続けて2000年ごろピークに達し，そのあとはやや抑制されることもあった。支出（歳出）項目のうち最大のものは社会保障で，次いで国債の元利支払い，地方交付税などが続く（図1-2）。

　財政規模の指標としてよく用いられるのは，収支がGDP（国内総生産）に占める割合である。

　国際比較統計（表1-4右端の欄など）で見ると，国と地方を合わせた「政府総支出」の対GDP比率は，ヨーロッパの大部分の国で45～55％だが，日本はアメリカとともに40％程度である。日本は，OECD加盟の先進国のなかで比べると，現状でもやや「小さな政府」だと言える。

　その日本がさらに小さな政府をめざすことには，困難と限界があるだろう。なお，表1-4によって財政支出の内訳を国際比較すると，日本では公共事業などの「政府固定資本形成」がなお大きく，逆に公務員の人件費や福祉関係費は抑制ぎみである（表で，最近10年間の各国の数字の変化を検討してみてほしい）。

　しかし，日本の政府支出の相対的な小ささは，国民にそれほど知られていないようだ。むしろ，政府とマスコミがしばしば報道する数字は，世界最高レベルの財政赤字だ。毎年の公債発行（図1-2）によって，国・地方を合わせた長期債務残高は，1000兆円に達し，これはGDPの約2倍に相当する（2014年度末）。

　これはたいへん深刻だが，巨大な債務の原因を政府支出の過剰（ムダ使い）にだけ求めるのは早計で，むしろ税収面を視野に入れて検討しなければならない。表1-5で税収等の政府収入を見ると，日本はアメリカ，スイス，韓国と並んでもっとも低いレベルにあり，しかも支出レベルをかなり下回っている。しかも，税収の対GDP比は1990年代からの一連の減税策でかなり下がり，かつ，減税の経済的・政治的効果については疑いもある。この「**国民負担率**」の小ささの認識が高まってきたのは，ようやく最近のことだ。さらにどの税目が低いのかを，財務省やOECD等の資料で検討する必要がある。日本の消費税

Ⅱ-3 政府・行政の規模：国際比較

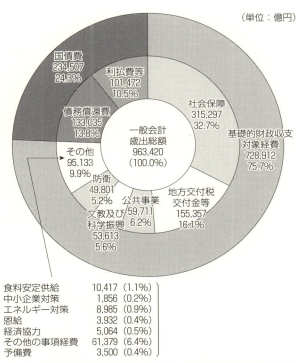

(単位：億円)

食料安定供給	10,417	(1.1%)
中小企業対策	1,856	(0.2%)
エネルギー対策	8,985	(0.9%)
恩給	3,932	(0.4%)
経済協力	5,064	(0.5%)
その他の事項経費	61,379	(6.4%)
予備費	3,500	(0.4%)

(注)　「基礎的財政収支対象経費」とは、歳出のうち国債費を除いた経費のこと。当年度の政策的経費を表す指標。

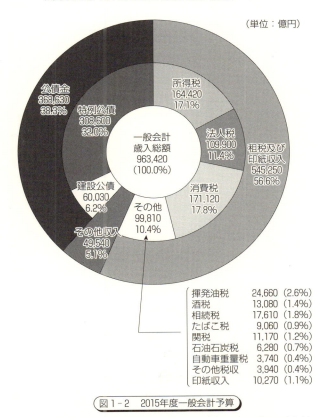

(単位：億円)

揮発油税	24,660	(2.6%)
酒税	13,080	(1.4%)
相続税	17,610	(1.8%)
たばこ税	9,060	(0.9%)
関税	11,170	(1.2%)
石油石炭税	6,280	(0.7%)
自動車重量税	3,740	(0.4%)
その他税収	3,940	(0.4%)
印紙収入	10,270	(1.1%)

図1-2　2015年度一般会計予算

出所：財務省「日本の財政関係資料（平成27年9月）」2015年、同省ウェブサイト。

表1-4 国民経済に占める財政の役割：国際比較

		対国内総生産比 (%)								一般政府総支出（合計）
		政府最終消費支出		一般政府総固定資本形成	現物社会移転以外の社会保障給付（年金，失業給付等）	その他		土地購入（純）	うち補助金	
			うち人件費				うち利払費			
日本	2001	17.5	6.6	4.9	10.5	5.3	3.1	0.7	0.8	38.2
	2010	19.6	6.2	3.2	14.0	4.1	2.4	0.3	0.6	40.9
アメリカ	2001	14.8	9.8	2.5	11.2	6.4	3.2	0.1	0.6	35.0
	2010	17.5	11.0	2.5	15.6	6.9	2.6	0.1	0.4	42.5
イギリス	2001	19.0	10.1	1.5	12.9	6.8	2.3	▲0.1	0.4	40.2
	2010	22.8	11.4	2.5	15.1	9.8	2.9	▲0.1	0.6	50.2
フランス	2001	22.8	13.2	3.0	17.1	8.7	3.0	0.1	1.5	51.7
	2010	24.8	13.4	3.1	19.6	9.2	2.4	0.1	1.7	56.6
ドイツ	2001	19.0	8.2	1.8	18.2	8.6	3.1	▲0.1	1.5	47.6
	2010	19.7	7.9	1.6	17.3	9.2	2.5	▲0.2	1.1	47.9
スウェーデン	2001	26.3	15.5	2.9	16.7	8.6	2.7	▲0.2	1.5	54.5
	2010	26.9	14.7	3.5	15.3	7.0	1.1	▲0.2	1.5	52.8

（注）一般政府とは，国・地方および社会保障基金といった政府あるいは政府の代行的性格の強いものの総体（独立の運営主体となっている公的企業を除く）。
出所：財務省ウェブサイト（所在：財務関係諸資料）。

▷5 ⇨ 2-Ⅳ-2 「公務員のライフサイクル」表2-2

▷6 日本の民間企業では一般に残業が多く，過労死に至ることさえあり，正社員について人員削減（リストラ）が進められ，非正規雇用（派遣労働やパートタイム）の労働者は不安定かつ賃金が低い。こうした人々の目には，公務員の労働条件や民間並みの給与は「不公平」に見え，また経済界もその点を宣伝する。ただし，公務員の削減・賃金カットをすれば，民間の勤労者の待遇改善につながるとは考えにくく，むしろ民間企業での労働条件の引き下げを誘発する可能性もある。

▷7 田尾雅夫『自治体の人材マネジメント』学陽書房，2007年。稲継裕昭『プロ公務員を育てる人事戦略』ぎょうせい，2008年。

が国際的に低い水準にあり，今後の歳入増のための選択肢となるのは事実として，所得税，法人税についての判断は分かれるところだ。憲法30条は，「国民は，法律の定めるところにより，納税の義務を負ふ」と定めている。

2 公務員数

戦後の公務員数は，**表1-6**のように推移してきた。国ではすでに1970年代に増加が止まり，2000年代に入って急減している。急減の大きな部分は，郵政公社化，国立大学等の独立行政法人化による制度的な減少だが，それ以外の「純減」もおこなわれている。地方公務員の数は，1970年代に教育，福祉などの業務膨張に伴って増えたが，80年代には横ばいになり，2000年代に入って毎年少しずつ削減されている。

現状を先進国と比べると，日本の公務員数（人口あたり）は相対的に少ない。日本の公務員は欧米よりがんばっていると言えそうだ（ただし，欧米の公務員がのんびりしている可能性もなくはない）。

にもかかわらず，公務員の数や給与を削減すべきだという世論が一定存在する。その背景には，政府の深刻な財政赤字，一部の公務員の不祥事や不親切な応対，そして厳しい民間の労働条件との比較で公務員が「優遇」されているように見えること，などの事情があると思われる。

これ以上の公務員の削減が望ましいかは議論があるところだが，いずれにせよ，公務員集団の能力を育て引き出していくことは重要である。

表1-5 主要国の国民経済に占める政府収支の比率

(単位:%)

国	収入	支出
オーストラリア	36.0	34.5
カナダ	40.7	39.3
デンマーク	55.9	50.9
フランス	50.3	52.7
ドイツ	43.8	45.3
イタリア	45.4	48.8
日本	34.6	36.0
韓国	33.8	30.2
オランダ	46.2	45.6
ニュージーランド	44.7	40.9
スペイン	40.5	38.5
スウェーデン	55.3	53.1
スイス	34.7	33.7
イギリス	41.6	44.3
アメリカ	34.2	36.5
ユーロ圏平均	45.4	46.7
OECD 平均	38.9	40.2

(注) 数字は,政府(国・地方自治体)の総収入および総支出がGDPに占める割合。収入には税の他,財産・事業収入,手数料などを含む。2006年の統計。

出所:OECD Economic Outlook の統計(OECD 東京センターのウェブサイト www.oecdtokyo.org で閲覧)から抜粋。この統計では各国財政の時系列の変化も知ることができる。

表1-6 日本の公務員数の推移

(単位:1000人)

年	1995	2000	2005	2010	2011	2012
国家公務員(一般職)	820	800	633[a]	342	341	340
地方公務員	3,278	3,201	3,040	2,817	2,791	2,772

(注) a) 日本郵政公社職員を含む。

出所:総務省『日本統計年鑑 平成27年』および同25年版より作成。なお,人事院「平成27年度 人事院の進める人事行政について」によれば,2015年度の予算定員は,国家公務員一般職約34万人(および同特別職約30万人),地方公務員約274万人である。同文献には,日本の人口一人あたり公務員数が,主要国と比べて少ないというデータもある。

参考文献

OECD 編『図表でみる世界の主要統計──OECDファクトブック』(2014年版)明石書店,2015年。片桐正俊編『財政学──転換期の日本財政』(第3版)東洋経済新報社,2014年,序章,2章。財務省ウェブサイト www.mof.go.jp(パンフレット「日本の財政を考える」,「財政関係諸資料」など)。人事院ウェブサイト www.jinji.go.jp(「諸外国の国家公務員制度の概要」)。

行政学がよくわかる映画

小さな政府，大きな政府

　本書のコラムでは，行政学の諸テーマに関連させて，興味深い映画を紹介しています。原則として，DVDで観ることができます。もちろん，こうしたテーマはかなり複雑なので，この教科書等も読んで勉強してください。

　小さな政府あるいは大きな政府と言っても，政府の関与の目的・内容によって，その風景はずいぶん違ってくる。

　(1)市民へのサービス——公的ルールの弱い弱肉強食の社会のほうが，抗争，信頼，裏切りなどのドラマが生まれる。昔のアメリカや日本で流行ったギャング映画がそうだったし，今でも攻撃的な政治家が，人々を沸かせる。反対に，大きな政府つまり「福祉国家」のもとでは，心温まるコメディが可能になる。失業手当のもらい方がわかる（そしてそれを前提に失業男たちがイベントを企画する）『**フル・モンティ**』(The Full Monty, 英1997年)や，高卒の主人公が解雇され再就職のためにコミュニティ・カレッジに通う『**幸せの教室**』(Larry Crowne, 米2011年)などだ。

　(2)市民の生命，生活を守るための規制——100年前の小さな政府（と階級社会）を実感できるのが，『**タイタニック**』(Titanic, 米1997年)。純愛＋パニック映画としてヒットしたが，豪華客船の1等船室と3等船室とでは，乗客の身なりは雲泥の差があり，救命ボートに乗れる順も違う。救命ボートの不足は，政府の安全規制が不十分だったためらしい。西部劇も，小さな政府または無政府状態を前提にする。『**真昼の決闘**』(High Noon, 米1952年)は1対4の決闘シーンが有名だが，政治学的におもしろいのはそれまでの部分で，1人の保安官が無法者から街を守るため協力を呼びかけ→

ても，住民は自分の利害を「合理的に」計算し，かつ他の住民は協力しないと予想して動かない。社会全体の利益（公共性）を実現するために，政府組織や市民間の信頼が必要であることがよくわかる。

今日でも，規制の緩和が行き過ぎたときのデメリットは，派遣労働の拡大，無認可保育所などの厳しい事例を調べてほしい。日本の異色SF『エイトレンジャー』（2012年）が描く，近未来の小さな政府（警察の民営化！）と社会の荒廃は，2000年代の新自由主義にヒントを得たものだろう。

(3)言論・思想・活動への規制（統制）――この意味での，極度に大きな抑圧的な政府は，ファシズムや社会主義のもとで発達した。

半世紀以上前，なぜ日本が日中戦争（中国侵略）を断念せず，英米からの経済制裁に反発して宣戦布告し，大敗が続いても「最後」まで戦い続けたかは，それを支えた軍国主義と国民やマスコミへの統制・扇動を抜きには，理解しがたい。そうした政治面まで描いた戦争映画は，残念ながら多くないが，『軍閥』（1970年），『少年H』（2012年），『日本のいちばん長い日』（2015年）を，政治史と戦争が学べる佳作としてお勧めしたい。

社会主義国の厳しい統制・監視社会は，旧東ドイツを題材にした『善き人のためのソナタ』（Das Leben der Anderen, 独2006年），『東ベルリンから来た女』（Barbara, 独2012年）などで実感できる。

独裁への市民の抵抗を描く近未来SFは，欧米に多い。『1984』（1984, 英米1956年）や『ハンガーゲーム』（The Hunger Games, 米2012～15年）などで，こうした文化のなかでは，人々は政治権力に健全な疑いをも持つだろう。日本でも『図書館戦争』（2013年）が登場した。 　　　　　（村上　弘）

練習問題

Ⅰ　行政の歴史と行政学
  1．「行政」とは，政府の活動のうちのどの部分を指すのか。
  2．大きな政府（積極国家）の主張と，小さな政府（新自由主義）の主張を比較し，具体的な事例にあてはめてみよう。
  3．公共性の複数の定義をあげてみよう。公共性と政府の活動，市民の活動は，どう関係するか。
  4．行政がめざすべき価値基準を，複数あげてみよう。

Ⅱ　日本の行政の展開
  1．日本の行政には，どのような基本原理あるいは特徴があると考えられているか。
  2．日本の行政の規模（歳出，税収，公務員数）は，大きすぎるか。もっと縮小すべきか。

第2部 行政の内部過程

　内部過程とは，行政機構の内部のしくみとそのメカニズムを意味します。行政の活動は複雑で大規模な組織によって進められるので，その組織内部の設計・運営は，行政の成果を左右する大問題なのです。

　第2部では，まずアメリカでの民間企業と政府機構にまたがる組織論の展開をたどり，組織の運営を考える視点を学びます。そのあと，各論として，日本の中央政府を例に，組織編成のための多様な制度，縦割りの組織を調整・統合するしくみ，公務員を採用・配置し動機づけるための人事制度，政府の財政を運営するための予算・決算制度を，説明していきます。

組織メンバーである公務員のさまざまな役割：福岡市の職員募集ポスター

出所：福岡市役所人事委員会（一部文字を拡大）。

I　組織理論と管理の技術

組織とは何か：行政組織の場合

1　組織とは何か

　より少ない資源でより多くの成果を得ようとすると，どこかで無理が生じる。経済合理性だけで行政組織を理解しようとすれば，その本来の特質をとらえることができない。すでに述べた小さな政府論の限界（I-1-3「自由主義と小さな政府」）もそこにある。また NPM（6-I-4「NPM」）が行き詰まった原因もそこにある。企業と同じように考えることはできない。後段で述べるように，行政はこの社会に仕えるのである。それを社会的合理性と言ってもよい。

　組織とは人の集まりである。人がいなければ組織は成り立たない。すべての組織は「人は城，人は石垣，人は堀」（**甲陽軍鑑**）である。組織とは，人から成り，人のためにある。ヒューマン・オーガニゼーション（human organization, 人間組織）である。しかし，組織が，ただ単なる人の集まりだけであるとするのは，素朴な見方と言うべきである。組織を理解するための基本的な見方を誤ることにもなる。組織は人から成り，人のためであると同時に，仕事のための組織，ワーク・オーガニゼーション（work organization, 作業組織）でもある。組織では，各自は自身のためではなく全体のために，それぞれの持ち場で働かなければならない。全体の目標を達成するために，個々の小さな幸せを犠牲にしてまでも，全体のために働かなければならないことがある。この場合，組織とはかならずしも住み心地のよいところではない。自分の気持ちに合わないことをさせられることもある。みずからの信念に背いて，嫌なことを無理強いされることもある。それだけでない，他人を不幸にすることさえなくはない。

　全体を調和させ，それを維持するためには，部分，そして，個々人は犠牲を強いられる。目標を達成するためには，命令に対するスムーズな応諾がなければ，組織は統合されたシステムを成り立たせることができない。したがって，組織は人間のためにあるとは，かならずしも言えないところに，現代社会における組織論や管理論の危うさがあり，恐さがある。その危うさや恐さから目を逸らさないためにも，組織が，現代社会のために不可欠な制度であることを認めつつ，組織におけるこの二律背反を注視しなければならない。組織とは，この社会のために貢献するが，危険なものでもある。人間的であると同時に非人間的でもある。

　行政は政府や地方自治体，または中央政府や地方政府と言い換えてもよいが，

▷**組織**
目的を有し，それの達成のための協働システムが，持続的に活動できることによって，集合や集団と区別される。当然，政府や地方自治体，そしてその周囲にある外郭団体も組織である。

▷**甲陽軍鑑**
武田信玄の事蹟を記した江戸時代の軍法書。

それらの組織によって支えられる。では組織とは何かというと，何か達成したいこと，目標があり，それに向けて持続的に活動している。有機体に擬することができるが，協働しなければならない。その協働のシステムは，外の環境と境界によって区切られた一つの世界である。**オープン・システム**の視点に立てば，その環境からさまざまな資源を入力して，システムの内部でモノやサービスの成果に変換して，環境に出力として送り出すことになる。行政であれば，市民や関係団体の意向，そして税などの資源の投入を受けて，行政サービスに変換することが政府の，行政組織の役割である。

2　行政組織とは何か

その行政組織とは，中央政府から地方政府（地方自治体），さらに周辺に広がる外郭団体も含めると相当の広がりと数に及ぶことになる。最近では民間委託や民営化などのサービスの外部化に伴って，企業的にサービスを提供することも多くなった。それぞれは公共サービスを提供しているので，その境界を画することは難しい。それでも，行政組織は厳としてあり，市民の生活はそれによって支えられている。

行政組織とは，私企業との対比で議論されることが多い。いわゆる私企業の利潤追求に対して，行政組織は，公平や公正，正義の実現のために行動する。企業に比べると，制度的な要因によって制約されることが多く，それ自体の相対的な自立性が乏しく，外の環境の影響を受けやすい。具体的に言えば，市民や関係団体の意向を無視することはできない。首長や議員の政治的な価値の実現に向けて考え，行動しなければならない。他方，企業では，利潤追求があらゆる価値に優先される。行政組織とはさまざまな思惑が錯綜する政治的な組織である。企業のように**経済的合理性**を徹底的に追求できる組織ではない。

3　組織の必然，管理の必然

あらためて，なぜ組織は必要か。人間がバラバラに考え行動していればコストが嵩む。システム的にまとめれば，資源の有効活用ができるようになる。その資源の活用のために，経営管理が欠かせなくなる。資源の有効活用のために経営，そして管理が必要になる。ヒト，モノ，カネ，そして情報という資源を活かして，最大限の効用を得ることが経営管理である。ただし，その効用が立場によって相違するのが，行政組織の経営管理の難しさである。環境のなかのさまざまの利害関係者が，さまざまの利得を主張するので，あちらを立てればこちらが立たないなど，経済的合理性が貫徹できない。従来は，私企業のマネジメントに対して，行政はアドミニストレーション（原義は「仕える」を含意）に傾いていたが，近年，行政組織でもマネジメント（原義は「得る」）の必要性が言われ，パブリック・マネジメントという用語が使われるようになった。

▷オープン・システム
開放系とも訳される。環境の影響を一切受けないとする閉鎖系と対比されるが，その典型とされる軍隊でさえもすでに開放系である。行政の組織が，利害関係団体や市民に向き合うことで開放的であるのは常識であり公理でもある。

▷経済的合理性
できるだけ少ない資源で最大限の効果を得ることをいうが，経済的ということには，数値的に表現可能という含意がある。これに対して，公平や公正，正義などは計測できないことも多い。これらの価値は社会的合理性として対置される。

参考文献
桑田耕太郎・田尾雅夫『組織論』有斐閣，1998年。

I 組織理論と管理の技術

 ## 科学的管理法

① 管理ということ

　管理（management）という考えは古いものではない。軍隊や官僚を率いるためには管理が欠かせないことであった。しかし、新しい意味での管理は資本主義の勃興に伴って、大規模工場を管理しなければならなくなったことによって生じた。それの端的な方式が**テーラー**の科学的管理法である。とくに19世紀末におけるアメリカ合衆国のヨーロッパよりも出遅れた産業革命、工場制の大規模大量生産の急速な幕開け、そしてそこに英語を話せない大量の移民の流入が重なって、単純作業のための労働者をどのように生産性の向上に貢献させるかということで、たとえ単純ではあっても、要する時間や動作を極力少なくする方法で移民たちを工場労働に動員することができた。

② 科学的管理法

　テーラーの科学的管理法に典型的に見られるように、複雑で難しい仕事をできるだけ単純でもっとも基本的な作業単位に分解して、それぞれを習熟を必要としない動作に対応させた。労働者を互換性のある1個の部品に見立て、誰でもが、いつでも、どこでもできることを原則に、慣れない人でも直ちに仕事の流れに溶け込めるような標準化や単純化の工夫が施されたのである。これらの考え方は、近代工場制生産を成り立たせている分業化の原理とも合わさって、生産コストを低減することに大きく貢献することになった。自動車生産における**フォーディズム**（T型フォードを初めてアセンブリラインで大量に生産した**フォード**の経営理念）は、この時代の指導理念であり、個々の人々の生きがいや働きがいは望むべくもなかったのである。

　テーラーによる作業過程の改善は、経営管理における合理性について基礎的な考え方を打ち立てることに貢献した。産業革命以後における大規模な工場の運営という大きな時代のうねりのなかで、組織を合理的に経営管理するとはどういうことかについて指針を提示した。しかし、労働者の反発、そして大規模ストライキが頻発するに至って、限界もまた指摘されるようになり、テーラー以後では科学的管理法を、そのまま適用するようなことはない。ただし、その発想は人間工学への展開に引き継がれて今日に至っている。行政に**テーラー主義**が直接影響したかどうかは明らかではないが、組織を合理的に考えるという

▷**テーラー**（Taylor, Frederick W.：1856-1915）
作業工程の合理化について後世まで大きな影響を及ぼした。

▷**フォーディズム**
大量生産、大量消費を可能にした生産システムのモデル。フォードにちなんだ名称。

▷**フォード**（Ford, Henry：1863-1947）
ビッグ3の1つ、フォード自動車会社の創始者。

▷**テーラー主義**
複雑な課題を分解し、誰にでもできるような仕事に再構成して、労働コストを下げる方式とその実践を支える考え方。アセンブリラインを使った自動車の組み立て作業などはその典型である。

発想は，行政も含めてその後の経営管理の考え方の下敷きになっている。

③ 労働疎外

その後，テーラー主義に疑問を抱く研究者たちが，デトロイトの自動車工場で調査を行い，アセンブリライン（組み立てライン）によって作業速度が決められ，不自由さを感じること，単純な作業を際限なく繰り返すことへの不満，完成品に至る過程を実感できないことなどから，給料はよくても，それを凌ぐほど大きな不満を持つ人が多くいることを指摘した。自動車工場のような少品種大量生産では，職人的な技能に頼ることの多いところに比べて無力感を経験しやすい。不眠などの心身の不調を訴える割合も増えている。

自動車生産に限ることではなく，その後広く普及した大量生産の技術は，一方で，賃金の上昇などで消費生活を豊かにしながらも，他方では，働く意欲を乏しくさせたり，仕事そのものを疎ましくさせるような非人間的な要素を確実に膨らませている。この二律背反的な状況は，日を追うごとに厳しくなっていると考えられた。いわゆる労働疎外である。合理的に管理されるほど，それに適応できずに心理的な障害を経験する人が多くなった。

いわゆる**労働の人間化**を，一つの理論やモデル，仮説に集約するのは困難である。しかし，全体として，以上のような方向を是正するような考え方であり方法論である。仕事を作り変える，いわゆる**ジョブ・デザイン**（職務設計）も，労働の人間化における理念の実現に向けられた手法であり技法である。それが，疎外の克服に向けた特効薬でも万能薬でもないのは当然であるが，それを一つの手がかりにして，生産性や効率を追求する経済の原理と，人間性を重視するアメニティの哲学は折り合わなければならない。

科学的管理法が強調する標準化の管理技術は，当面の生産コストを少なくすることには役立っても，長期的には**人的資源**を疲弊させ枯渇させて存立そのものを危うくすることになる。疎外された仕事は，賃金などの条件がよくても，仕事を嫌がる気持ちを助長して，品質の向上に努めようとする気持ちを弱め，欠勤や離転職が増え，結局，有能な人材を逃すことになる。コストは節約できても，教育訓練や採用など間接コストの増加に悩むことになりかねない。

④ 合理化の経営管理

この他にも，**ファヨール**もそれと前後して管理とは何かについて，作業現場でその独自性を明らかにした。他の職能とは相違するとして，分業化や権限と責任，規則など14の管理原則を唱えたのである。テーラー主義と同様に，合理的に管理するための基本的な理論となった。また，行政管理は，合衆国政府という大規模な組織を経営管理するためにも欠かせない。行政も含めて組織が合理的に経営されるためには，合理性を重視した手法や技法が欠かせない。

▷**労働の人間化**
西ヨーロッパを中心に普及した疎外を克服するための考え方一般を言う。ジョブ・デザインも含めて多能工化や作業現場への権限委譲などの技法を含んでいる。流れ作業を廃止したボルボ社の例が有名である。

▷**ジョブ・デザイン**
担当する職務を多くする職務の拡大化と，その職務への裁量を大きくする充実化の二つの方向で実施される。後者は職務権限の委譲や経営参加などに発展することがある。

▷**人的資源**
働く人たちを，モノやカネと同様にヒトという資源として位置づける考え方である。人的資源管理とは，ヒトをただ働かせるというのではなく，キャリア発達や研修・再教育など幅広いマネジメントを包摂している。

▷**ファヨール（Fayol, H.：1841-1925）**
フランスの経営学者。経営の一般原理を明らかにしたことで有名。

参考文献
F. W. テーラー／上野陽一編訳『科学的管理法』産業能率短期大学，1969年。H. ファヨール／佐々木恒男訳『産業ならびに一般の管理』未来社，1972年。

第2部　行政の内部過程

I　組織理論と管理の技術

 人間関係論

1　ホーソン研究

ウエスタン・エレクトロニック会社ホーソン工場で**メーヨー**（当時ハーバード大学経営学教授）らによって行われた一連の研究は，当初は，科学的管理法の，いわば追試とも言うべき実験であった。しかし，予期せざる成果を得るに至り，それを再理論化することで，今日，大きな影響力を有する人間関係論となった。これらの研究は総称して，ホーソン研究，あるいはホーソン実験と言われている。その第一段階は，作業にもっとも適切な照度はどの程度かという実験であったが，親しくなった仲間は多少暗くなっても仲よく働いた。作業条件よりも，仲間との人間関係が重要であるとの仮説を得て，それを実証するために，さらに職場における人間と人間の関係について研究を重ねることになった。その後，これを指導したメーヨーやその研究に加わった人たちによって著書が多く出版され，戦後，人間関係論学派として有力な経営学説となった。わが国の経営学はこの影響を非常に強く受けている。この用語は行政学のテキストにも繰り返し紹介され，公務研修にもしばしば使われている。

学史的に言えば，科学的管理法への批判があり，それが仮定していたような作業のベストウェイを否定し，それより上司や同僚，部下との人間関係をよくする方向に関心が向けられるようになった。この論点は，組織が合理的ではなく，つまり目標達成に一丸となって向かうという図式ではなく，それぞれはそれぞれの思惑を秘めて勝手をすることもあるという前提を強調した。その意味では組織は合理的ではない。情動に左右されている。上司も部下も同僚も，チームワークが前提となる。経営的には人間関係が円滑であるように仕組むのである。そのような点では，この議論は，わが国において戦後発展した，いわゆる**日本的経営**と通じるところがある。実際，戦後，アメリカ合衆国に出かけた経営者団体のミッションは，これに非常に親近感を抱いて帰国したとのことである。

さらに，その後の**モチベーション**論やリーダーシップ学説などを生むための下地を用意したことでも大いに意義のある理論である。

2　インフォーマル集団の意義

手元が見えないほど職場が暗くなっても，そこで働く人たちはなお手を止めず冗談さえ言いながら働き続けた。生産性も低下しなかった。これは科学的管

▷**メーヨー**（Mayo, E.: 1880-1949）
人間関係論の創始者として有名。組織における人間行動の重要性を説いた。

▷**日本的経営**
職場の関係維持を重視する，いわゆる日本的経営は人間関係論とは非常に近しいと言える。日本的経営とは終身雇用や年功賃金・序列，企業内組合などを特徴とする日本固有の経営システムのこと。ただし，グローバリゼーションや少子高齢化など諸般の事情で，そのシステムが維持できなくなった。企業よりも行政のほうに典型的に見られるという論者もいる。

▷**モチベーション**
「意欲」であり「やる気」と訳してもよい。基本的にはこれの強度が，組織の成果を決定すると考えてよいほど重要な要因である。公務員の意欲の総量が行政組織の成果を決定すると考えてよい。

理法の仮説に合致しない結果である。彼らはなぜ物理的に不都合な職場でも働き続けたのか。

　これらの一連の研究で明らかになったことは，職場集団のなかで，情動的な人間関係，端的に言えば好き嫌いが非常に重要な働きをしていることである。この関係，つまり，ヒューマン・リレーションズ（人間関係）は，身近な職場のなかで，上司や部下，そして同僚が，気のあった人や好ましく思う人同士を集めて，それぞれ，フォーマル（公式）な組織，あるいは集団とは関係なく，むしろ対抗的にインフォーマルな（非公式）集団を作りあげている。課や係のような作業単位を超えることもあれば，その単位のなかがいくつも割れることがある。組織図として与えられたフォーマルな集団とはかならずしも合致しない，インフォーマルな集団が別個に作られるということである。

　そのインフォーマルな集団では，正規に定められた就業規則以外に，そこに帰属したい人たちだけに適用される規範や基準が作られる。たとえば，達成すべきノルマを仲間内で正規よりも低いところに置くようにして，それを守るように暗黙の強制をする。それを破るとノルマ破りとして村八分されるようなこともある。実際，この集団の影響は，フォーマルに期待されたものよりも影響が大きいことがある。

③ 人間関係論学派

　これらの結果は，人間関係論学派として，以後の組織研究に大きな影響を及ぼすことになった。職場のヒューマン・リレーションズは個々の判断や行動を強く制約しているとされ，モラール（morale，集団志気）やモチベーションを規定する要因として，もっとも大きく働くのが所属しているその集団に属する人たちからの働きかけであるとされた。対面的な人間関係の働きを無視して，組織のなかの人間行動を理解することはできないとまで考えられるに至った。経営の根幹は人間関係によって支えられるとまで言われるようになった。

　ただし，この実験の成果は，その後，いわゆるホーソン効果とも言われ，そのように期待されるとそのように行動するものであるということで，その方法論に疑義を呈せられることがある。また，ホーソン研究そのものについて，経営管理のための規律，当時の不景気，休憩のような時間などが，生産性における変動の大部分を説明していると論じられることもあり，小集団のなかで培われた，情動重視のヒューマン・リレーションズは生産性にほとんど寄与するところはなかったという意見もある。

　当時，集団の圧力を重視した**グループ・ダイナミックス**（集団力学）の提唱と重なることもあって，人間が相互依存的な関係のなかで影響を受けたり与えたりして，グループのなかで行動や考え方の様式が相違することになるとの知見は，その後の行政管理理論にも多大の影響を与えることになった。

▶グループ・ダイナミックス
集団には特有の論理が存在する。その一員になると，そこにある規範や基準に従わざるをえない。従わないと村八分にされたり，追放されることもある。集団が達成すべき目標があるほど，同調調達のしくみは強くなる。組織一般が集団からなるとすれば，このダイナミックスを無視することはできない。

参考文献
田杉競『人間関係』ダイヤモンド社，1968年。

第2部　行政の内部過程

I　組織理論と管理の技術

4　古典的組織論から新たな展開へ

1　行政学における古典的組織論

　行政組織論の古典として**ギューリック**の業績も看過できない。連邦政府という巨大な組織を運用するために，行政体としての組織は何をすべきであるか，それを集約したのが，**POSDCORB**である。科学的管理法以来の，フォーマルな制度や原理を適用して組織を合理的に管理するという理念を，事務系組織に対して発展させたものと言ってもよい。その後にも，どのように公共セクターを経営管理するかの議論はパブリック・アドミニストレーションとして綿々と続いている。協働やパワー（Power，権力）関係などは共通の関心としながらも，そのそれぞれの特異性に考慮しながら，いくつもの下位理論が議論されてきた。

2　バーナード理論と協働

　合理性を重視した議論とは別に，組織とは人間の集合，そしてその複数の人間の協働によって成り立つことを，むしろ経営者として実務的な視点から論じたのが**バーナード**である。

　バーナードによれば，組織が一つになって何かを達成するためには，一つになるために仕掛けを構築しなければならない。それが協働であり，組織への貢献と，組織から得る報酬が均衡的でなければならない。いわゆる組織均衡であるが，それを成り立たせるために経営がある。経営は命令とそれに対する応諾によって維持される。フォーマルなシステムを維持するためには，誰が何を命令し誰がそれに応じるかという関係を誰もが周知していないと，組織は混乱する。その命令を発することができる立場をフォーマルに支えているのが権限である。この権限は，必要に応じて通常ヒエラルキーに沿って下位に配分される。経営者から管理者へ，さらに現場の監督者に移譲されるのである。権限委譲（delegation）である。組織においてこれが当然とされるのは，すべてのことを1人の経営幹部，たとえば首長が決定して，部下にそれに一方的に従わせることでは済まない。上司はかならず信頼できる部下を必要とする。組織とは協働のシステムであり，**フォーマルな組織**である。それは2人以上の人々の意図的に調整された活動ないしは諸力のシステムであり，共通の目的，協働意思，そしてコミュニケーションからなっている。

▷ギューリック（Gulick, Luther：1892-1993）
アメリカの行政学者。行政学の基礎づけをした。

▷POSDCORB
企画（planning），組織化（organizing），人事（staffing），指揮命令（directing），調整（co-ordinating），報告（reporting），予算（budgeting）をつないだもの。

▷バーナード（Barnard, C.：1886-1961）
『経営者の役割』の著者。現代経営学の始祖と考えてもよい。

▷フォーマルな組織
組織を成り立たせているしくみそのものであるが，それに対してインフォーマルな組織が対応する。親しい仲間ができると，その人たちだけでコミュニケーションや規範などが勝手にできてしまう。日々の行動には，そのしくみの影響は大きい。

3 応諾の調達

　しかし，その権限は当事者の相互作用のなかに内面化されなければ，支配と応諾の関係は安定しない。支配はそれを納得しなければ強制となり，それに対しては面従腹背で応じることになる。権限を納得し内面化されれば権威となる。それは**無関心域**によって成り立つ。権限行使の有効性とは，権限を権威として受け入れる人たちが，誰が発するかに関心を持たなくなり，自然にそれを受け入れるようになることを意味する。直接服従を迫る関係よりも，内面的に応諾できるほど権限は権威として受け止められ，その関係は安定する。組織間においても，その関係を安定にするための試みは続けられる。上位の団体を設置して調整することやルール化などである。権限の行使がそれを受ける側によって納得させられるほど，また，ルーティンとして受け止められるほど，制度として組み込まれ，応諾をむしろ当然とすることで，成果は大きくなる。

4 パワー関係と権威

　誰にも意図関心があり，それを実現したいと願っている。そのために**パワー**を得たいと考えている。しかし，それは組織のなかでは制度的に整理され秩序づけられなければならない。そして，合法化されたパワーは権限となってそこにいる人たち，つまり公務員の行動を制約するが，権威としてもその行動や考え方を内面的に制約する。いっそう合法化されるのは，その集団が一致して達成すべき目標がある場合である。彼らの関係を安定させたいという欲求があって権威は強化される。むきだしの利害を争うところでは権威は定着しない。しかし，権限を行使して応諾を無理強いするようなことも少なくない。

　一般にパワーには個々の利害が絡むので，それだけでは納得できない人たちもいる。いわゆる正当性を成り立たせない。パワーは権威となって初めて大多数に受け入れられることになる。権威によって，彼らの行動を規定し斉一化でき，個人を超えた関係ができる。また，何か対立が起きても，それを裁定するための権威があることによって，対立は深刻化しないなどの効用が権威には期待されている。これらのパワーはヒエラルキーに沿って配分される。権限委譲は権威の委譲でなければならない。

　パワー関係の**内面化**，つまり権威の構築をたえずはからなければならない。本来パワーとは，対人関係のなかで絶え間なく発生しているもので，それを一つにまとめたり，秩序を与えるためにはそのうえにより強いパワーを置くか，雑多なパワー関係を合法的に一体化しなければならない。しかも，それに心から応諾することでパワー関係は正当化される。多くの人が，そのパワーの行使を当然のこととすることで，システムとしての組織，この場合，行政組織はかたちを整えることになる。理想的には，組織が一つの権威となるのである。

▷**無関心域**
バーナードの学問的貢献は，権限と権威を分けて考え，フォーマルに委譲されたうえからの権限と，下に発する権威を区別したことである。それぞれのメンバーが権威に対しては心から応諾することで権限は正当化される。その権限に無関心な人が多くなるほど，権威が大きくなる。

▷**パワー**
さまざまの資源の保持によって，他者に何かを強いることのできる程度である。組織では，そして官僚制では，公的な立場から上司が部下に対してパワーを行使できる。

▷**内面化**
規範や価値は内面化されることで，逐一命令や支持を受けなくても，期待される行動をするようになる。たとえば，地方自治体の職員が，地域の福利向上という価値を内面化するほど，それに沿った行動は自然体で表出されることになる。

（参考文献）
C. バーナード／山本安次郎・田杉競・飯野春樹訳『新訳・経営者の役割』ダイヤモンド社，1968年。

I　組織理論と管理の技術

 ## サイモンとサイモン以後

① サイモン理論の枠組み

▷バーナード
⇨ 2-I-4 「古典的組織論から新たな展開へ」

▷サイモン（Simon, H.：1916-2001）
限定された合理性などサイモンに始まる重要概念は多く、組織論に大きな影響を与えた。

バーナードの後を受けて、サイモンは、人間とはどのように組織にかかわるのかについて精緻な理論化を試みた。現代組織論はサイモンに始まると言っても過言ではない。バーナードでは、人は何をなすべきか、倫理的なところに強意が置かれていたが、サイモンは、客観的に人間とはどのように行為するのかを中心に議論が展開された。この場合、行政組織は、どのような条件下でどのように意思決定するのか、合理的なモデル構築の必要性を強調した。

しかし、人間とは全知全能ではありえず、必要な情報をすべて入手しても、そのなかの一部しか扱うことができない。決定そのもの、それによって得る結果も十分なものではない。結果の評価さえも不完全である。制約された能力しか持たない人間には、合理的な決定はあり得ない。したがって、最適基準による評価は妥当とは言えない。むしろ非現実的でさえある。与えられた状況のなかでどの程度のことができそうであるか、満足せざるをえないところで決定し評価せざるをえない。満足水準による目標設定こそが好ましいとされた。

② 限定された合理性

その一連の理論の基礎に、サイモンは「限定された合理性」という概念を設定した。人間には限られた範囲でしか情報は集まらない。処理能力にも限界があるとすれば、その限界を少しでも超えようとするために組織に加わり、組織を構築しようとする。しかし、その組織もまた限界を有することになる。

意思決定に際して、それの与件をあり得べき価値前提と起こり得る事実前提に分けて、前者とは目的であり、それ自体検証が難しい前提で、それに沿うように後者の前提、つまり手段が設定されるが、その場合、価値の実現を達成するために、適切な手段を採用しているかどうかという問題に局限するかぎりにおいて、決定の適切さが評価される。というのは、合理性を実現するためには、すべての代替可能な選択肢を列挙できること、それらの結果を事前に予測できること、さらに選択による結果の評価が万全にできることが前提となる。しかし、現実にはこれらの条件が揃うことはありえない。

意思決定とは諸前提から結論を導き出す過程であり、それにはプログラム化される定型的な意思決定と、プログラム化されない非定型的なそれがあるとさ

れた。後者は新規の決定，もしかすると1回かぎりの，しかも重要な決定である。それらが合成されて組織の意思決定は成り立つ。行政においても，どのように考え行動するかについて，これらの合理性の限界から考察された。

3 サイモン以後

サイモンの貢献は，合理性を重視し，さらにそれへの懐疑を明確にしたことである。組織は合理的であるべきであるが，かならずしも合理的ではありえないと考えたことである。この前提は後継者たちに受け継がれ，理論的な基礎となった。以下，いくつかのサイモン以後の理論を紹介する。

①**サイヤート=マーチ**による展開

組織とは，合理性を局部に限ることによって，短期的な決定を選好し，それを受容できるかどうかを重視する。不確実性の高い将来にかかわる決定は回避しようとする。まず単純な採用可能な方法を選択し，次いで，より複雑な手法を選択する，そのような選択を重ねることでよりよい選択になる。

②ゴミ箱モデル

このモデルによれば，意思決定には，関係者が関心を向けるもの，決定の対象となる選択肢，選択のできる機会，それに参加する人たちという四つの互いに無関係な流れがあって，それらが偶然，交差するところに，ゴミ箱にたとえられる選択機会がある。結局，それに加わる人たちが抱える問題や思いつき次第の解決策を放り込むゴミ箱のようなもので，論理的に決定されるようなものではない。参加者の意図関心が集まれば，そのときどきの決定があるということで，事前に課題があって，それに沿って情報が集められ，意図的にそれらが解に向けて組み立てられるということではない。

③ルース・カップリング

ルース・カップリング（緩やかな結合）とは，組織の下位単位の結合が緩やかで，ある部局で起こった問題が他に波及しない，影響を及ぼさないようにするしくみである。官僚制のヒエラルキーのように命令の連鎖を厳しくすることとは逆である。いわゆる**部局主義**はこれである。長所を言えば，部門がそれぞれ自律して，専門分野に特化できる。環境の変動にも柔軟に対応できる。しかし，短所としては組織自体がバラバラになる，総合的な施策展開ができなくなるなどがある。部局主義の限界はすでに指摘されていることである。

これらの議論は，私企業ではなく公共の組織から生まれたことは興味深いことである。利得を競う，いわば組織目的を一元化しやすい，そして，多くの関係者を利潤の極大化によって納得させることができる企業よりも，利害関係者が複雑に絡んで，互いの目標が競合することも少なくないという，公共の組織でモデル化されたということは，企業における経営管理よりも行政のそれのほうが難しいことを示唆していると言ってよい。

▷サイヤート（Cyert, R. M.：1921-98）
アメリカの経済学者，統計学者。

▷マーチ（March, J. G.：1928- ）
アメリカにおける著名な組織論研究者。

▷部局主義
場合によってはセクショナリズムと言い換えてもよい。それぞれの部門が自分の都合で行動することである。その弊害の最たるものは，組織としての統合を失うことである。地方自治体であれば，首長の意向とは関係なく部門がそれぞれの利害によって事業を進めることである。首長にパワーがなければ，そうなることは必定である。

(参考文献)
H. サイモン／松田武彦・高柳暁・二村敏子訳『経営行動』ダイヤモンド社，1965年。J. G. マーチ／土屋守章・遠田雄志訳『あいまいマネジメント』日刊工業新聞社，1992年。

第2部　行政の内部過程

Ⅰ　組織理論と管理の技術

6　意思決定論

1　意思決定とは

　前節でも述べたが，行政組織も含めて組織一般は意思決定は必須である。しかし，その決定のためには必要な情報ができるだけ多く集められなければならない。まず何が問題であるかを認識し，どのように対処すべきであるかを考えるために情報を収集する。そしてその問題を解決するための選択肢を揃え，それらのなかからもっともよいと判断されるものを選択，決定して実行に移すのである。実行すれば，その成否や可否が評価され，それをまた選択に活かすためにフィードバックするという過程が想定されている。

　このような過程を経て，職場集団の，そして組織の行動は決定されている。しかし，以上は単純化されたモデルであり，しかも，望ましい情報は必ず得ることができ，そのなかから望ましい選択肢が選ばれるという仮定にもとづいている。合理的意思決定としてさまざまの意思決定論の基礎をなしており，経済学的，経営工学的，システム分析的な立場からのモデルとして採用されている。しかし，多くの場合，理念的なモデルとしてはありえるが，日々の過程はそのようではないことが多い。むしろ，コミュニケーションは制約され，判断のために必要な情報がすべて揃うようなことはありえない。限られた情報で決定しなければならないことも多い。また決定者の能力や資質によっては，最適の選択肢を選べないこともある。「**限定された合理性**」に制約されるのである。合理的とは言えない，愚かしいとも言うべき選択をおこなうようなこともある。現実には，非合理とも言うべき決定過程を想定しなければならない。

▷**限定された合理性**
⇨ 2-Ⅰ-5 「サイモンとサイモン以後」

2　意思決定における非合理

　意思決定は，通常，合理的なものと非合理的なものの二つに分けて考える。非合理的であることを想定した場合，どのような論点が指摘されるか。

①非プログラム化

　決定過程はプログラム化された決定と，プログラム化できない非プログラム決定に分けることができる。とくにプログラム化できないような決定は，それぞれが試行錯誤的に選択肢を探さなければならないが，多くの場合，制限された合理性という制約のなかで，最良の選択ではなく，満足できる範囲で選択しなければならない，せざるをえないという基準での決定である。さらに言えば，

▷**非プログラム化**
事前に決定できることは少なく，その場その場で決めざるをえないような決定。行政サービスでは，住民の都合に応じて柔軟に対応せざるをえない場合など。

非合理的な決定こそ当然という考えもある。**ゴミ箱モデル**のように，そのときどきの，いわば気まぐれな決定が，組織の枠組みを決めることさえある。

②極端化

全般的に，集団による決定は個人によるそれよりも極端になることが多いとされ，**極端化**（polarization）に至ることがある。相互作用を行う個人のなかにすでにある，先有的な，多くの場合，多数派の人たちが保持している考え方をさらに確信させ，それならばと，少しでも他の人よりも先行するように競い合い，それが徐々に，積み重ねられて極端化していくのである。人は情報量の多さに影響されやすい。多数の意見にはどうしても同調せざるをえないところがある。多数派は自らの考えを確信していっそう極端に走り，少数派は強いて反対しようとしなくなり，全体としてははじめの意見を極端にするだけが集団の意思決定であることも少なくないのが一般的傾向であるとしている。

③リスキーシフト

集団の決定は個人がそれぞれに行う決定よりもリスクを含みやすくなる。集団のなかで，平均以下の考え方をする人はあわてて平均より上へ上へと考え方を変えたり，リスキーな考え方をする人の主張に同調したりする。また，多数決による決定では，結局それぞれの個人が責任を負うことがなくなり，慎重さを欠くようになる。**リスキーシフト**（risky shift）である。しかし，リスクを避ける方向に傾くこともあり（cautious shift），保守的な意思決定に傾くこともある。集団による決定がかならずしもリスクを大きくするとは言えない。

④集団浅慮

これらの小集団の病理現象が原因となって，会議や委員会が賢明な意思決定に失敗することがある。失敗例としては，ジャニスによって報告されたケネディ大統領の国家安全保障会議における決定，ピッグス湾事件（第一次キューバ事件）にさいしての集団浅慮（groupthink）はよく知られている。会議や委員会は異なる意見や考え方を集約するところであり，互いが説得し合うところであるとされる。しかし，実際には，個人がみずからの影響力を行使するところでもある。個人的な利得を考えたり，自己顕示的な動機づけによって意思決定が左右されることもある。検討すると言いながら，検討事項は根回しによって，あらかじめ決められていて，未決事項は出さないこともある。混乱を回避するためには，また，極端な意見を抑えたりリスク・テイキングを避けるためには役立つこともあるが，本来の**討論**（熟議）の意義は失われている。

ケネディの，その後のキューバ・ミサイル危機（第二次キューバ事件）にさいしてのアリソンの分析における第三モデル（政府内政治）も，政治過程論的なモデルを援用することで互いの利害関係の錯綜が，合理的な意思決定に至らないこともありえるが，ピッグス湾事件の教訓が，慎重な，合理的な選択に近づけたという読み方もできる。

▷ゴミ箱モデル
⇨ 2-I-5 「サイモンとサイモン以後」原語は，garbage can model であり，「ゴミ缶モデル」と言うこともある。

▷極端化
たとえば提案Aに対しては，それを批判せずに，提案Bは提案A＋α，そして提案Cは提案B＋αのように，批判されないまま一つの方向に決定されること。

▷リスキーシフト
個人が集団内にいることで，過激な意見にも同調してしまう現象。

▷1　大統領への忠誠を競うかのように，少しずつ現実的とは言えない方向に決定を偏らせてしまうようになること。

▷討論
意思決定だけではないが，討論という概念が最近重視されるようになった。ハーバーマスが論じているように，多くの人たちが討論を通じて公共に参加し，公共を構築することが，意思決定の内実化の前提であることは多くの人たちの合意を得つつある。言い換えると，討論を通じての意思決定は公共性の内実化と表裏一体であると言ってよい。行政には欠かせないことである。

(参考文献)
G. T. アリソン／宮野政玄訳『決定の本質』中央公論社，1977年。宮川公男『意思決定論』中央経済社，2005年。

Ⅰ 組織理論と管理の技術

組織のイノベーション

1 イノベーションとは

　行政組織は，細分化された職務をピラミッド型に集めた，いわゆる官僚制（ビューロクラシー）である。それだけで考えるとすれば，その構成員は，安定を最優先に考える。いわば手堅く執行したいと考えるのは当然である。一般的に官僚制は硬直に向かいがちである。**繁文縟礼**などはその典型的な事例である。そのことを論議した研究は多くある。

　しかし，組織一般は安定を重視するほど，その環境に適合できなくなる。とくに環境が激しく変動すればするほど，経営は，それに応えなければならなくなる。行政組織は，たえず環境変動に曝された組織である。その変動にどのように応えるかである。

　第2部第Ⅰ章で見たように，科学的管理法からサイモンまで，さらにそれ以降も，組織についてはたえず環境の変化に応えるための工夫をしてきた。行政組織も，その考え方の流れに従ってきた。意思決定論でさえも，安定した環境での合理的な決定ではなく，その都度，変化する環境に適合的な，しかし，それにしては非合理ともいうべき決定をせざるをえない。そのほうがはるかに多い。

　その環境への意図的な変更をイノベーション（革新）という。なお環境の変化に応じた自然な変更は，単に変化と言ってよい。それに対してイノベーションは組織による意図的な変更である。なお，イノベーションは，日本語では革新（あるいは狭い用法では技術革新に絞ることもある）などど訳される。

2 行政組織におけるイノベーション

　一般的に言えば，環境変動に対して柔軟に適合できるためには，その構造が機械的（官僚制はその典型）であるよりは，有機的でなければならないとされる。行政組織も例外ではない，というよりもいっそう有機的でなければならない。というのは，手近にある環境としての市民や関係団体に直接向き合わなければならないからである。市民や関係団体の要求に応えることが行政組織の役割である。しかし，彼らの考え方は，事前に予測できないことが多く，しかも錯綜している。

　しかし，彼らの抱える問題をとらえることのできるのも，その官僚である。ストリート・レベルの官僚は，直接その問題を理解できる立場にいる。それを

▷繁文縟礼
⇨ 3-Ⅱ-2 「官僚制の限界と病理」

▷1 機械的—有機的とは組織論の用語であるが，有機的とは柔軟なシステムの意味で用いられることが多い。

施策として提言できれば，まさしくイノベーションである。いわば一兵卒として企画立案して上申できる機会が多くある。熱心な公務員の出番がここにある。

現場だけではない。課長や係長など役職者についても情報が集まるだけにそれを活用した提言が期待でき，立場上，意図的に多く集めることもできる。部下に指示し，関係部署に連絡を取って，それをもとに立案するのである。内部にネットワークが多い，あるいは広いほど，イノベーションの機会は多くなる。

また行政組織が相互に情報交換することも多い。事例的に先行している団体への見学が多い，あるいは関係者の研究会が多い部局や自治体はイノベーションの機会を増やしている。企業とは違って機密は少ない。企業であれば，肝心の情報は隠すことが多い。行政組織には隠すような情報はないか，あるいは少ないといってもよい。先行事例に学ぶという，いわゆる制度的模倣に由来するイノベーションは多くある。それが普及するほど，金太郎飴のようにもなるが，先進事例に学ぶということはそれ自体問題はない。ただし，それを批判的に改良を加えるというのもまたイノベーションである。

▷2 イノベーションは，アントレプレナー（起業家）に発することが多い。また行政組織においては，その特質を有した人たち（首長も含めて）によって担われる。

3 イノベーションの限界

結局，イノベーションとは，問題点を正確にとらえ，施策にまとめ，その必要性を熱心に説いて回り，そして実行する人たちによって可能となる。しかし，行政組織は，イノベーションが難しいことが多い。というのは，その環境からの期待が互いに錯綜して，いわばあちらを立てればこちらが立たないことが多いからである。**部局主義**といわれ，さらに専門店的というよりもスーパーマーケットやデパートに擬することができる，さまざまの行政サービスを提供しているところでは，個別的な施策，さらに変革については合意形成が難しい。反対意見はかならずあると考えるべきである。合意を得ること自体が政治的な思惑に左右されるようなことも少なくない。

その場合は，部局の関係者や当事者が協議を繰り返すこと（相応の合意には至ることが多い），あるいは幹部の決断などが必要であるが，それでも合意形成や支持の調達にコストが負荷されることも多い。とはいえ，組織の環境変化への適合は欠かせないことであるから，変革へのさまざまの方途を模索しなければならない。

そのためには，組織としてのスラック（たとえば，人員や資金，原材料の調達先に余裕があることである）が欠かせない。スラックの少ない組織には，イノベーションの機会は少ない。しかし，それでも環境適合のためにはイノベーションは欠かせない。それをどのようにして可能にするか，施策のなかに取り入れるかは，行政組織にとって不可欠の課題となる。

▷部局主義
⇨ 2-Ⅰ-5 「サイモンとサイモン以後」

参考文献
田尾雅夫編著『よくわかる組織論』ミネルヴァ書房，2010年。

行政学がよくわかる映画

政策決定・意思決定

　政策決定，意思決定と言われる領域で必読の古典の地位を獲得しているのがグレアム・アリソンの『決定の本質』だ。これは1962年の「キューバ危機」にさいしてのケネディ政権の決定を素材に，合理的決定論，組織論，政治過程論という三つの違う理論的アプローチから説明していくと，同じ事柄を扱っているのに出てくる説明は異なるということを示し，目から鱗の落ちる思いをさせられた人も多い名著である。

　1962年というとまだ社会主義が元気だった時代で，キューバでカストロが革命政権を打ち立てた後，ソ連から密かに中距離弾道弾を導入，基地建設を進めていた。これに気づいたアメリカの対応をめぐるあれこれが，意思決定を考える素材としてよくとりあげられる。

　選択肢は①何もしない，②外交的圧力，③カストロと単独交渉，④侵攻，⑤外科手術的空爆，⑥海上封鎖というところである。相互確証破壊（Mutual Assured Destruction: MAD）体制だから核ミサイルはシベリアにあろうがキューバにあろうが脅威としては同じことなので何もしないという選択肢もあるのだが（純軍事的には間違ってはいない），冷戦のもとでは政治的に都合が悪い。②も③も冷戦の政治を考えるとありえないということで（外交的圧力は常態としておこなっているので，何か特別のことをしなければいけない，格下の相手と交渉をするというのも都合が悪い），最後の三つの得失が検討されるのだが，④も⑤もこちらから先に手を出すということと，冷戦の他の戦場（とくにベルリン）への影響を考えるとまずいということから，海上封鎖を選んだ，という話になっている。こうした説明はいわゆる合理モデルでおこなわれていて，国家的意思決定の主体があたかもチェスの差し手のように1人の合理的個人として考えうる選択肢の得失を検討して最善を選ぶ，というものである。

アリソンはこうした説明をしたうえで，決定として出てくるものがこのような思索の末決められた最善のものであるなら，かならず何らかの意図の反映となると指摘する（外交政策は相手の政策決定過程が見えないので合理モデルで考えがちだが，「陰謀理論」を導きやすい）。そこで，違う説明もあるのだよ，として組織論や政治過程論の知見を動員するわけだが，映画『13デイズ』（13days，米2000年，日本ヘラルド）はこの政治過程論的な説明を理解するのに大いに助けとなる。

　国務省は「ロストチャイナ（中国を共産主義に手渡したこと）」とマッカーシズムから十分立ち直っておらず，共産主義に対する甘い政策は取れない事情を抱えている。CIAは前年のキューバ侵攻の失敗（ピッグズ湾事件）やミサイル搬入の事実を確認するのが遅れたことなどの失点回復に躍起となり強硬策を支持する。空軍はみずからの活躍場所を得んがためピンポイント爆撃でミサイルサイトを除去する「外科手術的空爆」を主張し，海軍はもちろん，海上封鎖がいいというわけだ。

　ケネディ兄弟と特別補佐官オドンネルを中心に描いていて，政府首脳会議エクスコム（ExCom）で彼らが，各省，各軍を代表し，それぞれの組織の事情を抱えた政治家・軍人たちとおこなうやりとりが活写される。もちろん，ケネディ兄弟も兄の大統領としての再選，という彼らなりの優先考慮事項，事情を抱えてこのゲームに参画しているのである。

　軍人のなかでも空軍のルメイ将軍はいかにもそれらしい味を出していた。第二次世界大戦末期，第20航空軍の指揮官として日本への空襲を指揮し，戦後独立した戦略空軍（SAC）を育ててきた彼の自信と危うさをよく描いている映画でもあった。

（佐藤　満）

Ⅱ 中央政府の組織編成

内閣と政治的任命職

この章では，中央政府の組織がどう編成されているかに着目して，行政を検討してみる。第 2 部第Ⅰ章で議論した組織理論が，現実の日本行政ではどのように実現しているか考えてほしい。

1 内閣の構成

現代日本の内閣は，内閣総理大臣と，国務大臣によって構成されている。内閣総理大臣は，国会議員のなかから国会が指名し天皇が任命する（憲法67条，6条）。一方，国務大臣は内閣総理大臣が任命するが，その過半数は国会議員のなかから選ばれなければならず，また全員が文民でなければならない（憲法68，66条）。国務大臣の数は内閣法で14名以内（復興庁とオリンピック・パラリンピック担当大臣の設置により2015年からは 2 名増），ただし特別の場合は 3 名まで増員できる（合計19名）とされている（内閣法 2 条）。実際には，日本国憲法施行後すべての内閣総理大臣は衆議院議員であったし，また国務大臣は過半数ではなく大部分が国会議員であった。これらは，内閣総理大臣の指名について衆議院の優越が認められていること，そして日本が議院内閣制を取っていることに関係している。

とくに担当する省庁を持たない場合（無任所大臣）を除くと，国務大臣は，行政権の属する内閣の構成員であると同時に，各省庁のトップ（行政大臣）という二つの役割を持っている。とくに2001年の中央省庁改革までは，大臣について，各省庁のトップとしての性格が前面に出て，各省庁の代表として既得権を擁護しているという批判が多かった。しかし2001年以降は「**特命担当大臣**」がかならず置かれるようになった結果，各省庁の代表ではない国務大臣が，内閣のなかにかならず複数存在するようになっている。

2 閣議

この内閣の公式の会議が，「**閣議**」である。閣議は内閣総理大臣が主宰する（内閣法 4 条 2 項）。定例の閣議は，毎週 2 回，火曜日と金曜日の午前中に，総理大臣官邸の閣議室（国会開会中は国会の閣議室）でおこなわれる（これらの曜日の昼のニュースでは法律案の提出など閣議決定が伝えられることが多いが，その際テレビに映るのは，閣議室に移動する前の大臣たちである）。必要な場合は臨時閣議や（事務官が閣議書を持って回って署名を集め，意思決定とする）持ち回り閣議もおこ

▷**特命担当大臣**
内閣府設置法により，「沖縄及び北方対策担当」，「金融担当」，「消費者及び食品安全担当」と「少子化担当」はかならず置かなければならないが，その他にも 4 名程度の特命担当大臣が常に置かれている。たとえば2015年10月に成立した第三次安倍改造内閣の場合，以下の特命担当大臣（計 8 名，うち 4 名は財務大臣・経済産業大臣・環境大臣・国家公安委員長との兼務）が置かれている。
沖縄及び北方対策担当・金融担当・消費者及び食品安全担当・男女共同参画担当・少子化対策担当・経済財政政策担当・科学技術政策担当・宇宙政策担当・防災担当・規制改革担当・国家戦略特別区域担当・原子力損害賠償・廃炉等支援機構担当・原子力防災担当。

▷**閣議**
中央省庁改革では，内閣における内閣総理大臣のリーダーシップを強化するために，閣議について内閣法に「内閣総理大臣は，内閣の重要政策に関する基本的な方針その他の案件を発議することができる」（4 条 2 項）という規定が追加されている。これまで閣議の記録は公式には存在しないものとされてきたが，2014年より議事録が作成され公表されるようになった。

なわれる。また，閣議に類似する意思決定機関として，**関係閣僚会議・政府与党首脳会議**などが重要な役割を果たすこともあるが，多くの場合最終的には閣議でオーソライズされることが必要である。

閣議では，内閣案として国会に提出する法律案の最終決定，法律・条約の公布手続，（白書や審議会答申など）閣議で報告すると決められている国政に関する報告などがおこなわれているが，その多くは手続的なものであると言われている。しかし，閣議のために集まること，そして閣議後の閣僚懇談会は，内閣を構成している政治家の意見・情報交換の場として重要である。

③ 内閣を支えるしくみ

戦後日本の内閣制度をめぐる改革では，内閣を支える補佐機構の強化が一貫しておこなわれてきた。現在では，内閣官房と内閣府が設置され，内閣と内閣総理大臣を支えている。

内閣官房には，内閣官房長官・内閣官房副長官（政務2名，事務1名）に加えて，国家安全保障局長，内閣危機管理監，内閣情報通信政策監，内閣官房副長官補（事務3名），内閣総理大臣補佐官（5名），内閣総理大臣秘書官（7名）などが政治的に任命されている。このうち内閣官房長官は，国務大臣をもってあてる職であり，行政内部や政府と与党の間の調整にあたり，また内閣のスポークスマンとしての役割も果たす。自民党政権の場合は内閣総理大臣と同一派閥，また連立政権の場合は同一政党から出る場合が多く，「首相の腹心」あるいは「大番頭」などと言われることがある。一方，事務担当の内閣官房副長官は，内務系の事務次官経験者が長期間在任することが多い。

さらに，これら政治的任命職の下には，各省庁から派遣された者を含み事務官が約700名程度おり，これらが内閣官房として内閣を補佐している。

④ 内閣府設置による強化

内閣を補佐するもう一つの組織が，2001年の中央省庁改革で設置された内閣府である。内閣総理大臣を補佐するとともに政府内の調整機能を持つ内閣府は，他の省庁よりも格上の組織であるということから，国家行政組織法の適用を受けないが，一方で他の省庁と同じように分担管理事務も有している。

この内閣府に設置されているのが，経済財政諮問会議や男女共同参画会議など四つの「重要政策に関する会議」である。これらは，重要政策について審議する合議制機関である。経済財政諮問会議は，**小泉内閣**以降，「基本方針」（「**骨太の方針**」）を公表することで，予算編成を内閣総理大臣主導でおこなえるようにした。また経済政策についても，ここで決定されたものをベースとして政策の立案・法案化がおこなわれるようになり，「**三位一体の改革**」や「**郵政民営化**」などの政策を具体化するうえで，大きな役割を果たした。

▷関係閣僚会議・政府与首脳会議
内閣法に規定のある閣議とは異なり，より柔軟に開くことができるのが関係閣僚会議・政府与党首脳会議である。政策課題によって大臣以外の者も含めて構成員を変え，また人数を絞ることにより実質的な議論をおこなえると言われるが，反面閣議と比べると透明性に欠けている。

▷小泉内閣
小泉純一郎がリーダーシップを発揮できた理由については，①本節で説明した内閣制度の改革，および衆議院選挙制度の改革により，内閣総理大臣と自民党総裁の権限がともに強化された結果だという「制度」による説明と，②小泉がポピュリスト的政治スタイルをとったからだという説明がある。詳しくは参考文献の内山（2007）を参照のこと。

▷骨太の方針
経済財政諮問会議が毎年6月に公表した，「経済財政運営と構造改革に関する基本方針」（2007年度からは「経済財政改革の基本方針」）。次年度の予算の全体像を示し，また主要政策を提示することにより，大きな影響力を持っていた。

▷三位一体の改革
⇨ 4-Ⅱ-4「地方分権改革」

【参考文献】
田中一昭『行政改革』（新版）ぎょうせい，2006年，2章。内山融『小泉政権』中央公論社，2007年。星浩『官房長官 側近の政治学』朝日新聞出版，2014年。

Ⅱ 中央政府の組織編成

2 中央省庁とその内部構成，中央省庁改革

1 省庁の内部構成

　図2-1は，文部科学省の内部構成（課については一部のみ記載）である。文部科学大臣を長とし，副大臣・大臣政務官という政治的任命職と事務次官・文部科学審議官の事務方とが一体となって執政部を形成している。その下には「官房」と七つの「局」が置かれ，局のなかには「課」が置かれる（局と課の間に，文教施設企画部，私学部のような「部」が置かれることもある）。ホームページなどで調べれば，その他の省庁の組織も同じような形態を取っており，日本の省庁組織が「局」（官房）―「課」―「係」を基本的な内部構成としていることがわかるだろう。さらに詳しく見ると，中央省庁の共通する特徴として，以下のようなことが指摘できる。

　①どの省庁にも**官房**が置かれている。そしてそのなかには秘書課（人事課）・総務課（文書課）・会計課（以上3課を官房3課という）などほぼ共通する課が存在する。

　②後述のように，2001年の中央省庁改革によって複数の省庁が統合されたが，旧○○省と旧△△省の組織は，局以下の組織として残っている場合が多い。また，局単位で統合が行われた場合も，課レベルでは旧来の組織が残っている。言い換えれば，今回の改革では省庁レベルでの再編成がおこなわれたにすぎない。

　③「局」（官房）―「課」―「係」の**ライン**に加えて，審議官・統括官・参事官などの名称で呼ばれる**スタッフ**機能を担う役職も，組織図には含まれている。

　中央省庁の組織が同じような形態をとる理由として，組織の形態がかつて各省庁設置法によって厳密にコントロールされ，また定員や組織が他省庁による管理の対象であったことがあげられる。このことは，省庁組織をわかりやすくした反面，環境の変化に適応するのに時間がかかる要因となっていた。このうち，各省庁設置法による厳格なコントロールは，1983年の国家行政組織法改正によって緩和されたが，定員管理や予算によるコントロールは現在も継続している。

2 中央省庁改革

　第二次世界大戦直後を除けば，戦後日本の中央省庁組織は安定的であり，1960年の自治省設置以降，40年間以上「省」の設置はおこなわれてこなかった。一方，調整機能を持つ「庁」は，その後も時代の変化に合わせて一つずつ新設

▷1　この図では省略しているが，「課」のなかには「係」が置かれ，また文化庁のような外局などの組織もある。また，文部科学省では大きくないが，多くの省庁では，地方支分部局が組織の大きな部分を占める。たとえば財務省の場合，約7万人の職員のうち5.5万人が外局である国税庁に所属し，さらに財務局・税関に所属する職員の多くは各地の財務局・税関に勤務しており，本省勤務は2000人程度と言われている。

▷2　e-Gov（電子政府）の府省一覧から内部組織を確認できる。

▷官房

官房は，省庁の内部管理業務を一手に引き受ける組織であるが，中央省庁ではこれを重要視してきた。

▷3　文部科学省で言えば，「科学技術・学術政策局」，「研究振興局」，「研究開発局」の3局と，科学技術担当の文部科学審議官1名が，科学技術庁に由来する組織であり，残りの部分は文部省由来の組織と考えられる。

▷ラインとスタッフ

⇨ 2-Ⅲ-2 「ラインとスタッフ」

▷4　代わりに，局・官房の数が128（2001年の中央省庁再編後は96，2003年の農林水産省消費・安全局設置後は98）に規制され，スクラップ・アンド・ビルドの原則が守られてきた。

されてきた（環境庁，沖縄開発庁，国土庁など）。1980年代以降は，これらはしばしば「1府22省庁（1府12省2委員会8大臣庁）体制」と言われてきた。

ところが，橋本行革の一環として，2001年1月に中央省庁は大きく再編され，1府12省庁（防衛庁の防衛省昇格は2007年）に大括りに再編された。これによって，調整機能を担っていた「庁」は，「省」に昇格したり，吸収されたり，あるいは「**内閣府**」の一部になることで，その大部分が消えたのである（図2-2）。

▷内閣府
⇨ 2-Ⅱ-1 「内閣と政治的任命職」

(参考文献)
真渕勝『現代行政分析』（改訂版）放送大学教育振興会，2008年，6章。

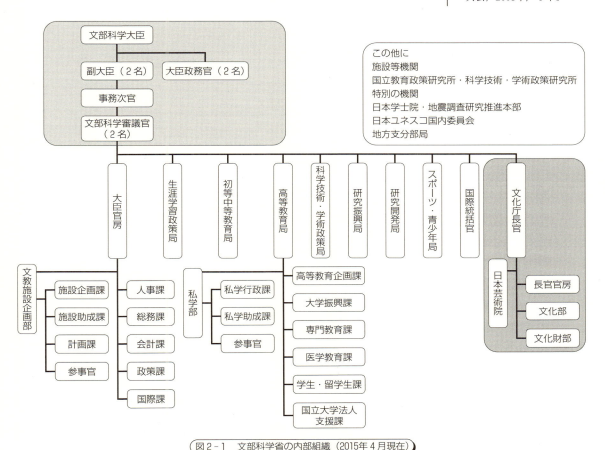

図2-1　文部科学省の内部組織（2015年4月現在）

出所：当時の文部科学省ホームページをもとに筆者作成。なお，2015年10月のスポーツ庁設置にともない内部組織は変更されている。

図2-2　中央省庁再編前後（2015年4月現在）

（注）　防衛省への昇格は，2007年。

第2部　行政の内部過程

Ⅱ　中央政府の組織編成

 行政委員会と審議会

1　独任制（単独制）と合議制

　現代日本の行政機関では，たいていの場合，1人の人間がその長となる。大臣や都道府県知事のような首長はその代表的な例であるし，各省庁あるいは地方政府の内部組織である局や課でも，局長あるいは課長という1人の長がいる。このような組織を独任制（単独制）組織と呼び，トップを複数の人間によって構成し，話し合いによって意思を決定する行政委員会のような合議制機関と区別する。独任制と合議制の長所と短所は，次の**表2-1**にまとめることができる。

表2-1　独任制と合議制

	長所	短所
独任制（単独制）	・責任の所在が明確 ・指揮命令系統が明確 ・意思決定の迅速性と一貫性	・長による専断 ・専門性に欠ける ・政治的中立性に欠ける
合議制	・第三者などの利益も反映 ・専門性 ・政治的中立性 ・慎重な意思決定	・責任の分散 ・意欲の希薄化 ・非能率・経費がかかる ・意思決定に時間がかかる

　行政において合議制が多用された国や時代もあったが，現代日本の行政では，合議制機関は数が少なく，政治的中立性を必要とするなど特別な理由がある場合にのみ使われている。その理由は，独任制の短所と言われるもののうち，専門性に欠ける点は補佐をおこなう者によって補うことが可能であり，また議院内閣制あるいは首長公選制のもとではそもそも政治的中立性は求められていない一方，合議制の持つ短所を克服するのは難しいことがあげられる。**会計検査院・人事院**なども合議制機関の重要な例であるが，以下本節では，行政委員会および審議会を，合議制機関の例として説明する。

2　行政委員会

　行政委員会は，通常の行政からある程度独立して職務を行う，合議制の行政機関であると定義される。また，国の行政機関については，国家行政組織法3条と内閣府設置法49条の「委員会」を行政委員会と定義することがあり（この場合人事院は行政委員会に含まれない），また地方政府レベルでは，地方自治法180条の5以下の委員会および委員を，行政委員会とすることが多い。国では公正取引委員会，国家公安委員会，中央労働委員会など，また地方では教育委

▷**会計検査院**
⇨ 2-Ⅴ-4 「決算と会計検査院」

▷**人事院**
⇨ 2-Ⅳ-3 「公務員を支える組織」

▷1　国の行政委員会として近年設置された例として，環境省の外局として置かれた「原子力規制委員会」（福島第一原子力発電所事故を契機に2012年設置）と，内閣府に設置された「特定個人情報保護委員会」（マイナンバー法施行に伴い2014年設置）がある。

▷2　国では1952年電波監

員会，選挙管理委員会，公安委員会，収用委員会（後二者は都道府県にのみ設置される）などが，代表的な行政委員会である。行政委員会はまた，規則を制定する準立法的機能（たとえば公正取引委員会規則），裁判に類似した手続きで処分をおこなう準司法的機能（たとえば土地収用裁決）を持つことがある。

制度としての行政委員会は，第二次世界大戦後の占領改革の一環として，アメリカの独立規制委員会制度を日本に導入したものと言われている。しかし，その後は委員会そのものを廃止したり，独立性を弱める制度改革がおこなわれたりした結果▷2，日本の行政委員会の独立性は，それほど強くないとも言われてきた。

３ 審議会

審議会▷は，行政委員会とは異なり助言をおこなうだけの機関であるとしばしば説明され，また国レベルでは，国家行政組織法８条に規定される機関であるとされる。たしかに意思決定をおこなう機関ではないかもしれないが，現代行政において，合議制の長所としてもあげられる専門性を活用し，当事者や第三者の利益も反映するためには，審議会は重要な機関である。

それにもかかわらずしばしば審議会が批判の対象となるのは，審議会の委員が行政によって選ばれ，行政の決定を正当化する役割を担っているだけだという「審議会隠れ蓑論」が広く信じられているからであろう。

審議会の機能を十分に発揮するためには，誰が審議会の委員に任命され，どのような意見が審議の場で代表されるか▷3，またいかに審議を実質化するかが重要である。自治体で行われることのある審議会委員の公募は前者を考えたものであるし，近年進められてきた議事や審議資料の公表は，後者を意識したものである。しかし，2001年の中央省庁改革の一環として進められた審議会の改革は，おもに既存審議会の統廃合（211から104に削減。その後若干の増減あり）であり，かならずしもこれらの視点を持っていなかった。一方で中央省庁改革は，内閣府に**経済財政諮問会議**▷を設置している。

理委員会などの行政委員会が廃止され，地方では1956年地方教育行政法の制定により教育委員の公選制が任命制に改められたのが，その例である。

▷審議会
名称は，調査会・審議会・審査会などさまざまであり，「委員会」という名称であっても「地方分権改革推進委員会」のように審議会であるものもある。

▷3 たとえば，男女共同参画の観点からは，審議会の委員の男女比が問題となる。『男女共同参画白書』では，毎年のように女性委員の比率を公表している（2014年で35.4％）。

▷経済財政諮問会議
⇨ 2-Ⅱ-1「内閣と政治的任命職」，2-Ⅴ-2「予算編成の年間スケジュールと参加者」

（参考文献）

大山礼子「首長・議会・行政委員会」松下圭一・西尾勝・新藤宗幸編『岩波講座 自治体の構想4 機構』岩波書店，2002年。伊藤正次『日本型行政委員会制度の形成』東京大学出版会，2006年。村松岐夫編『テキストブック地方自治』（第2版）東洋経済新報社，2010年。

Column

教育委員会はどう変わったのか

地方教育行政法の改正によって，2015年4月，教育委員会制度が変更された。新しい教育委員会では，従来の教育委員長（教育委員の間から互選，非常勤）と教育長（教育委員会が任命。事務局を指揮監督，教育委員を兼ねた常勤職）の職が，首長に任命される新「教育長」に一元化された。首長により近い存在となった「教育長」に権限を集め，問題が発生したときなどにはより迅速な対応を可能にしたと考えられる。これは，今回の改革が，例えば学校内でのいじめの問題について，「教育委員会が機能していないのではないか」「住民に選出された首長でも，住民の関心の高い教育を変えることができない」という批判からスタートした結果であり，表2-1で言えば合議制の短所として指摘されるものの克服に，主な関心を持っていたからだと説明できる。しかしこのことは，今度は独任制の短所として指摘される問題を発生させる可能性を拡大した（問題があまり大きくはならないように，合議制機関としての「教育委員会」そのものは存続させた）と解釈できる（村上祐介編著『教育委員会改革5つのポイント』学事出版，2014年）。

（松並　潤）

第2部　行政の内部過程

Ⅱ　中央政府の組織編成

 公企業の設立理由とその形態

1　公企業はなぜ設立されるのか

　現代日本に限らず，外国あるいは歴史に目を向けても，行政はしばしば行政本体から半ば独立した，企業のような形態を取った組織を設立してきた。公企業と呼ばれる組織を，なぜ設立しなければならないのかについては，大きく二つの説明ができるだろう。

　一つ目は，市場の失敗による説明である。市場経済においては，財サービスの供給は市場原理によって決められるが，**公共財**などの場合，供給が十分に行われないことや，独占あるいは寡占企業が不当に価格をつり上げたりする場合がある。適正な価格で十分な供給を確保するためには政府の介入を必要とする場合があるが，その介入の方法の一つとして，政府がみずから企業を設立する，あるいは私企業を国有化することがあり，これが公企業を生み出す理由の一つである。

　もう一つの説明は，政府の失敗による説明である。上記のような政府による市場への介入は，しばしば**モラルハザード**問題の発生や政治的意図による介入によって，不適切な価格設定や財サービスの提供をもたらす。これを回避するためには，政府の一部ではあっても，財サービスの提供にあたる組織には，私企業と同じような自立性を与える必要があり，行政一般から区別され，切り離された組織にする必要がある。

　このように，公私の中間に，行政一般から区別され，公私両方の性格を持つべき組織として作られるのが公企業であるが，その区別の仕方と，区別によって発生するコントロールの方法によって，公企業はさらにいくつかの類型に分けることができる。

2　さまざまな公企業の形態

　公企業は，行政一般からどのように区別されているか，そしてどのようにコントロールされているかによって，いくつかの類型に分けることができる。

　「現業」（**特別会計**）は，公企業のなかでも独立性の低い組織形態である。この場合，組織はなお行政の一部とされて会計が分けられているにすぎない。行政の一部であるから，事業の執行について予算・決算など立法による統制を受けることが多いし，また，そこで働く者も公務員に分類され，一般の労働者と

▷**公共財**
対価を払わない人も，払った人と同じように利用できる性質を持った財・サービスのこと。例：国防，治安，街灯，（料金所などを設けていない）道路。

▷1　国有化の例として，日本では1906年の鉄道国有法が有名だが，ここにあげたような理由で公有化された例として，かつて大都市の都市内交通を担っていた路面電車（市電）がある。東京・横浜・神戸などの市電は，当初は民間企業として設立されたものが，運賃や路線延長の問題をきっかけとして市によって買収された。買収後，それぞれの市は電気局（後の交通局）を発足させて，経営にあたってきた。

▷**モラルハザード**
不適切な価格設定や安易な投資によって赤字を出しても，最後は政府がカバーしてくれると考えて安易な経営をするなど，市場に本来あるべき規律を失ってしまうこと。

▷2　物価上昇が継続する場合，経営努力によって値上げ幅を圧縮する努力は必要だが，コストの上昇に対応してある程度は財・サービスの対価を上げないと，結局赤字を発生・増大させてしまう。1960年代以降の国鉄の赤字累積は，赤字ローカル線建設の継続ととも

は異なる労働法が適用されている場合が多い。国レベルでは，かつて「五現業（四現業）」と呼ばれる事業があり，かなりの国家公務員がこれに従事していたが，次の独立行政法人への転換（造幣局・印刷局），民営化（郵政・アルコール専売），そして国有林野事業の一般会計化により，「現業」の形態を取るものは現在存在しない。

　これに対して，**特殊法人**や**独立行政法人**は，「法人」と呼ばれることからも明らかなように，組織は行政一般から区別された法人とされる。予算などについて所管の省庁によってコントロールされているが，立法に直接統制されることは少なくなる。独立行政法人のなかには，その役職員が公務員身分とされる造幣局・印刷局など行政執行法人もあるが，特殊法人そして多くの独立行政法人の役職員は公務員ではなく，労働法も一般のそれが適用される。特殊法人の例としては，日本たばこ（JT），北海道旅客鉄道株式会社（JR北海道）や日本私立学校振興・共済事業団があげられる。独立行政法人としては，国立文化財機構（国立博物館や文化財研究所を統合）や大学入試センター（センター試験を実施）が，大学生の生活に比較的かかわっている例としてあげられるだろう。

　さらに日本銀行，日本赤十字社を例としてあげることができる「認可法人」になると，民間出資の法人としての形態を取っており，コントロールはさらに弱いものとなる。

　地方自治体レベルでも，公企業の形態にはいくつかの類型が存在する。市バスや市営地下鉄のような公営交通，公立病院，上下水道といった地方公営企業は，自治体の一部とされながらも会計等が区別されており，国の「現業」に対応している。そして，これらの仕事に従事するのは「現業」と呼ばれることもある地方公務員である。これに対して地方公社（**第三セクター**）や地方独立行政法人は，特殊法人や独立行政法人に対応する組織であると言える。

に，財政法の規定により国鉄運賃を国会が議決するしくみが続いたため，適切な運賃値上げができなかったという，自立性付与の失敗に原因が求められる。

▷ **特別会計**
現業はなくなったが，現在でも特別会計は多数存在し，一部の国家公務員の給与はここから払われている（例：労災保険）。

▷ **特殊法人・独立行政法人**
総務省のホームページに最新のリストがあるので，確認されたい。

▷ 3　予算や経営委員会メンバーの任命に国会がかかわる日本放送協会（NHK）は，この点で特殊法人としては例外的な存在である。

▷ **第三セクター（三セク）**
英語で「サード・セクター」と言う場合は，公私いずれにも属さないボランタリーなセクター（日本でいうNPOなど）を指すが，日本では「公私両方が出資している」地方公社を指す場合が多い。

参考文献
松並潤「特殊法人改革の虚実」『レヴァイアサン』43号，2008年。

Column

水道事業にはどのような形態が望ましいのか

　水道事業法は民間企業が水道事業に参入することを認めているが，日本では水道のほとんどが自治体によって供給されており，これまでのところ民間企業への業務委託の例も限られている。しかし，世界的には水道事業が民間企業によっておこなわれている国もあり，とくに先進国の水道事業者は発展途上国でも水道事業を経営して「水メジャー」と呼ばれることもある。都市人口が急増し水道水への需要が急増している国々では，インフラ整備や水質管理の問題を解決するために水道の民営化や業務委託がおこなわれているが，「水メジャー」のような民間に任せたことで問題が解決した都市もあれば，むしろ悪化したと指摘される事例もある。水道の場合，「市場の失敗」による供給不足は伝染病のような衛生問題や産業振興へのマイナスの影響をもたらす。一方で，「政府の失敗」により水道料金が適切に設定・徴収できなければ，配水網の維持管理が不十分になってただでさえ不足気味な水のロスを増大させたり，浄水施設の維持管理ができずに水質を悪化させたりしてしまう。海外旅行のさいに「この町では水道の水は飲まないほうがよい」と言われることがあるのはなぜなのか……この問いは実は行政学の問いでもある。

（松並　潤）

Ⅱ 中央政府の組織編成

公企業改革の歴史

▷1 金融の例としては日本銀行や興業銀行、植民地経営の例としては東洋拓殖や南満州鉄道（満鉄）をあげることができる。

▷営団
現在東京メトロとして知られる地下鉄網は、「帝都高速度交通営団」が2004年まで経営していた。

▷2 鉄道は国鉄に加えて鉄道建設公団が1964年設立されて建設を継続した。住宅は住宅公団（1955年設立）などが供給し、高速道路は道路公団（1956年設立）などが建設した。

▷3 戦前は通信省の一部、つまり「現業」である郵便事業の一部であった電気通信が電気通信省を経て電電公社つまり特殊法人になったのもこの時期である（1952年）。

▷第二臨調
1981年に設置された第二次臨時行政調査会は、行財政改革の一環として、国鉄などの民営化を推進した。

▷民営化
一般に1985年にNTTとJTが民営化されたと言うが、この時点で起きたのは、根拠法がNTT法、JT法に変化したことと、将来の株式売却を前提に「株式会社」形態を取ることになったという変化であり、両者は今も特殊法人である。この意味での「民営化」だけでは、特殊法人ではない民

　前節で特殊法人あるいは独立行政法人の例としてあげた組織のなかにもあるが、行政と私企業の中間に設立された組織のなかには、営利を目的とする「企業」とはずいぶん異なるものも多い。しかしこれらをまとめて呼ぶ名称もないことから、本節ではこれら企業的でないものもまとめて「公企業」と呼ぶ。

1 公企業の増加

　日本の場合、行政と私企業の中間に位置する公企業は、明治維新直後の富国強兵あるいは殖産興業という「近代化」をめざして国家がインフラ整備を急ぎ、また近代工業技術をみずから導入したときに設立され始めたと考えられる。鉄道や電信電話は、国によっては民間の手で建設整備された産業であったが、日本では明治政府がまず建設を開始している。そしてこのような財サービスの提供は、通常の予算会計制度にはなじまないことから、当初から一般会計とは区別される特別会計が設けられ、企業的な会計制度がめざされた。同じことは、地方自治体レベルでも、交通インフラや上下水道の建設にあたって、市役所の内部に区別される組織を作って特別会計で事業をおこなうという形で発生している。

　その後、金融や植民地経営にかかわる政策領域では、特別法によって設立された株式会社という形態がしばしばとられた。

　1930年代になると、日中戦争の拡大により経済に対する国家の介入がより強くなる。このときに設立されたのが第二次世界大戦後の特殊法人の原型になったとも評価される「営団」である。

　そして第二次世界大戦後、とくに1950年代から1960年代にかけて、「公団」あるいは「事業団」という名称を持つ特殊法人が多数設立された。鉄道・住宅供給・高速道路など、インフラ整備は特殊法人によって担われることが多く、市場の失敗を避けるために公企業は積極的に設立すべきものと考えられていた。

2 公企業への批判：民営化と独立行政法人化

　しかし1970年代になると、むしろ政府の失敗が問題視されるようになった。公企業では、政治がさまざまな形で介入したりモラルハザード問題が発生したりして、赤字を累積したり財サービスの向上が実現しないと、批判の対象となったのである。1970年代の行政改革では、特殊法人がしばしば問題となり、改

革の対象となった。ただ，この時期の行政改革は，組織の統廃合で終わっているものが多い。

その意味で，公企業の存在そのものを本格的に問うたのは，新自由主義イデオロギーを背景とした第二臨調による中曽根行革であろう。この第二臨調は，とくに国鉄の赤字を大きな問題と考えた。赤字ローカル線は廃止あるいは第三セクター鉄道化されて国鉄から切り離されるとともに，国鉄そのものについては分割・民営化がおこなわれた（1987年）。電電公社（現在のNTT）や専売公社（日本たばこ，JT）が民営化されたのも，同じ時期（1985年）である。

1990年代には，いくつかの特殊法人の統合がおこなわれるとともに，認可法人についても行政改革の対象と考えるようになった。さらに橋本行革では，独立行政法人が構想された（最初の設立は2001年）。

次に大きな変化が起きたのは，2001年からの小泉政権の下であった。道路関係4公団や郵政公社の民営化が行われ，また多くの特殊法人が独立行政法人に変えられたのである。

③ 自治体レベルでの公企業の増加と減少

自治体レベルでは，1990年代まで公企業の増加が見られる。これは，それまでなかった下水道の整備により地方公営企業の数が増え続けたことにもよるが，それ以外にも，組織の数にあらわれるようなサービスからの撤退をしてこなかったことや，国では特殊法人改革がおこなわれていたにもかかわらず，自治体では民間からも出資を得た形での地方公社の設立が継続したためでもある。

しかし1990年代以降は，地方公社の統廃合・解散などがおこなわれるようになってきており，その数は減りつつある。また，地方公営企業についても，市バスなどの民営化や一部事業からの撤退，あるいは公立病院の統廃合などの行政改革が議論されるようになっている。

間企業には転換しないことに注意が必要である。国が保有する株式のすべてが売却され，設置法が廃止されて（＝完全民営化），初めて特殊法人は民間企業となるのである。

民営化が何を意味するかは，民営化のメリット・デメリットにもかかわってくるので注意されたい。

▷4 第二臨調による改革では，この他にもいくつかの特殊法人が民間化されるとともに，政府が一部の株を保有する特殊会社であった日本航空が完全民営化された（1987年）。

▷5 たとえば，赤字の路面電車を廃止しても，同様の旅客輸送サービスを地下鉄や市バスで継続した場合，組織の数には変化がない。

（参考文献）
魚住弘久『公企業の成立と展開 戦時期・戦後復興期の営団・公団・公社』岩波書店，2009年。西村弥『行政改革と議題設定――民営化にみる公共政策の変容』敬文堂，2010年。柳至「自治体病院事業はどのようにして廃止されたか」『公共政策研究』12号，2012年。

Column

JICA（国際協力機構）の変遷に見る特殊法人・独立行政法人改革

JICA（特殊法人時代は「国際協力事業団」）は，海外技術協力事業団（開発途上国に対する援助のなかでも技術協力を担当，1962年設立）と，海外移住事業団（主として既移住者への支援を担当，1963年設立）の二つの特殊法人が，1974年に統合されたものである。JICAは，政府開発援助（ODA）のなかでも，技術協力と無償資金援助の一部を担当してきたが，その成果について一方では高く評価されつつ，他方ではODAをめぐる利権や非効率性，幹部人事の天下りについて批判の対象でもあった。

小泉内閣の特殊法人改革で，JICAは，他の多くの特殊法人とともに独立行政法人化され，日本語の名称は「国際協力機構」と改められたが，英語名称およびJICAという略称は変わらなかった。さらに2008年には，政府系金融機関の再編成に伴い，国際協力銀行の業務のなかでも海外経済協力業務を引き継ぐことになり，有償援助を含む日本のODAの大部分を担う組織になったのである。

JICAの変遷は，特殊法人が行政改革の焦点であり続けたこと（小泉改革では，改革の新たな手法として「独法化」がおこなわれた）と，しかしその多くは組織の統合であって，提供してきたサービスからの撤退ではなかったことを示している。

（松並 潤）

Ⅲ 行政組織における調整と統合

 計画による行政

① 計画とは

　組織は，企画（plan），実行（do），その成果を評価（see）というマネジメント・サイクル（PDSサイクルとも言う）によって成り立っている。PDCAと言うこともある。Cはチェック，Aはアクションである。このサイクルが円滑に稼動，あるいは循環することで組織は成り立つ。地方自治体でも例外ではない。むしろ他の組織に比較してよりいっそう企画，または計画が重視される。

　というのは，その成り立ちが複合的で，問題を調整しながら，中長期的に施策の優先度を決めて，少ない資源の活用を調整しなければならないからである。計画による調整，つまり，計画行政は政府や地方自治体には欠かせない。全体的な見通しを明確に示すために，地方自治体では**基本構想**，基本計画，実施計画のように総合的に，中長期的に計画を策定することになる。市民も参加しながら，利害関係者がそれぞれ問題点を確認しながら，相互に調整し，さらに資源の配分などで全庁的視野から優先順位をつけるなどして合意形成をはかっている。また，それぞれの事業部門でも**個別計画**として企画を練っている。

行政行動

　行政は単年度予算を前提にするだけでは，その意義はない。地域社会を支えるためには数年度だけではなく，長期的視点でものを考えなくてはならない。10年後，20年後という見通しがなければならない。何をするのかという明確な主張を持った経営が求められる。地域社会に，市民のために何をしなければならないかである。計画行政は避けることのできない施策の一部というよりも，あらゆる施策に優先される。

　そのために，計画行政は時代の価値を反映することが多い。1960年代は開発重視であったが，その後，環境重視の施策が重視され，さらに超高齢社会への対応が盛り込まれるようになっている。また計画には地方自治体の個性が盛り込まれることが多く，その地域の独自性を反映し，個々の施策の下地となっている。ただし，先進的な自治体では，それに独自的な計画立案があるが，相互参照や横並びによって，かならずしも独自の計画行政が成り立っていないところもある。近隣自治体や類似団体などでは，情報を交換して似たような立案になる。あるいは利害関係者が計画に織り込むことを主張するなどによって独自

▷**基本構想**
計画行政の基本は中長期的な，あるべき姿を構想することである。とくに基礎自治体には，基本構想を定めることが地方自治法によって義務化されている。

▷**個別計画**
いわゆる縦割り行政の結果として，部門それぞれに計画を立案することで，計画の林立と相互の整合性の欠如が問題になることがしばしばである。実際，計画があまりにも多く作成されることで，ルーティン化に向かい，計画の策定自身が自己目的化してしまうこともないとは言えない。

性は減少する。しかし、そのことで全国的に、施策が普及していくという成果もまたあることは疑いない。**動的相互依存モデル**としてとらえることができる。

　行政にとって先進的な試みによるイノベーションも試みられるが、それが普及する過程で計画に盛り込まれるような漸進主義（インクレメンタリズム）的な企画行政は一般的である。リスクに直接向き合うような企画は、内部の職員から忌避され市民からも支持を受けないことがある。基本構想では夢を語っても年次計画では手堅くできるところから実施するのが一般的な計画行政である。

❸ セクショナリズムを超えて

　行政とはさまざまの利害関係者（ステイクホルダー）が、競合するところである。それぞれはそれぞれの利害を言い立て、マネジメント・サイクルのなかでみずからが得る利得を大きくしようとする。そこに派生するセクショナリズムは、当然のことながら部局に都合のよい計画に仕向けたいと考える。それを総合調整できる企画部門、あるいは首長のリーダーシップが確立されなければ、中長期的な総合計画は画餅となる。利益関係団体（要は圧力団体）と議員、そして関係部局の、いわゆる鉄の三角関係（アイアン・トライアングル）がいくつも成り立って、互いは**ポリティクス**の関係にある。しかも本来、少ない資源の配分をめぐって**ゼロサム**的なゲームにたとえられるような関係にあることも少なくない。たとえば、福祉の充実と産業振興、あるいは再開発は本来対立しやすい、あるいは競合を繰り返している行政領域である。保全行政と開発行政はさらにいっそう政策的に相反する関係にある。

　以上のような競合、そして対立が重なれば行政そのものがカオスになる。合理的な意思決定として、行政組織を枠づけるのが計画行政である。しかし、それぞれの利益関係団体はそれぞれの利害を主張するのが当然で、さまざまの利害が錯綜する。それを仕分けて、目標の明示、そして、それの達成に向けて指針を作成する、提案の集合であると言ってもよい。価値を方向づけると言ってもよい。しかし、一つの価値に統合できないことがほとんどであるので、価値を順序化すると言い換えてもよい。そのヒエラルキー（階統性）のなかに個々の、そして新しい施策を位置づけるのである。

　その基準設定への合意調達には、利害の調整のために手間取ることが多い。中央政府や、都道府県、さらには関係団体との協議、審議会などを設置すると市民委員などを加えることもある。そのなかで喧々諤々の討議を経ての計画立案は、妥協に妥協を重ね、その実施以上に時間を要し、政治自体もそれに振り回されることがある。しかも、合理的であるためには、目標と手段の関係を明示しなければならない。具体的に言えば、予算や人員の配置、新しい部署の設置などである。資源が乏しくなるとともに活用も限定されるので、手段の議論に至るほど、ゼロサム的になる。さらに政治的に歪曲されることも少なくないはずである。

▷**動的相互依存モデル**
伊藤修一郎の『自治体政策過程の動態』（慶應義塾大学出版会、2002年）によるが、施策の普及自体がさまざまのダイナミックスを内包していることは疑いない。

▷**ポリティクス**
利益関係団体は相互に影響力を競い合う。行政の組織間でも同様であるが、いっそうその状況は厳しいと言える。その状況は政治＝ポリティクスとしてとらえられる。

▷**ゼロサム**
関係者の利益の合計が一定であり、一方の利益が他方の損失になること。

III 行政組織における調整と統合

2 ラインとスタッフ

▷集中と分散
組織一般は環境が激しく変動するほど、権限の分散化をはかってそれに耐えようとする傾向が見られる。市民運動や市民参加によって、地方自治体が環境の影響を真正面から受け止めざるをえなくなるほど、権限の分散化に向かうと考えられる。

▷ラインとスタッフ
ラインとスタッフと言うとき、その典型的な事例は軍隊に見ることができる。戦闘という苛烈な職務を効果的に達成するため、上意下達を徹底して一糸乱れぬ行動を期待されるラインが存在するわけだが、一方で、作戦立案や情報の整理など、指揮官への適切な助言をおこない、組織の職務遂行を知的に支えるスタッフ組織としての幕僚（参謀部）がある。ライン上の将兵は上官の命令に疑義を差し挟むことは許されないが、参謀は階級が上のラインのトップ（指揮官）に対し、助言を与えることができる。参謀と言うと諸葛亮孔明や山本勘助のような軍師を連想しがちだが、近代軍の参謀は組織のなかの役割分担で、職業軍人は両方の畑を行き来しながら昇進していく。その点では文民の組織と変わりはない。

1 権限の集中と分権

組織は、さまざまの多種多様な問題に対処しなければならない。とくに政府という組織は企業などに比較すると、デパートやスーパーマーケットにたとえられるほどさまざまの業務を抱えることになる。そして、それぞれの業務には個別的に経営管理しなければならないことがある。ヨコに個別に仕分けることが分業化であり、必要に応じて部門化する。またそれぞれの部門のなかでは、部や局、そして課や係、班などタテに分かれる。

それぞれの部門では特有の専門的知識や技術に支えられ、その知識や技術を有した人員が配置される。行政組織では民生（福祉）や商工、土木建設、上下水道、交通などの分野に分岐する。それぞれの特異性に応じて上意下達の一元的な管理だけで効を奏することは期待できなくなる。さらに人口増や合併などによって組織の規模が大きくなると、さらに、設置する部局も増えて分業化は進行する。区役所や支所を配置することでいっそう枝分かれする。

しかしその場合、権限をそれぞれの部局に委譲する度合いが大きい場合を分権化と言い、中央に権限を残すほど集権化と表現される。現実的には**集中と分散**の中間に位置することが多いが、カリスマ的な、または何期も続いて政治基盤の堅固な首長のもとでは集権化に傾くようなこともある。なお、前者の分権化の端的な場合、部局主義と呼ぶことがあるが、やや否定的なニュアンスで用いられることが多い。いわゆる縦割り行政と言われるものも分権化とも言えるが、場合によっては、連絡調整が不全で無用の重複があったり、互いが勝手を主張して利得を競い合うことで、官僚制の病理に転じることもある。

2 ラインとスタッフ

その分業化のもう一つの事例が**ラインとスタッフ**の役割分担である。組織には、成果の創出に直接かかわるラインと、それを側面から支えるスタッフが機能的に区別される。民生や商工などの事業部門はラインとされ、原則としてヒエラルキー的な階層をなしピラミッド型の形態になるが、スタッフは行政組織では、総務、財務、人事などピラミッドの外にあって、事業部門に対して支援的に、そして全庁的な意思決定に際して機能する、参謀的な役割と言える。ライン部門に対して補助的である。他の部門に対して命令や指揮の権能は有せず、

事実を調査し情報を収集して分析，新しい方針を生み出す。企画立案の多くは，このスタッフが担当する。それらの案件がラインの管理監督者に伝えられ，ラインの各部門で実行される。

　参加意欲は，このスタッフにおいてより顕著とされる。彼らは実質的にその部門を管理運営しているとの自負を持つことが多い。組織が権限の分散化によって，それぞれの部門が固有の業務を担当することになっても，運営を担当する部門長の能力を向上させるためにスタッフは欠かせない。

　なお，**全庁的視野**を強調するスタッフと，各部門の利害，とくに当面の利害にかかわらざるをえないスタッフはしばしば対立することがある。各部門が利害関係者に対してはできる限り多くのサービスを提供したいと考えても，予算の査定などで財務担当者がそれを拒む場合などである。

❸ ゼネラル・スタッフ

　トップと結びついたスタッフ，つまりゼネラル・スタッフについては，組織のグランド・デザインとも関連しているので議論は欠かせない。首長直属，たとえば市長公室，秘書室などがこれに相当する。あるいは企画立案のために企画室などの一つの部門が設置され，その機能を負うこともある。それらに配置される要員はゼネラル・スタッフとして，中長期的な企画立案を担当することになる。また，部門間の総合調整にあたることで行政の一体性を保持できるのである。彼らはトップの黒子である。それだけに，ゼネラル・スタッフはトップの意思決定を支え，行政全体を支えているという矜持は強いものがある。

　もし行政組織で，ゼネラル・スタッフが機能的でない場合は，首長など経営幹部がリーダーシップを発揮できないことがある。必要な情報が集まらない，分析が不足する，有効な選択肢を設定できないことなどによって，意思決定に失敗するからである。これに対しては特殊領域に特化したスペシャリスト，たとえば法律の専門家などがスタッフとして機能することもある。

　ライン部門を直接事業部門と言い，スタッフ部門を間接管理部門と呼ぶこともある。また，ラインのそれぞれの事業部門にも庶務や経理担当の支援スタッフがいる。企画のためのスタッフを抱えることもある。車の両輪のように，しかも入れ子構造のようにそれぞれ支え合って事業を推進している。

　なお，**プロジェクト・チームやタスクフォース**などが必要に応じて随時，臨時に設立されることがある。ラインが多忙やルーティン化に慣れてしまい，あるいは硬直したりして，さらに既存のスタッフが新しい問題に対処できなくなると，それに対処するためだけに，一時的に特命事項を果たすことがある。その場合，部局間の錯綜した懸案事項を調整するために首長直属のスタッフ的な機能を担うこともある。

▷**全庁的視野**
地方自治体も含めた政府という組織にさまざまの利害がかかわることになるのは必至，あるいは当然である。そこで個別の利害関係者にかかわる担当者は，それに利害を受けて行動するようにならざるをえない。極端を言えば，代弁者のように振る舞うこともある。それでは政府というしくみは一体性を保持できない。みずからの組織を鳥瞰し，個別の問題を超えて全体として何が問題であるかをとらえる視点が欠かせない。

▷**プロジェクト・チーム，タスクフォース**
組織改革の際の動態化手法の一つである。一時的に特定の問題に限って対策を練るための特別な組織である。

Ⅲ 行政組織における調整と統合

コミュニケーションと稟議制

 コミュニケーションとは

　組織では，誰が何を考え，それがどのように伝わるか，あるいは伝わらないかは非常に重要である。コミュニケーションは，その組織の枠組みを決めたり，何をどのように決めるか，意思決定の方式を制約する。間違った決定は，組織の存続を危うくすることさえある。組織はさまざまのメンバーからなる。その価値観や意図関心は多様である。その当初から，一つにまとまることは多くない。達成すべき目標にまとめるためには，その多様さを認識し合い，互いの意思の伝達，さらに，それらを集約することが欠かせない。

　コミュニケーションは，誰かに何かを伝える。そこには，送り手，その人が送ろうとしているメッセージ，それを送るための媒体，それを受け取る受け手の四つの要素が欠かせない。意図はそのまま伝達されず，何らかの記号化がなされる。それがメモや電話，電子メールなどの媒体に乗せられて，受け手のところに伝わり，それが解読されることになる。誤解や曲解も多々ある。さらにそれは，送り手にフィードバックされることにより，互いの意図の確認がおこなわれる。その繰り返しがコミュニケーションである。

② コミュニケーションの方式

　コミュニケーションが繰り返しおこなわれることで，組織のなかで意思の統一，あるいは意見の集約がなされる。伝えるという行為は，組織を一つにまとめるためには欠かせない。それには三つの経路がある。

　一つは上司が決定したものを部下が実行する経路であり，上意下達形式のものである。ヒエラルキーに沿って首長などの幹部から部長，課長，係長，末端の職員に至るまでの，いわゆるピラミッドの形態ができあがる。上が決定，下が実行という機能分化がその本質である。職務権限などは，そのために公式に賦与されたうえからのパワーである。従うことが前提で，従わなければ制裁もありうる。二つ目は，かならず下方から上に向けて伝達される意思疎通である。現場でしか得られない情報を上方に向けなければ，上質の意思決定ができないということがあり，また，下方の抗議や苦情を処理しなければ，モチベーションについても不足を生じ，過大なストレスを生じさせることになるからである。**職員参加**として議論されることもある。三つ目は，ヒエラルキーの同じ人たち

▷**職員参加**
職員が，さまざまの機会を通して意思決定に参加することである。もっとも身近の参加は，職場会議を恒例で設けて，決定事項の伝達ではなく意見を聴取する場に変更することである。組合との協議もこれに属する。参加はモチベーションの高揚につながり，サービスの質をよくするという効果も期待される。

が互いに情報交換することである。違った部署にいても互いの知識や技術を交換し合うということは，良質な成果を得るために欠かせない。コンピュータ化によっても，情報の共有がいっそう促進されることになる。

なお，情報を多く得る立場にいる人ほど，パワーを多く得ることになる。ヒエラルキーの上方に位置するほど，それだけ情報を多く得ることができ，権限の行使を円滑にする。コミュニケーションをどのようにデザインするかは，組織デザインの中心的な課題である。それは，組織の基本的な枠組みと密接に関係しており，情報伝達の構造が組織の中核をなしている。

③ 伝達障害

さまざまの伝達は，かならずしも正確に送り手の意図が受け手に伝わらないことがある。それぞれ人は過去の経験や現在の価値関心において相違する。当然，送り手が符号化したものが，そのまま解読されず，違った意味に解読するようなことがある。判断や行動の準拠枠組みが互いに相違するためである。思いが伝わらないというのは，この場合である。組織のなかでは立場によって，解読の枠組みが相違するので，たとえば，上司と部下の間で誤解が生じるようなこともある。メッセージの解読における受け手の認知的な歪みも，伝達の効率を損なっている。あまりにもメッセージが多いような，情報過多な状態もまた，正確な解読を妨げる。的確なメッセージでなければ，伝達過程でノイズの混入も避けられない。フィードバックを促す，いわば両方向性のコミュニケーションは誤解を少なくする。風通しがよいと言われるのはこの場合である。

加えて，公式の情報伝達とは別に，かならずインフォーマルと言える伝達回路が形成される。蔦のつるのようにはびこり，重要な情報はこれを伝わって流れるようなこともある。伝達回路を補完したりバイパスすることもある。仲のよい者が情報交換することなど，重要な情報はこれを伝わって流れることもある。うわさなどはこれを通じて迅速に流通する。また，上意下達の回路が，有効に働かなくなるなどの場合には，インフォーマルなコミュニケーションの経路は重要になる。どのように正規の回路に組み入れるかも重要なことである。

④ 稟議制

行政組織における下方からのコミュニケーションの独自の方式として，わが国で特異とされる稟議制がある。起案を階層の下位にいる人がおこない，書類（稟議書という）を上方に上げながら順次，責任者の承認（ハンコ）を得るシステムである。一般職員が意思決定に参加していると言えなくはないが，その起案にかかわることは，事前に上司の了解を得ておかなければならないなどの制約もあって，かならずしも下意上達の方式とは言えない。全体的な合意形成には役立っているが，空洞化するとハンコ行政などと揶揄されることになる。

▷蔦のつる
組織のなかでうわさは一瀉千里をかけると言われるほど，すぐに遠くまで伝わるものである。それは組織図とは関係なく，うわさのネットワークが成り立っていて，それが伝達機能を果たしているからである。そのネットワークを，蔦のつるという言葉で表現することがある。

Ⅲ 行政組織における調整と統合

 リーダーシップ

1 リーダーシップとは

　リーダーシップとは，対人的な影響関係をとらえるためには不可欠の概念である。組織のなかの職場集団や人間関係では，もっとも重視されてきた分析概念でもある。それを用いて説明される現象も多くある。しかし，その反面，それに含まれる意味が包括的であるために，たとえば，友人関係のインフォーマルなリーダーシップも経営幹部のそれも，同じリーダーシップという用語用法で一括されることから，あいまいなところも少なくはない。従来から，リーダーシップについては，いわば百人百様の考え方があり，定義が試みられてきた。それらをただ一つだけの概念やモデルに収束することは難しい。

　また，管理者や監督者などのフォーマルな職位に発する権限の行使とも相違することに留意すべきである。彼らは指示や命令ができるが，リーダーシップはインフォーマルである。自発的に従うように影響力を行使するのである。フォーマルな権限がそれに裏打ちされれば，部下からいっそうの応諾を得ることになり，好ましい上司として評価されるであろう。

　なお，リーダーシップとは特定の個人の能力や資質によるのではなく，対人的な関係のなかで発揮され，場合によっては，集団の機能そのものであると考えられている。特定の誰かによって行使されることがあっても，それはリーダーシップの機能が，その個人に仮託されていると見なすべきである。したがってそれは，他の人たちに受け入れられるような目標を設定し，達成するために必要な考えや行動を統合的に組み立て，いわゆる組織化をおこない，さらに一定の水準に維持するという集団そのものの機能であるとしている。

　対人的な影響が集団に及ぶ過程全体がリーダーシップである。したがって，その集団が求めている方向や価値などと一致していなければならない。リーダーであることを理由にスタンドプレーをしても，集団が求めているものから外れていれば，リーダーの役割を果たしたことにはならず，リーダーシップにはならない。影響力を発揮できないリーダーは交代せざるをえない。もし課長や係長が，部下に対して影響を及ぼすことができなければ無能とされる。

2 リーダーシップの機能

　リーダーは何をすべきか。もっとも周知されているモデルは，その機能につ

いて，目標達成に向けられたさまざまの関心や行動を一つの方向に向けて動員し，効果的に統合するような行動と，人間関係に向けられ，そこで生じる緊張やストレスを和らげ解消し，人間関係を友好的に保つように働きかけるような行動に二分する考えである。つまりリーダーシップとは，集団の目標を円滑に達成することと，集団のなかの人間関係をよくすること，この二つをともになし遂げることであるとされる。わが国では，三隅二不二による**PMモデル（理論）**が知られている。

ただし，これらの働きが，1人のリーダーによって統合的に演じられることについて懐疑的な立場がある。この二つは本来折り合いがよくない働きで，リーダーの役割として課題領域の専門家と社会情緒領域の専門家に分かれるという立場である。これは，それぞれ，仕事中心と人間関係中心に相当する。この二つの専門家の働きは，それぞれ独自の方向に働く役割でもあるので，1人の人が同時に果たすことは難しい。時間の経過とともに，異なる人たちによって分担されるようになる。もっとも有能な人ともっとも好意を持たれる人は別人になるのである。仕事のできる人は，必ずしも人気者にはならないのである。

なお，リーダーシップとは対人的影響力のことで，フォロワー（追随者，組織であれば上司である管理者に対する部下）に受け入れられて，初めて有意味となる。管理者の指示や命令はリーダーシップによる影響を伴ったときに面従腹背ではない，内心からの応諾を得ることになる。

③ カリスマ

また，**カリスマ**的な素質を持った管理者は，部下を心から信服させるリーダーシップを発揮することがある。自ら自信にあふれ，確信を持ってフォロワーが達成すべき目標を示し，それに至る道筋を提示するリーダーである。フォロワーは，そのリーダーを言わばスーパーマンのように受け入れ，異議を差し挟むことなく従い，カリスマ的な首長の場合，がそれにあてはまる。行財政改革はカリスマ的要素を具備した首長のもとで推進されるようである。また個々の職場でも，上司はカリスマ的に部下を信服させるようなことがある。

カリスマになれるリーダーとは，自己犠牲を厭わず，進んでリスクを背負い，既存の秩序を超えたところに新たなヴィジョンを打ち立てるような構想を示すことができるような改革者であり，しかも，それがフォロワーに受け入れられる範囲のものであったり，実現可能なような現実主義者でもなければならない。このリーダーの出現は，現状が不備であり，それを改革しなければならないという期待が大きくなるほど，つまり，現実と期待のギャップが大きいほどカリスマ的リーダーは現れやすい。しかし，このリーダーシップを発揮できる人というのは，特異な資質によるので，誰でもできることではない。

なお，類似の概念で**メンタリング**や**コーチング**などがある。

▷ PMモデル（理論）
Pとは，パフォーマンス（performance：業績達成），Mとは，メインテナンス（maintenance：関係維持）の頭文字をとったものである。行政のサービス現場では，この二つの役割を発揮できるリーダーほど，好ましいリーダーと評価できる。

▷カリスマ
預言者や英雄などのように超越的な資質や能力を持つ人物。たとえばダイエーの中内功などは典型的とも言えるが，首長などにもカリスマ的な人物がいる。

▷メンタリング
リーダーシップは，今ここでの影響力の行使であるが，これは部下の中長期的なキャリアに配慮しながら指導することである。

▷コーチング
リーダーシップは複数の，あるいは集団を前提とした影響力の行使であるが，これは対面的に指導することである。特定の知識や技能の向上をはかるためには，綿密なこれが必要とされる。

行政学がよくわかる映画

組織とリーダーシップ，政策執行

　組織運営の苦労や工夫は，ビジネス・公務員雑誌をにぎわせるが，映画にはなりにくい。20世紀の科学的管理法にもとづく工場労働の非人間性を戯画化した**『モダン・タイムス』**（Modern Times，米1936年）は有名。最近のものでは，テレビ局での番組作りと視聴率競争を題材にした，**『恋とニュースのつくり方』**（Morning Glory，米2010年）が，リーダーシップとチームワークの両方を描いておもしろかった。

　警察，軍隊などについての優れた映画からは，組織やリーダーシップの現実の一面が学べる。旧日本軍の絶対的な命令服従関係と比べて，欧米ではかなり違いがあった。

　『レマゲン鉄橋』（The Bridge at Remagen，米1968年）の舞台は，1945年，風景が美しいライン川での「本土決戦」で，ドイツ軍もアメリカ軍も，司令部の命令を受けて，現場の指揮官は疲れきった兵士を動かさなければならない。ドイツ軍指揮官は，最後に事実上の降伏を認めるという，リーダーシップの取り方をする。住民は助かったが，代わりに指揮官が責任を問われドイツ軍本部で処刑されるシーンが印象に残る。このあたりのドイツ軍の組織運営については，**『ロンメル』**（Rommel，独仏など2012年）も勉強になる。

　連合国側については，たとえば**『空軍大戦略』**（Battle of Britain，英1969年）が参考になる。1940年，ヨーロッパ大陸を征服したナチスドイツに，イギリスが単独で抵抗する。人情やユーモアもある名作だが，ヒーローが活躍する場面はない。イギリスは戦力不足だったが，防衛施設を何重に

も整え，敵の飛行機群をレーダーでとらえて部隊を効率よく投入し，墜落したパイロットを救出する「組織管理」によって，かろうじて自国と民主主義を守った。POSDCORBの戦争映画なのである。

『第七機動部隊』（Flat Top, 米1952年）は，日本軍が「特攻」以外の対抗手段を失った1944年，1隻の米軍空母が舞台。指揮官の権威・命令に対して兵士は絶対服従だが，他方で指揮官と副官のあいだ，副官と兵士のあいだではそれぞれ意見交換ができる雰囲気が興味深い。前者のフォーマルなコミュニケーションと，後者のインフォーマルなそれとが，互いに補完しているわけだ。

政策執行（実施）は，戦争，ロマンスなど多くの映画のテーマだ。政策決定だけを描いて終わると，観客はおおいに不満だろう。

『ミッション・トゥ・マーズ』（Mission to Mars, 米2000年）では，近未来の火星探検ミッションの執行を妨げるのは，怪獣やエイリアンではない。宇宙塵が宇宙船に小穴を開け，マニュアルに従い的確に対処するのだが，「想定外」の危険が見落とされていて……というストーリーだ。すべてのリスクに備えるマニュアルを作るのは難しいが，時間を争う執行過程の場合，やはりそれが不可欠だとわかる。『アルマゲドン2008』（Comet Impact, 英2007年）は，巨大彗星の地球衝突予測に対して政府と科学者が複数の対策を並行して立案・執行する過程を描き，この種の「危機管理」映画のなかでは秀作だ。

（村上　弘）

Ⅳ 公務員制度と人事

 公務員制度の諸原理

公務員の採用手続きを政治主導でおこなうべきか，あるいは政治から分離すべきかは，世界各国で長きにわたり議論されてきた。前者の「政治任用」は民主主義の原理に立つとも言え，政府の長や与党が公務員を指名する等の方式であり，「猟官制」などが有名である。後者は，専門能力を持つ人を公務員に採用する「資格任用制」につながっていく。

1 民主主義の限界と資格任用制

イギリスにおいては，絶対王政からの脱却とともに，国王に忠誠を誓う官僚でなく，議会勢力に親和的な人々が行政官に任用されるようになった。こうした採用方法は，情実人事（patronage）と呼ばれた。しかし，情実人事は，やがて政権の支持勢力を拡大する方法として使われるようになり，政権党が変わるごとに行政官の更迭が繰り返された。こうしたなかで，安定した恒久的な公務員制度が求められた。そこで，1853年のノースコート・トレヴェリアン報告を受けて**資格任用制**（merit system）が採用されることとなった。

資格任用制への移行は，アメリカにおいても見られた。アメリカにおいては，猟官制（spoils system）が見られ，勝者が狩猟の獲物を分配するがごとく，大統領選挙に勝利した政党が変わるごとに行政官が末端に至るまで交代した。これは，民主主義の発展に伴う現象であった。しかしながら，官職任命権が党利党略の道具として用いられるようになると，その弊害も目立ち始めた。その一例にして，最大の悲劇が，1881年に起きた当時の大統領ガーフィールドの暗殺であった。官職をめぐる逆恨みに起因する現職大統領の暗殺事件という衝撃から，1883年にはペンドルトン法が作られ，資格任用制を採用するに至った。

イギリスにせよアメリカにせよ，資格任用制を採用した背景にあるのは，民主主義や「政治主導」の行き過ぎを是正し，政治勢力の過度な関与をなくそうという「政治の排除」と表現できる風潮であった。日本において，資格任用制が確立したのは，雇・傭人といった民法上の契約にもとづく採用枠も含めた抜本的改革がなされた1947年であると言われるが，「政治の排除」という傾向は戦前日本においてもすでに存在していた。

2 戦前の日本：政治任用から政治の排除へ

戦前日本における政官関係を考えるうえで重要な転換点は，1898（明治31）

▷**資格任用制**
⇨1-Ⅰ-4「政治・行政二分論とアメリカ行政学」。資格任用制とは，客観的試験で行政官たるに足る能力を有することが証明された者を行政官として採用するしくみのことである。

▷1　ただし，現在に至るまで，長官など比較的多数の政治任用職が存在することも，アメリカ公務員制度の特徴である。

年6月の第一次大隈内閣(隈板内閣)の成立であった。組閣直後の総選挙での圧勝を受けて、隈板内閣は多くの政治任用をおこなった。具体的には、内務次官など、大蔵次官を除いたすべての事務次官ポストを与党憲政党の息のかかった人間で占領した他に、内務省北海道局長をはじめとする局長ポストの要職を旧自由党員、旧進歩党員らで仲よく分け合ったのである。行政の知識のない政党人が多数送り込まれ、現場は混乱したと伝えられるが、政党内の対立や地租増税をめぐる混乱のなかで隈板内閣は同年11月に幕を閉じた。

政党内閣が各省次官などの官職で政治任用をおこなったことを受けて、続く第二次山県内閣は、1899(明治32)年に文官任用令を改正し、高級官吏を高等文官試験合格者に限定した。しかしながら、「官庁事務ノ都合ニ依リ必要ナルトキ」は休職を命じることができるという文官分限令の文言を利用して、政党内閣はその後も高級官吏の更迭を繰り返した。こうした抜け道をふさぐために、斉藤内閣は1932年に文官分限令を改正し、休職のさいには文官分限委員会の諮問に掛けることとした。これにより官吏の身分保障が強固になったと評価される一方で、戦時における官僚勢力の台頭を許したとの批判もある。

3 戦後：政治任用の限定から拡大へ

戦後日本の公務員制度の大きな特徴として、日本国憲法15条2項で、「すべて公務員は、全体の奉仕者」と定められ、不偏不党性が担保されたことがあげられる。独立した人事院の創設と同様に、その背景にはアメリカの日本の政党勢力への不信感があったものと考えられる。その象徴が、1947年国家公務員法の改正問題である。1947年法の制定時、片山内閣は事務次官の職を政治任用の対象となる特別職としたが、アメリカの人事顧問団ブレイン・フーバーの怒りを買い、吉田内閣のもとで再度改正されたのである。この点では、戦前に見られた政治任用の制限の方向が、戦後も継続していた。

その後も、さまざまな政治家のスキャンダルが糾弾される一方、欧米の研究者からは経済成長の立役者として官僚の有能さを指摘されることが多かった。しかし、1980年代後半以降、高級官僚を巻き込んだ汚職事件が散見されるなかで、政治家の主導権を期待する声が高まった。小沢一郎構想にもとづく、副大臣・大臣政務官の設置はイギリスを範としたものである。2001年より、総計22名の副大臣と、総計26名の大臣政務官が置かれることとなった。2014年には大臣補佐官が置かれ、複数の大臣が国会議員を大臣補佐官に任命した。また、同じく2014年には幹部人事の一元化のために内閣官房に内閣人事局が置かれた。現在でも日本の政治任用の範囲は国際的に見て狭く事務次官以下は政治任用の対象ではないものの、これら一連の改革は「政治の排除」から「政治主導」に向けた方向転換の一端と見ることができる。振り子のように今後「政治の排除」への揺り戻しがあるのだろうか。

▷2 大隈重信を首班とするこの内閣は、自由民権運動で知られる板垣退助を内務大臣に迎えたため、有名な2人の頭文字を取って隈板内閣とも呼ばれる。隈板内閣の前の内閣である第三次伊藤内閣は、地租増税の法案を、自由党と進歩党が主導する議会で否決された。その勢いをかって、自由党と進歩党が大同団結し憲政党を作ったため、明治政府は一度内閣を預けて政党勢力のお手並みを拝見することにした。隈板内閣が発足した直後の1898年8月の総選挙では、結党間もない憲政党が圧勝をおさめた。

▷3 伊藤之雄「第一次大戦と戦後日本の形成」『法学論叢』140巻3・4号、1997年、183頁。

▷4 戦前日本では、行政職員は「天皇の官吏」と位置づけられていた。その他に、内閣は「法律の定める基準に従ひ、官吏に関する事務を掌理」(73条4号)すると法律主義が入れられたことも、戦後の大きな変化である。

▷5 たとえば、チャーマーズ・ジョンソン／矢野俊比古訳『通産省と日本の奇跡』TBSブリタニカ、1982年。

▷6 ⇒ 2-Ⅳ-3 「公務員を支える組織」

参考文献

広見直樹『日本官僚史！』ダイヤモンド社、1997年。
出雲明子『公務員制度改革と政治主導：戦後日本の政治任用制』東海大学出版部、2014年。

Ⅳ 公務員制度と人事

公務員のライフサイクル：採用・昇進・退職

日本の国家公務員制度は，少数の上級職と多数の初級職を採用する方式を用いてきた。難関試験を突破した上級職は，同期入省組の横並びでの昇進により課長までは誰もがなることができた。しかし，事務次官になれるのが1人であるため，出世競争の敗者は省を去らざるをえないという時代が続いてきた。

近年では，多様なキャリア・パスを想定した「複線型人事制度」がめざされているけれども，本節では永く続いた過去の制度を振り返る。

1 日本の国家公務員の数と種類

日本の公務員の数は決して多くはないが，国家公務員の数はとくに少ない。人口1000人あたりの公務員数を示した下の表からもわかるように，国家公務員は全体の約4分の1にすぎない。連邦国家でない国では珍しいことである（表2-2）。

表2-2 人口1000人あたりの公務員数の国際比較

（単位：人）

	日本 (2013)	アメリカ (2012)	イギリス (2012)	ドイツ (2011)	フランス (2012)
国家公務員	10.2	13.5	44.0	13.8	48.1
地方公務員	26.5	52.1	30.9	45.3	40.6

出所：人事院のホームページより筆者作成（http://www.jinji.go.jp/saiyo/syokai/syurui.pdf）。本節では，初版に倣い「中央政府職員」には「政府企業職員」と「軍人・国防職員」を含めて計算している。

国家公務員か地方公務員かという区別に加えて，一般職か特別職かという区別もある。特別職とは，「様々な理由により，任用における成績主義の原則，身分保障等の一般職に適用される国家公務員法の原則が適用されない諸々の官職」であり，政治任用の余地がある。総理大臣自身や首相補佐官などがこの範疇に含まれる。本節では，国家公務員一般職のうち，とくにキャリア官僚に注目して公務員のライフサイクルを説明する。

2 採用：「狭き門」

通常，キャリア官僚と呼ばれるのは，国家公務員総合職（旧Ⅰ種）試験に合格し，本省庁に採用された幹部候補の官僚であり，それ以外の方法（旧Ⅱ種試験・旧Ⅲ種試験など）で選ばれるノンキャリアとは昇進などで区別が見られる。この試験は，狭き門であり，たとえば2014年度は競争率約11.0倍であった。し

▷1 首相官邸ホームページ（http://www.kantei.go.jp/）

▷2 厳密にはⅠ種試験と総合職試験は異なるが，報道等では旧Ⅰ種試験として総合職試験をとらえている。また，新試験が2012年に始まったばかりであり，人事行政の変化を同定するには早い。そこで，本書では両試験を同一のものとして説明する。行政職員が「天皇の官吏」と呼ばれていた戦前の日本では，官吏の任免は天皇の任官大権であり，官吏制はすべて枢密院の諮問を経て勅令で定められた。①勅任官（天皇が自ら任命），②奏任官（総理大臣が天皇に上奏して任命。1893〔明治26〕年の文官任用令によって，高等文官試験合格者となる），③判任官（各省大臣が総理大臣を経て上奏し任用）という区分が存在した。高等官と称された①②は給与などの点で優遇され，現在のキャリアに相当したと言える。キャリアとノンキャリアの区別は昔から存在していたのである。

かも，「省別任用制」を採っているため，試験に合格しても，最終的に各省庁が採用してくれないと，公務員にはなれない。採用にさいして重要なのは，試験での成績順位と各省庁での面接でどれくらい能力を示すことができるかである。日本の国家公務員試験のように，少数の上級職と多数の初級職を採用するしくみは「入口選抜方式」と呼ばれており，大多数を上級職として採用する「入口非選抜方式」と対比される。

3 昇　進

　キャリア官僚の出世は早くて確実であると言われてきた。2年ごとに部署を替えながら，28歳くらいで係長，32歳くらいで課長補佐，42歳くらいで課長と昇進していき，課長レベルまではキャリアなら誰しもなれた。一定年齢まで横並びという方法により，短期的な功労により才能を見極めるのではなく，長期的に人材を選抜していったのである。もちろん日々の仕事ぶりに応じて待遇に小さな差異は積み重なっていくが，その差が大きなものとして明らかになるのは課長以降であった。こうした給与のしくみは「積み上げ褒賞制度」と呼ばれてきた。ノンキャリアであっても一定年齢までは横並びで昇進するが，その速度はキャリアに比べて遅い。横並びの人事慣行は人材のプールが限られている「閉鎖型任用制」と関係が深い。なぜならば，アメリカのように市場原理が人事にも徹底する「開放型任用制」を採っていると，上位ポストの有無にかかわらず，短期間働いて高給を得て退職するということも可能であるからである。

　民間企業にいても同じくらいの年で課長職に就けるが，官僚と比べて同じ課長でも社会的な地位や権力に大きな違いがある。たとえば，経済産業省情報通信機器課の課長であれば，大企業を含む情報機器メーカーの社長たちと対等以上のつきあいができるが，民間大手企業の課長は，情報通信機器課長と同い年でも，社長の顔すら見られない可能性があるのである。

　以上をまとめると，かつての日本の公務員制度の特徴は，民間企業と比べて出世が早いものの，他国の公務員と比べると出世争いの勝者が見えてくるのが遅かったと言えよう。それゆえ，官僚の昇進政策が「超特急」と揶揄される一方で，「遅い昇進」という議論もあったのである。

4 退　職

　課長レベルまではキャリアなら誰でもなれたが，次の審議官・局次長レベルから早期退職勧告が始まった。課長より上のポストは数が限られており，先輩が省庁を去らないと若手に課長職を保証できなかったからである。したがって，課長レベル以上の官僚は，ただ一つの椅子の事務次官をめざして昇進するか，出世競争に負けて省を去るかのどちらかだったのである（Up or Out）。早期退職者をフォローする機能があるのが，「天下り」と呼ばれる慣行であった。

▷3　2014年度の総合職試験合格者は1918名であったが，採用予定は約700人にすぎなかった。こうしたデータからも総合職試験の厳しさがわかる。

▷4　幹部候補生をあらかじめ明らかにすることで，優秀な人材の早期育成が可能になると評価されてきた一方で，1度の試験で将来の処遇が決まるのは不合理であるという批判やノンキャリアの士気が低下するという問題，さらにはキャリアとノンキャリアのあいだに心理的な葛藤が生じるという負の側面も指摘されてきた。

▷5　⇨映画コラム「公務員の人事慣行」(86頁)

▷6　⇨ 2-Ⅳ-5 「公務員を取り巻く環境の変化」

▷7　年次によっては誰も事務次官にならずに省を去ることもある。こうしたキャリアと対照的に，ノンキャリアの場合は，出世の夢が叶わなくても現在のポストを保ち続けることができるため，彼らの人事慣行はUp or Stayと表現されてきた。しかしながら，近年ではキャリアでも再就職幹旋の規制からOut（中途退職）が困難になりつつあり，現役出向などの形で各府省は対応している。

▷8　⇨ 2-Ⅳ-5 「公務員を取り巻く環境の変化」

参考文献

稲継裕明『日本の官僚人事システム』東洋経済新報社, 1996年。北山俊哉・真渕勝・久米郁男『はじめて出会う政治学』（第3版）有斐閣, 2009年, 9章。

コラム

人事交流

　東日本大震災の被災地支援のために，国家公務員が被災自治体に派遣されたことは記憶に新しい。この様に，国家公務員は採用から退職まで自分の省庁に留まるわけではない。短期間，他の省庁や地方自治体で勤務したり，あまり知られていない所では，衆参両院事務局で働いたりとさまざまな人事交流をおこないながら，情報を交換し，官僚同士のネットワークを形成している。

　有名な人事交流としては，旧大蔵省キャリアが入省後数年で税務署（旧大蔵省の外局である国税庁の地方支分部局）の署長に赴任するという慣行があった。特権的な待遇に批判が集まり現在では見られないが，こうした慣行により旧大蔵省キャリアの使命感を強める効果があったと評価されることもあった。

　ここでは，中央と地方のあいだの人事交流に注目しよう。戦前日本では，府県知事が内務省から派遣されたことからわかるように，今日で言うところの国家公務員と地方公務員の区別が存在しなかった。戦後になって，「地方公務員」という範疇が誕生してからは，戦前とは異なるかたちで人事交流が見られるようになった。各省庁から職員が「出向」というかたちで約2年間，国家公務員を退職し，都道府県や市町村に勤務するという形態である。総務省のデータによると，2011年8月15日時点で，総務省か

ら308名，国土交通省から485名など，合計1712名が地方に出向している。

地方にとっては現状を知ってもらえるメリットがあり，国家公務員にとっても専門知識を身につけることが容易になるという利点がある。しかし，その一方で，自治体によっては総務部長など主要なポストを「出向」組の指定席としている所もあるため，叩き上げ組の志気の低下をもたらし非効率であるとの指摘がある。また，地方自治体のポジションが下に見られることが問題視されることもある。たとえば，省庁の係長クラスの人間が都道府県庁に出向する場合，係長より上の課長のクラスで赴任し，省庁に戻るときには，課長補佐クラスで戻るという具合である。

ところで，こうした中央と地方の人事交流をおこなうためには，給与制度に差がないことが必要である。差があるか否かを判定する数値として，知られてきたのが「ラスパイレス指数」である。これは，国家公務員の平均給与額を100とした場合における，同程度の学歴・勤務年数を有する地方公務員の平均給与額である。1980年代には約110であったが，以降は減少傾向が見られた。東日本大震災後の国家公務員の給与引き下げ措置に伴い，「ラスパイレス指数」は一時期跳ね上がったものの，2014年時点で100を下回っている。

(芦立秀朗)

Ⅳ　公務員制度と人事

3　公務員を支える組織：人事院・総務省・内閣人事局

中央で人事管理を一元的におこなう組織として，戦後まもなく人事院は発足した。しかしながら，戦後史を振り返ると1960年代以降，総務庁・総務省が大きな権限を握る二元的人事行政体制の時代が続いてきた。さらに，2014年には内閣官房に内閣人事局が置かれた。これらの組織が人事管理のうえで果たす役割を本節で概観しよう。

① 人事院の創設と試練

戦前の日本では，試験の実施は試験委員に，給与に関する事項は大蔵省にという具合に，分権的に人事行政を管理していた。広田内閣の内閣人事局案，近衛内閣の内閣人事部案など，一元的管理のための改革は何度か見られたが，そのつど挫折し，省庁バラバラの人事がおこなわれていた。そこで，1948年に，中央で一元的に人事行政管理をおこなう初めての機関として，人事院が創設された。人事院は，両院の同意を得て内閣が任命する3人の人事官をもって編成される。人事院の独立性は強く，省庁と違って国家行政組織法は適用されず，内部機構は人事院が自ら管理することができる。事務次官を特別職にしようとした日本側への反発からもわかるように，アメリカ側には政治家が人事に介入することへの拒否感と政治的に中立な機関への信頼があったようである。

会計検査院と同様に政権から一定の距離を保ちつつも，会計検査院と異なり人事院は憲法に規定された機関ではなかったため，設立当初から人事院違憲論が見られた。第6回勧告（1952年）で初めて人事院勧告どおりの給与改定がおこなわれたことからも，人事院と政府・国会の対立関係がわかる。

占領時代が終わり，アメリカの後ろ盾を失った人事院は，何度か廃止の危機に直面した。1950年代後半から1960年代前半には廃止の危機を乗り越えたものの，1965年ILO87号条約（結社の自由及び団結権の保護に関する条約）の批准に伴う国家公務員法改正のなかで，総理府に新設された人事局にその権限の一部を移されることとなった。総理府外局として総務庁が設置された1984年以降は，人事局は総務庁に移されたものの，二元的人事行政体制が続くことに変わりはなかった。

人事管理は，総務庁（あるいは総理府の長としての総理大臣）や総務省による総合調整に委ねられ，最終的に人事院に残った権限は，**公務員試験の実施**，給与の格付けの実施（給与法にもとづく級別定数管理），**給与勧告**をはじめとする人事

▷1　2008年3月には当時の谷人事院総裁の人事官再任が参議院で同意されるかが大きな話題となった。なぜならば，同じく両院の同意を必要とする日銀総裁人事が，野党が多数を握る参議院で複数回否決されたからである。

▷2　⇨ 2-Ⅳ-1 「公務員制度の諸原理」

▷3　旧総務庁人事局は，2001年の中央省庁等再編に伴い，同じく旧総務庁の恩給局と統合され総務省人事・恩給局として再出発した。当該部局は，国家公務員に関する制度の企画および立案，恩給等を所掌していた。

▷公務員試験の実施
試験は人事院が実施するけれども，2-Ⅳ-2 「公務員のライフサイクル」で述べたように，最終的に各省庁に誰が採用されるかということに関しては，各省庁が決定をすることになる。

▷4　この権限は2014年に設置された内閣人事局に移された。

▷給与勧告
人事院の給与勧告は国家公務員の給与水準を民間企業従業員の給与と均衡させること（民間準拠）を基本としている。2014年は民間の

院勧告の報告などであった。

2 総務庁人事局の創設と総務省の役割

公務員の定員管理の枠組みは，戦後まもなくは行政機関職員定員法によって定められていた。その後，1961年以降は各省庁の設置法のなかに定員を定める方式が採用されていたが，1969年に総定員法が制定され，定員管理の方法が大きく変わった。法律で総定員の最高限度を定めたうえで，各省庁の定員を政令で，局などの組織単位の定員を省令で定めることになった。定員の増減に関しては，かつての総務省行政管理局（現在の内閣官房内閣人事局）の役割が重要である。なぜならば，各省庁の予算の概算要求が財務省主計局に査定されるのと同じように，各省庁の組織・定員に関する変更の要求は総務省行政管理局による審査を受けたからである。

3 人事院の変容と内閣人事局の創設

二元的人事行政体制において，政府・国会内に支持基盤を持たない人事院は，人事行政において主導権を発揮することが困難であった。たとえば，1996年には人事院事務総長の私的研究会の審議のなかで，キャリアとノンキャリアの区別を廃止するべきであるという意見も出されたが，総務庁人事局に設置された公務員制度調査会の答申（1999年）を受けて，政府は区別を維持することを決定した。限られた影響力ゆえに，人事院はむしろ，試験制度の整備などを通じて中立公正な人事行政を維持・継続することや，人事院勧告など労働基本権制約を補い代償を与えることに重きを置いてきた。しかしながら，近年では人事行政の専門家集団としての役割を果たすことにも，存在意義を見出そうとしている。

たとえば，給与制度に関して，近年の人事院はさまざまな改革を提言している。2005年および2014年の人事院勧告においては，地域間の公平，世代間の公平などを達成すべく，俸給表や諸手当のあり方を総合的に見直すことを提案した。

また，ワーク・ライフ・バランスの推進や女性の活躍を支援するために積極的な提言も人事院はおこなっている。民間企業での育児休業は原則として子が1歳になるまでとされているのに対して，国家公務員の育児休業は子が3歳になるまで取得することができるといった具合に，国家公務員の制度は先進的なものも存在する。加えて，男性職員の意識改革等が必要として2014年の人事院勧告でも紙幅を割いた提言をおこなっている。

2014年に創設された内閣官房人事局は，幹部候補の一元管理や幹部候補育成課程に加えて，人事院がおこなっていた級別定数管理や，総務省行政管理局が担当していた定員管理なども所掌することとなった。今後は内閣人事局と人事行政の専門家集団としての人事院の役割分担が，注目されることになることが考えられる。

▷5 国家公務員の総定員は2015年度で29万6886人である。ただし自衛官などはこのなかに含まれない。

賃上げの動きを背景に，勧告を受けて，7年ぶりに公務員給与が引き上げられることとなった。

▷6 首相や官房長官の人事における主導権を強めることで，「省益」に捕らわれない人材の登用が可能になると考えられている。その点で内閣人事局の設置は政治主導と関係が深いと言えよう。

参考文献

稲継裕明『公務員給与序説：給与体系の歴史的変遷』有斐閣，2005年。原田久『NPM時代の組織と人事』信山社，2005年。

Ⅳ 公務員制度と人事

4 公務員の義務とモラル

公務員は労働者である一方で、公権力の行使に携わる重要な存在である。したがって、その他の労働者以上の義務が課せられることがある。また、1980年代後半以降のスキャンダルを受けて、近年では公務員に求められるモラルも高くなりつつある。

1 公務員の守秘義務

守秘義務は公的な職業に就く人々や個人情報を扱う職業の人々に対して広く課されている。刑法134条は、医師、弁護士などの職にあった者が、「正当な理由がないのに、その業務上取り扱ったことについて知り得た人の秘密を漏らしたときは、6月以下の懲役又は10万円以下の罰金に処する」としている。公務員についても、根拠法および罰則はやや異なるが、守秘義務が存在する。国家公務員については、国家公務員法100条が守秘義務を定めており、規定に反して秘密を漏らした者には、1年以下の懲役または50万円以下の罰金が課される(同109条)。

▷1 「職員は、職務上知ることのできた秘密を漏らしてはならない。その職を退いた後といえども同様とする」。

2 労働基本権の制限

守秘義務に関しては、国家公務員とその他の職業の人々とのあいだの差は少ないように見える。国家公務員とはいえ、労働者であることに変わりはない以上、それは当然ではあろう。しかしながら、国家公務員は労働者である一方で、国民生活に不可欠な行政サービスを提供する存在でもある。したがって、民間企業に勤める労働者と同様の労働基本権を認めることが、場合によっては国民の不利益になることがある。たとえば、警察官がストライキをおこなったら、警備会社のみで治安を維持することは困難であろう。日本では国家公務員法などで、表2-3のように労働基本権を制限している。その代わりに、人事院の

▷2 福田政権期や民主党政権期(2009~2012年)には、一般の国家公務員に協約締結権を認める形での制度改革が模索されたが、実現はしなかった。しかしながら、欧米などを見ると警察官に団結権を認めている国もあり、日本でも労働組合を中心に、公務員の労働基本権の制限を緩和するべきとの声がある。組合の結成を認めることで警察の現場の状況が上層部に伝わりやすくなるという見方もなくはない。国民的理解を得る形での労働基本権の拡大が今後の課題となろう。

表2-3 国家公務員の労働基本権が認められているか

職種	争議権	団体交渉権	団結権
警察職員・海上保安庁または刑事施設(刑務所等)において勤務する職員・防衛省職員	×	×	×
一般国家公務員	×	△*	○
行政執行法人の職員	×	○	○

(注) *協約締結権を含まないが、認められている。
出所:村松(2001年、183頁)を一部改め、筆者作成。

給与勧告など，民間企業には存在しないしくみが存在し，労働条件の向上に資している。

3 政治的行為の制限

家産官僚制の時代にあっても，近代官僚制の時代にあっても，官僚は私的な利益ではなく，国王の利益や国民の利益に資することが当然と考えられてきた。資格任用制が広まって以降は，とくに政治勢力と一線を画するという政治的中立性が規範となった。

戦後日本も，政治家と公務員の相互不介入関係を原則としている。たとえば，国家公務員法102条では，国家公務員が政治的団体の役員となることや公選による公職の候補者となること等を禁じている。国家公務員法には，公務員が政治家に接近することを制限するこうした条文に加えて，人事への介入など政治家が公務員に影響を及ぼすことを禁止するものもある。

4 私的な利益を追求する行為の禁止・制限

公務員に対する制度的な行政統制は昔から存在してきた。たとえば，国家公務員法96条では公務員の職務専念義務が定められ，同98条では上司の職務上の命令に従う義務が謳われている。また，収賄等の信用失墜行為も禁止されている（同99条）。これら制度的統制に加えて，公務員の専門意識など非制度的な統制が十分に機能していれば，公務員の倫理が問題になる余地はないように見える。

しかしながら，1980年代後半以降の官僚の不祥事（たとえば，リクルート事件）や過剰な「官官接待」への批判が高まり，公務員の私的利益追求行為へ対策を講じる必要性が生じた。こうしたなかで1999年に成立したのが，国家公務員倫理法である。同法は2000年3月に制定された国家公務員倫理規程を受けて，同年4月に施行された。国家公務員に対する供応接待が大きく制限された他，利害関係者との旅行なども禁じられた。

過剰な接待に加えて，公共工事の入札談合に国家公務員・地方公務員が関与するいわゆる「官製談合」に関しても公務員のモラルが問われた。そこで，2002年には，入札談合等関与行為防止法（いわゆる「官製談合防止法」）が制定され，翌年に施行された。同法は，「官製談合」を排除するための行政上の措置として，公正取引委員会が各省大臣などに改善措置を要求できる旨を定めた他，各省大臣などが関与者（公務員）に対する賠償請求・懲戒事由の調査をすることを認めた。

これらに加えて，度々耳にする「天下り」も，広義では私的利益追求行為と見なすことができる。しかし，「天下り」は公務員のモラルとの関係でとりあげられ，改革も進んできたので，独立した項目として次の第5節で扱う。

▷ 3 ⇨ 2-Ⅳ-3 「公務員制度を支える組織」

▷ 4 ⇨ 1-Ⅰ-2 「絶対王政と官房学」

▷ 5 したがって，公選の公職に立候補する場合には退職しなくてはならない。しかしながら，こうした政治的行為の制限に関しては，公務員も国民である以上，参政権などの政治参加の権利を持っているのであり，制限は必要最低限に留めるべきではないかとの声もある。また，国家公務員による政党機関紙の配布行為二件を巡り，2012年12月に最高裁が片方を無罪，片方を有罪としたため，政治的行為の制限に関して，憲法学を中心に盛んな議論がされている。

▷ 6 2008年の公務員制度改革基本法では，公務員が国会議員に接触した（政官接触）場合，記録を残す旨が定められた。

▷ 7 ⇨ 3-Ⅰ-3 「行政統制の類型化」。これらの金銭的利益の問題に加えて，上司からの命令を自分の倫理的判断で拒否するかどうかという「自律的責任」の議論も広義ではモラルにかかわることである。

▷ 8 倫理法・倫理規程の制定後，公務員が講師を務める講演会が減ったが，それにより同時に公務員が民間企業などの声を聞く機会が少なくなったのではないかとの危機感もある。官民の情報収集・情報交換の功罪は，「天下り」についてもあてはまるであろう。

参考文献
村松岐夫『行政学教科書』（第2版）有斐閣，2001年。

第 2 部　行政の内部過程

IV　公務員制度と人事

5　公務員を取り巻く環境の変化：近年の公務員制度改革

　近年の公務員制度改革には，二つの大きな流れがある。第 1 に，「天下り」と呼ばれる再就職の規制である。「天下り」には功罪両面がある。第 2 に，終身雇用制を前提としてはじめに「人」ありきで考えられてきた年功序列による人事を「能力・実績」つまりは「職位」中心に変えようという流れもある。こうした「能力・実績」を強調する議論は第二次世界大戦後まで歴史を遡る。

　「天下り」の制限と定年延長問題

　「天下り」とは，キャリア官僚が官庁の斡旋で官庁と業務関係にある企業や特殊法人（公社・公団）に再就職することであり，一般の人間を超えた存在が天から地上の世界に下りてくることに例えて皮肉を込めて言った表現である。たとえば，厚生労働省幹部が製薬会社の役員になることなどである。再就職する幹部にとっては，「天下り」は早期退職のインセンティブとなる。一生涯雇用・給与が保障されると考えれば，激務であるキャリアが生涯の給与を計算するうえで参考になるからである。受け入れ先の企業にとっても，官僚とのコネクションを築けるという利点がある。しかしながら，官民癒着により公務員が一部の利益に資する危険や，特権的慣行に対する不公平感，さらに，「天下り」先確保のために無駄な特殊法人・独立行政法人を残しているとの批判もある。

　「天下り」に対して政府が策を講じなかったわけではない。たとえば，関連企業への「天下り」に対しては，国家公務員法による制限が課せられている。私企業からの隔離を謳った同法103条 2 項（2007年の改正前）は，「職員は，離職後 2 年間は，営利企業の地位で，その離職前 5 年間に在職していた人事院規則で定める国の機関又は特定独立行政法人と密接な関係にあるものに就くことを承諾し又は就いてはならない」と定めていた。もっとも， 3 項で人事院の承認がある場合は別と規定していたので，各省庁による退職官僚の斡旋はおこなわれてきた。そこで，2007年の公務員制度改革では，各省庁による斡旋を廃止し，官民人材交流センター（新・人材バンク）に一元化することとなった。

　その官民人材交流センターが2009年末に再就職支援業務をやめて以降，早期退職をする国家公務員は減少しつつある。その一方で，定年延長の問題は未解決であり，定年退職した職員を再任用する形で対応している。しかしながら，年金の支給開始年齢以前に退職を余儀なくされ，無収入の期間を生じさせることは，公務に就くことの魅力を減らしかねない。2014年の国家公務員法改正で

▷ 1　もっとも，ノンキャリアのなかにも「天下り」をする職員は存在し，独立行政法人から企業への再就職も「天下り」と表現する場合があるので，「天下り」の範疇をもっと広く考えることもできる。

▷ 2　2008年10月のセンター設置から 3 年後の本格稼動までは，再就職等監視委員会が承認した場合にかぎり各省が斡旋するという移行措置が採られることとされた。また，独立行政法人への「天下り」についても，制約が課せられることになった。しかしながら，中央省庁から独立行政法人を経て民間企業などに再就職する「迂回天下り」に関しては制限がないことや，「天下り」自体を禁止するものではないことに批判の声があったのも事実である。1997年から2006年までの10年間に366人が「迂回天下り」という形態の再就職をしていた（『朝日新聞』2007年 6 月27日付朝刊）。

は，附則に2016年度までに定年の引上げ等の雇用と年金の接続のための措置を講じることが謳われた。

❷ 能力・実績主義の前史：アメリカ型職階制の導入と挫折

2007年改革では「天下り」の制約の他に，能力・実績主義の徹底も盛り込まれた。ただし，この考え方は突然生まれたものではなく，戦後の改革でもこの点が議論の的とされた。

ひと口に資格任用制と言っても日本とは異なるしくみも存在する。アメリカ型の開放型任用制（Open Career System）は，**職階制**（Position Classification System）を基礎にしている。組織のポジションに空席が生じた場合に，職務・職責をこなすに足る即戦力を持つ人間を新卒・中途採用を問わずに採用するのである。「官民間・政府間・各省間に類似の業務が存在することを前提にし，またそれらの業務相互間の労働力の移動を容易にしようとする人事制度」であり，初めに仕事（職位・ポジション）ありという考えにもとづく制度である。空席が生じる度に公開競争試験を行うため，試験の回数が増えるという特徴もある。

1948年の国家公務員法では，アメリカ型の開放型任用制を採用すべく職階制を基礎にした資格任用制度を導入するとしていた。これは従来の終身雇用を前提とした閉鎖型任用制（Closed Career System）と異なるものであった。しかしながら，職務が類似するポジションを群に分けてランクを付けるというのは技術的にも骨の折れる作業であり，結局職階制の導入には失敗し，給与法による級別定員管理で代替されることとなった。

❸ 能力・実績主義の徹底

戦後日本の人事行政管理の特徴として，キャリアとノンキャリアという非公式な区分をあげることができる。2001年に政府により決定された公務員制度改革大綱では，課長級，課長補佐級など能力のレベルを決め，国家公務員Ⅰ種試験で採用されたか（キャリア），Ⅱ種・Ⅲ種試験で採用されたか（ノンキャリア）の区別なく昇進させる能力等級制の導入がめざされた。これは，「人」を中心とした人事から「職位」に重きを置く人事へという大きな転換を予期させた。しかし，公平・公正な評価が不可能ではないかという労働組合などの批判を受けて，関連法案の提出が改めて検討されることとなり，目標に掲げてきた2006年度からの実施が見送られることになった。

2007年の公務員制度改革では，国家公務員法に能力・実績を重視する人事管理の原則が明記された。2008年の改革では，採用試験を総合職，一般職，専門職に分類することにした他，「幹部候補育成課程」を設置して総合職以外の人にも幹部登用の道を開くことが決められた。また，内閣官房に内閣人事局を設置し，幹部人事を一元化することになった。

▷ 職階制
その官職に適切な人間を充てるために，すべての官職を職務・責任という観点から分類・格付けする制度・計画のこと。

▷ 3　西尾，2001年，139頁。

▷ 4　たとえば，3300職種を有するニューヨーク市では，年間400回もの試験がおこなわれている。

▷ 5　職階制は法律上は半世紀以上残っていたが2007年に完全に廃止された。

▷ 6　1990年代後半においても，総務庁人事局に設置された公務員制度調査会の答申（1999年）を受けて，キャリアとノンキャリアの区別を維持することが決定された。キャリアとノンキャリアの違いに関しては，⇨ 2-Ⅳ-2 「公務員のライフサイクル」

▷ 7　27条の2「職員の採用後の任用，給与その他の人事管理は，職員の採用年次及び採用試験の種類にとらわれてはならず，［…］，人事評価に基づいて適切に行われなければならない」

▷ 8　⇨ 2-Ⅳ-3 「公務員を支える組織」

参考文献
西尾勝『行政学』（新版）有斐閣，2001年。

行政学がよくわかる映画

公務員の人事慣行

　テレビドラマから映画化された『踊る大捜査線』（東宝，1998年・2003年）は，警視庁湾岸署巡査部長（2003年映画時の役職。以下同じ）の青島俊作（織田裕二）と警視庁（東京都の警察）管理官の室井慎次（柳葉敏郎）を中心に，警察組織の上部と現場の刑事の確執などまでリアルに描いた画期的な刑事ドラマである。ちなみに舞台となった湾岸署は架空のものであったが，2008年3月31日に実際の警視庁東京湾岸警察署が設置された。開署にさいしては，主演の織田が主人公青島の名前で祝電を寄せ話題を呼んだ。

　『踊る大捜査線』では，実際の人事慣行も忠実に再現されている。国家公務員（とくにキャリア）は採用から退職まで自分の省庁に留まるわけではない。2004年10月時点のホームページによると，キャリアである室井管理官は，警察庁入庁後まもなく高知県警に赴任し，その後警察庁と警視庁を渡り歩き，一時は北海道警の警察署長を務めたという設定になっている。また，キャリアとノンキャリアでは，昇進に差があるが，『踊る大捜査線』でも，キャリアである室井管理官が入庁から12年かけて警視正になったのに対して，ノンキャリアの神田署長（北村総一朗）は32年もかかったことになっている。

この映画で話題となったのが「事件は会議室で起きてるんじゃない。現場で起きてるんだ！」という台詞である。この台詞は，事件の解決よりもむしろ組織利益のために対立を繰り返す上層部の様子に辟易とした青島が，現場で無線のマイクを握りながら，会議室にいる警察幹部に対して発した言葉である。見る者の共感を呼ぶこの台詞は当時の流行語となった。

　「事件は現場で起きている」という有名なフレーズは，キャリアとノンキャリアの心理的葛藤を端的に表している。もっとも，キャリアとノンキャリアの区別があることで省庁の自律性が保たれているという指摘もある。つまり，キャリアはノンキャリアの現場重視・先例重視の姿勢を理由に政治的な理由による法律の改正を拒み，ノンキャリアはキャリアの存在を理由に現場で接する人々・団体からの圧力をかわすという戦略を採ることができるのである。この点では，キャリアとノンキャリアの関係は相互依存の関係でもある。室井と青島が，対立しながらも信頼関係を築いている様子は，キャリアとノンキャリアの関係を象徴的に表していると言えよう。

（芦立秀朗）

Ⅴ 財政制度と予算・決算

1 財政制度

1 予算の種類

内閣が毎会年度に作成し，国会の議決を受けなければならない予算には，一般会計予算，特別会計予算および政府関係機関の予算の3種類がある。

一般会計予算は，国の主要な収入・支出を管理するものである。通常，予算という場合はこの一般会計予算をいう。

支出は，主要経費別分類によれば，社会保障，文教・科学振興，防衛，公共事業，海外協力，中小企業対策，エネルギー対策などである。収入は，多くは租税収入であるが，これ以外に国債がある。そして国債にも2種類ある。

第1は，財政法4条で認められている建設国債である。建設国債が財政法によって認められているのは，公共事業など，その支出の見合いが国民の資産として残り，後世の国民の利用できる事業にあてられるためである。日本では1966年度から発行されている。

第2は赤字国債であり，これは財政法によって発行は禁じられている。一時的に赤字を補塡するだけで後世に残らない事業にあてられるためである。だが，現実には，1965年度の補正予算で戦後初めて発行され，一時中断の後，1975年度以来ほぼ継続的に発行されてきている。公債特例法を制定することによって赤字国債は発行される。

特別会計は，特定の歳入を特定の歳出にあてるために，一般会計とは別に設けられている予算である。2015年度現在，14の特別会計がある。

政府関係機関の予算であるが，政府関係機関とは，特別の法律によって設立された全額政府出資の法人であり，独立行政法人制度が導入される以前の特殊法人の一部でもあった。その予算は，一般会計予算や特別会計予算とともに，国会の議決事項である。政府関係機関は，2015年度現在は，沖縄振興開発金融公庫，株式会社日本政策金融公庫，株式会社国際協力銀行および独立行政法人国際協力機構有償資金協力部門の4機関となっている。

2 予算の構成

予算は，3種類とも，それぞれ五つの部分から構成されている。すなわち，予算総則，歳入歳出予算，継続費，繰越明許費および国庫債務負担行為が，それである。

▷1 財政法4条の規定は次のとおりである。「国の歳出は，公債又は借入金以外の歳入を以て，その財源としなければならない。但し，公共事業費，出資金及び貸付金の財源については，国会の議決を経た金額の範囲内で，公債を発行し又は借入金をなすことができる」。

▷2 財政特例法はわずか2条からなる簡単な法律である。たとえば2008（平成20）年度の同法の1条（目的）には次のように書かれている。「第一条　この法律は，平成二十年度における国の財政収支の状況にかんがみ，同年度における公債の発行の特例に関する措置を定めることにより，同年度の適切な財政運営に資することを目的とする」。

▷3 特別会計には，国が特定の事業をおこなう場合の「事業特別会計」，特定の目的のために設けられた資金を保有してその運用をおこなう場合の「資金運用特別会計」および特定の目的のための収支を他と区分して経理する必要がある場合の「区分経理特別会計」の3種類がある。

予算総則は、予算書の冒頭に置かれる予算に関する総括的な規定である。

歳入歳出予算は、当該年度の税収入および公債発行予定額などから構成される歳入予算と、支出の主体および内容と支出額から構成される歳出予算からできている。予算の中核的な部分である。

継続費は、大規模な公共事業のように数年度を要する事業等について、事業を計画的に進めるため、必要な経費の総額と年度割額の支出見込みについて、あらかじめ国会の議決を経ておくものである。期間の限度は5年とされている。

繰越明許費は、歳出予算のうち事業等の性格によって年度内にその支出が終わる見込みのないものについて、あらかじめ国会の議決を経て、次年度に繰越支出をおこなうことができるようにしたものである。継続費と同様に、予算の単年度主義の例外措置である。

国庫債務負担行為は、少し丁寧な説明が必要であろう。まず、債務負担行為というのは、契約等で発生する債務の負担を設定する行為のことをいう。契約等の時点でまだ歳出の予定が確定しているわけではないので、歳出予算には含まれない。そして、現実に現金支出が必要となった場合に、あらためて歳出予算に計上され、国会の議決を受けることになる。このような債務負担行為を国がおこなうために、国庫債務負担行為といわれる。

3 当初予算・暫定予算・補正予算

政府が国会に提出した予算案が、期限までに国会で議決された場合、その予算は当初予算あるいは本予算と呼ばれる。

当初予算が新会計年度の始まる前に成立しないことが明らかなとき、政府活動の停止を回避するために暫定予算が提出される。当初予算が成立した後は、暫定予算は当初予算に吸収される。

当初予算どおりの執行が困難になったときに、国会の議決を経て本予算の内容を変更するように組まれる予算のことを補正予算という。景気の悪化に伴う公共事業の追加、災害復旧あるいは減税など、財政措置を伴う経済対策を実施するなどの場合に補正予算が策定される。

4 予算の修正

国会による予算修正には二つの方法がある。形式修正と実質修正である。

一つは、予算そのものの書き換えである。予算は、すでに述べたように予算総則など五つの部分から構成されているが、それらの文書に明記された計数や文章を書き換える行為である。一般に形式修正と呼ばれている。

いま一つは実質修正と呼ばれるもので、予算審議の過程で所得税減税の拡大や公共事業の増額が決定されても、予算書そのものは書き直さずに、年度半ばで編成される補正予算で処理する約束を、与野党の間で取り交わすことである。

V 財政制度と予算・決算

予算編成の年間スケジュールと参加者

本節では、予算編成の政府内でのプロセスを概観する。

1 概算要求の作成

次年度予算の編成過程は、当該年度の予算が国会において成立した直後から、各省庁による概算要求の作成として本格的に開始される。

そのプロセスは完全な下からの積み上げである。各省庁の課レベルでは課内の班や係などが課に対して予算要求し、局レベルの作業では課が局に対して予算要求する。査定をおこなうのは局の総務課である。最後に、省庁レベルでは各局は大臣官房会計課に要求をする。会計課はおよそ7月から2カ月をかけて局の予算要求を検討する。この段階では与党の政策担当組織からの予算要求も盛り込まれている。最後に、省庁として正式にとりまとめられた概算要求は、8月末を期限に財務省に提出され、財務省の査定を受ける。

2 概算要求基準

各省庁から提出された概算要求を9月以降、財務省が査定するわけであるが、それ以前の段階、通常は7月下旬に概算要求基準が決定される。各省庁が財務省に概算要求をする場合に、要求できる上限を前年度比として示したものである。各省庁の大臣官房会計課による査定は、この数字をにらみながらおこなわれる。

3 財務省主計局の組織

各省からの概算要求は、財務省主計局によって査定される。

主計局には局長と3人の局次長のもとに課長級の主計官11人が配置されている。11人の主計官のうち9人が各省庁からの要求を査定し、残り2人は総括や企画などの機能を果たす。

予算編成作業は、3人の局次長がそれぞれ率いる集団を基本単位として進められる。局次長のもとに3人の主計官、さらにその下に数名の主査(課長補佐級)、係長、係員が配置される。

4 ヒヤリング

主計局は、9月に入って2、3週間かけて、各省庁からヒヤリングをおこなう。説明は、各省庁の局の総務課長は主査に、各省庁局長は主計官に、各省庁

▷1 査定をする側(守備側)は次の段階では要求する側(攻撃側)に転じる。このように要求—査定が数珠つなぎになっていることから、村松岐夫は、予算編成には「攻守交代システム」が成立していると指摘している(村松、1999年、121-122頁)。

▷2 この制度が導入されたのは1961年である。それ以降、民主党政権のもとで一時的に廃止されたこともあるが、すぐに復活した。すでに50年以上も活用されている制度であるが、この間に少なくとも二つの連続的な変化を観察することができる。

第1は概算要求基準が、財政が逼迫してくるにつれて、引下げられてきたことである。第2は、概算要求基準が経費ごとに細かく設定されたり、あるいは基準に拘束されない省庁や事業が認められるなどして、しくみが複雑になったことである。

概算要求基準の低下および複雑化は、概算要求基準の制度の目的が変化してきたことの現れである。

次官は主計局次長に対しておこなう。主計局の官僚は他省庁の官僚に概算要求の中味を説明させ，質問し，追加的な資料を要求する。

5 査定

ヒヤリングの後，各省からの要求を審査する査定が本格化する。査定においては独特の技術が用いられている。この点は次の第3節で紹介する。

6 予算局議

10月に入ると予算局議が始まる。予算局議には一般会計中心の第一次局議と，特別会計等が扱われる第二次局議とがあるが，ここでは第一次局議の様子を紹介しておく。

局議の主催者は局次長である。次長室にあるテーブルの一方に次長がベテランの課長補佐とともに座り，反対側に主計官，主査などが座る。彼らの手元には「三段表」と呼ばれる資料がある。これには予算項目ごとに事項，前年度予算，当年度要求額，当年度査定額，対前年度増減額および説明が六段組で印刷がなされている。以前は三段組であったためにこのように呼ばれている。三段表に従って，主査は各項目について次長に説明する。次長は査定の根拠は何かなど，さまざまな角度から質問し，主査の説明を受けて，三段表の「当年度査定額」に数字を書き込む。主計官が発言するのは，主査が説明に窮したときに助け船を出すぐらいである。

7 予算全体の推計作業

このような各省庁の各課の要求をもとにして1件1件積み上げていく作業と並行して，予算全体の推計作業が進められる。前者をミクロの予算編成，後者をマクロの予算編成と呼ぶことがある。

推計作業は歳入見込額や政治や経済の動向を加味しておこなわれる。次年度の経済見通しをめぐって，主計局は経済産業省など他の経済官庁と意見の調整をはかる。これらの要素は流動的であるために，推計作業も数次にわたっておこなわれる。

8 財務省原案の内示と復活折衝

財務省原案は閣議に報告され，その後，主計官から各省庁官房の会計課長に対して内示される。会計課長はこの原案を省庁に持ち帰り，減額・却下されたもののうちどれを復活要求するか検討する。主計局官僚は与党に対しても原案の説明をおこなう。財務省原案の内示の翌日から復活折衝が開始される。かつては華々しく報道されたが，いまでは静かなものである。こうして政府案がまとめられ，閣議決定を経て，国会に提出される。

▷3　元大蔵官僚の相沢英之は，主計局次長時代の思い出を次のように書いている（相沢，2007年，123頁）。「毎日，主査，主計官の説明を聞いていると，彼らがどれだけよく勉強しているか，事柄の本旨をしっかり把握しているか，いないか，などということがよくわかる。査定する側は意地の悪いもので，主査が良く勉強しているなと感じた事項はアッサリ飛ばして，あまり勉強していないなと思う事項について，根掘り，葉掘り，しつこく質問する。次長が聞きそうなところをあらかじめ想定して，そこは特に良く準備しておくのであるが，そのカンが外れることがある。勉強しているなと思うところは次長にもわかるんで，そういうところはわざと飛ばしたりする」。

▷4　真渕勝「静かな予算編成」『レヴァイアサン』臨時特集号，木鐸社，1998年。

参考文献

村松岐夫『行政学教科書』有斐閣，1999年。相沢英之『予算は夜つくられる：相沢英之，半生を語る』かまくら春秋社，2007年。J. C. キャンベル／真渕勝訳『自民党政権の予算編成』勁草書房，2014年。

V　財政制度と予算・決算

予算編成の技術

▷1　http://www.mof.go.jp/saiyou/honsyo/senpaib.htm（2008年10月9日現在）

　前節で述べた，財務省によるヒヤリングの後，各省からの要求を審査する査定が本格化する。ある主査は次のように書いている。「要求内容の精査のみならず，補助金の整理合理化，特殊法人改革など，政府全体の予算編成の方針との整合性，他省庁との要求の重複など，横並びの検討も欠かせません。したがって，上司である主計官への相談や関係する同僚との調整が重要です」。
　政府全体の政策との整合性や省庁のあいだのバランスを重視することはイメージできるが，「要求内容の精査」はどのようになされているのだろうか。次の2点が重要である。

1　漸増主義

　第1に過去の決定を所与のものとして考え，新しい条件に応じるための限界的な変化にのみ注意を集中することである。これを漸増主義という。

▷2　漸増主義は日本の予算編成に固有の特徴ではない。そもそもこの言葉が英語の訳であることからも，この点は了解できるであろう。⇨ 5-Ⅰ-2 「合理主義とインクレメンタリズム」

　漸増主義（incrementalism）は，限られた時間を有効に使うための技術であるが，それ以外に，政治的な意味合いもある。予算は，行政機関の内部で，たとえば給与費や庁舎費という費目で内部的に消費されるものもあるが，大部分は行政機関の外部に散布される。補助金をイメージしてもらえばよい。そして，これらの資金は関係する国民，企業，外郭団体などにとって既得権益となっている。過去の決定を所与のものとみなして精査しないという漸増主義のやり方は，こうした既得権益を侵害しないということでもある。つまり，すでに確立している政治的な均衡状態を崩さないという政治的な知恵でもある。

2　単純化

　第2は単純化である。すなわち，政策の中味を内在的に検討する（課題の重要性，事業の予想される効果，より安価な代替的な手段の存在）よりも，人件費の見積もりの適切さや単価の見積もりの適切さなど，事務的な側面を検討することに力を注ぐことである。
　漸増主義もそうであるが，単純化もまた，日本に限らず世界中で採用されている普遍的な予算査定における技術である。

3　科学的予算編成

　しかし，こうした方法に対する批判は根強くある。さまざまな批判の根底に

は，予算編成過程が「政治化」して，合理的な資源配分がおこなわれていないというものがある。そこで，さまざまな意匠の科学的予算編成方式の導入が提唱される。

科学的予算編成方式とは，予算編成から「非合理的な政治」を追放しようとする試みの総称である。予算編成にはさまざまな利害関係者が直接・間接に関与しているために，対費用効果が低くとも，事業がすでに社会経済状況に合致しなくなっていても，昨年度の予算額は保障され，追加さえ求められる。このような事態を打開するために，おもに経済的な観点からの合理性を追求して，予算編成の方法を大胆に変更しようという試みがなされてきている。

4 PPBS

その代表的な例が，**PPBS**（Planning-Programming-Budgeting System）であり，代替的選択肢の科学的な分析と評価によって最適な政策を選択し，資源配分を最適化するための予算編成システムのことである。アメリカでは1961年にマクナマラ長官によって国防省において採用され，1968会計年度予算から連邦政府の全体に適用されることとなっていた。しかし，実際には大した成果をあげることもなく，早々に放棄された。理由はいくつもあるが，最大の原因は，排除しようとした「政治」によって，拒否されたことにある。

PPBSは長期計画（Planning）と単年度の予算編成（Budgeting）とをプログラム策定（Programming）を通じて結合し，両者の相互関係を体系化しようとするものである。したがって，PPBSにおける課題は，政策中心に組まれる長期計画と行政機関ごとの予算編成を効果的に結合するプログラム策定にあり，その成否は合目的的なプログラム体系の構築にかかっている。ところが，プログラムは政策中心に作成されるために，複数の行政組織にまたがる。このような事態は行政機関の自律性を侵害し，反発を招くことになったのである。

日本においても，1960年代の後半，大蔵省が中心になってPPBS導入のための調査研究をおこなったことがある。だが，調査を進めるにつれて，大蔵省は，上で指摘したような問題点，非現実性に気づき，結局は断念した。

5 ZBB

ZBB（Zero Base Budgeting）とは，過去の実績にもとづかずに，ゼロから策定する予算編成のことである。もともとは1969年にアメリカのある民間企業で採用された方法であるが，ジミー・カーターがジョージア州知事時代に州予算の策定に採用し，さらに大統領になったときに連邦政府にも導入しようとしたものである。だが，この方法には，当然のことながら，膨大な時間と手間，そして費用がかかる。結局，実施は失敗に終わっている。

▷ PPBS
⇨ 6-Ⅱ-4 「財政健全化」

▷3 加藤芳太郎は冗談まじりに次のように語っている（加藤，2008年，147頁）。「PPBSは，結局，書類が，ある場合には何フィートとかいって，一つのプログラム・ストラクチャーの中のプログラムについて書類が1フィート以上になる。そういうのがざらにあるというんです。だから，PPBSというのは『ペーパー・プロデューシング・バジェッティング・システム（PPBS）』というふうに言われることもあります」。

参考文献
アアロン・ウイルダフスキー／小島昭訳『予算編成の政治学』勁草書房，1972年。
加藤芳太郎『予算論研究の歩み』敬文堂，2008年。J. C. キャンベル／真渕勝訳『自民党政権の予算編成』勁草書房，2014年。

V　財政制度と予算・決算

決算と会計検査院

　決算と会計検査院について，憲法90条は次の定めを置いている。「国の収入支出の決算は，すべて毎年会計検査院がこれを検査し，内閣は，次の年度に，その検査報告とともに，これを国会に提出しなければならない」。

1　決算の制度的位置づけ

　第1のポイントは，「内閣は……これ（決算）を国会に提出」することになっていることである。予算については，国会の「議決」が必要であるが，決算は国会に「報告」さえすればよいとなっているのである。

　第2のポイントは，「内閣は，次の年度に……これ（決算）を国会に提出しなければならない」という文言である。この規定によれば，たとえば，2001年度決算は，2003年1月の通常国会に提出される。しかし，そのときには，2003年度予算の編成作業は終わっているので，2001年度決算審査の結果を2003年度予算に反映させることは困難である。したがって，2001年度決算審査が予算に反映されるとすれば，2004年度予算ということになるのである。決算を予算にフィードバックすることは，事実上，あきらめられていると言ってよい。

　会計検査院は，憲法上の存在であり，政治的中立性を与えられた重要な機関であるが，決算そのものの位置づけは軽いと言わざるをえない。

2　会計検査院のしくみ

　憲法90条の規定における第3のポイントは，「国の収入支出の決算は，すべて毎年会計検査院がこれを検査し」という文言である。

　会計検査院は合議制の組織である。3人の検査官からなる検査官会議が意思決定機関となっている。会計検査院長は検査官の互選で選ばれる。

　検査は事務総局が実施している。事務総局は，事務総長の下に，官房と五つの局から構成されている。他の省庁と同様に，局の下には課があり，それぞれ検査担当省庁が決められている（たとえば，厚生労働検査第1課など）。

　現場で検査に直接携わるのは，調査官および調査官補である。会計検査院の全職員約1300人のうち，約850人を占める大所帯である。法律や経済を専攻した人の他，土木や建築，機械，電気・電子などを専攻した技術系の人も多数いる。

▷ 1　そのために，「決算委の審議は死体解剖のようなものだ」と言われることもある（西川，2003年，95頁）。

▷ 2　西川，2003年，22-23頁。

3 会計検査院による検査

第4のポイントは，憲法にいう「国の収入支出の決算は，すべて毎年会計検査院がこれを検査し」という文言である。

検査は書面検査と実地検査の2本立てになっている。一方の書面検査は1年中実施されている。会計検査院は，省庁や団体から提出された書類を，後で述べる一定の基準に照らして，検査している。他方の実地検査は，調査官らが現場に赴いて実態と書類とを照合する検査である。

4 検査の基準

さて，決算の基準であるが，現在は，正確性，合規性，経済性，効率性および有効性の五つがあげられている。

正確性の検査とは，決算が予算執行の状況を正確に反映しているか否かを検査するものであり，合規性の検査とは，事務・事業や会計経理が，予算や法律に従って適正におこなわれているか否かを検査するものである。法律的な観点からの検査である。

経済性および効率性の検査は，事務・事業が無駄なく経済的・効率的に行われているか否かを検査するものである。経済的な観点からの検査である。

近年，重視すべきであるとされるようになったのが，有効性の検査である。事務・事業が所期の目的を達成しているか否かの検査である。とはいえ，有効性の検査は，技術的な困難さもあり，全体の4％にとどまっている。

5 決算検査報告

最後のポイントは，憲法の「内閣は，次の年度に，その検査報告とともに，これを国会に提出しなければならない」という文言である。検査報告には，多くのことが書き込まれているが，もっとも重大なのは，「法律，政令若しくは予算に違反し又は不当と認めた事項」（不当事項）である。

検査を受けた側は，不当事項として掲げられるのを非常に嫌う。そこで，会計検査院に対して，不当事項として指摘されないように，さまざまなかたちで働きかける。その結果，結局は不問に付されて，検査報告に掲記されないものも出てくる。これを会計検査院の内部の隠語で「ポケットに入れる」という。また，政治的にデリケートな施策については，会計検査院は「ポケットに入れる」以前に，検査の対象外にすることもあるという。ここでの問題は，第1は会計検査院が組織間関係のなかで検査をしているために，検査対象機関にある程度の遠慮があること，第2に政治的中立とはいっても，実態は政権与党に対する遠慮があって，「政策形成としての政治的決定としての中立」とはなっていないことを示唆している。

▷3 万城目学の『プリンセス・トヨトミ』は会計検査院の地位や機能を，誇張してはいるが興味深く描いた小説である。2011年に『プリンセス トヨトミ』として映画化されたが，こちらは万城目ワールドにさらに磨きがかかり，非常に誇張して描かれている。しかし，いずれも地味な仕事をしている会計検査院に興味を持たせてくれる好作品である。

▷4 田辺國昭は，会計検査は組織間関係としてとらえられるべきであると指摘している（田辺，1993年）。

▷5 新藤，1993年，13-14頁。

(参考文献)
田辺國昭「組織間関係としての会計検査」『会計検査研究』8号，1993年。新藤宗幸「業績評価と政治的中立性：新しい政治の条件下の会計検査」『会計検査研究』8号，1993年。西川伸一『この国の政治を変える会計検査院の潜在力』五月書房，2003年。万城目学『プリンセス・トヨトミ』文藝春秋，2009年。

V 財政制度と予算・決算

5 日本財政の争点

現在，日本財政は膨大な財政赤字を抱えている。2015年度について見れば，国債依存度（国債発行額が歳入に占める割合）は約38％，国債残高（今後返済しなければならない国債の総発行額）は約807兆円にも達する。

1 バブル経済と財政

戦後の日本で初めて国債が発行されたのは1965年度補正予算からである。それ以降，継続的に発行されている。1980年代の前半に行政改革の努力もあり，国債依存率は低下し，中頃以降は，いわゆるバブル経済によって税収が伸び，建設国債は発行されたものの，赤字国債は発行せずに済んだ時期もある。

しかし，1990年以降のバブルの崩壊後，景気は低迷して，一方において税収の減少，他方において景気刺激のための支出が拡大したために，**財政赤字**は急増した。その結果が，上であげた数字である。

▷財政赤字
⇨ 1-Ⅱ-3「政府・行政の規模」

2 財政再建か景気刺激か

バブル崩壊後，景気刺激を重視するのか，それとも財政再建を優先するのかが，財政をめぐる最大の争点になっている。そして，実際に取られた政策もこのあいだを振り子のように揺れ動いてきた。簡単に振り返っておこう。

政府・日本銀行は1989年ごろから，公定歩合の引き上げや土地融資の規制によって「バブル退治」を開始した。その効果が90年に入って現れ始め，まず株価が，続いて地価が下落した。そして，1991年中頃，政府は景気刺激策をとるようになる。引き締め効果が強すぎたことに気づいたためである。財政政策としては，総合経済対策等を7回も打ち，およそ30兆円を追加的に支出した。赤字国債も94年度予算から再び発行されるようになる。景気刺激を優先の方針は1996年までとられた。この間，財政赤字は拡大した。この間，政権は自民党宮沢政権，非自民連立細川政権および羽田政権，そして自民党・社会党・さきがけの村山政権であった。

3 財政構造改革法

その後を受けた橋本政権は，財政再建を優先する方針に転じる。1996年12月には閣議で財政健全化目標を掲げ，97年11月には財政構造改革法を成立させた。[1] その内容は，第1に2003年度までに国と地方を合わせての財政赤字の対GDP

▷1 同法の内容は，小此木潔『財政構造改革』（岩波書店，1998年）を参照。

比を3％以内に抑えること，公共事業や社会保障など政策分野ごとに予算縮減目標を定めたことである．また，財政再建策の一環として，97年4月には消費税率を3％から5％に引き上げた．

ところが，この政策転換はようやく立ち直りかけていた日本経済に痛烈なダメージを与えた．98年の参議院選挙で自民党が敗北，橋本は政権を降りた．選挙での敗北は，財政再建重視策を国民が拒否したものと受けとめられた．

それに続いた小渕政権そして森政権はふたたび景気刺激を優先する方向に転じる．98年には，財政構造改革法を停止させる法律を成立させたのである．

そして，2001年6月に政権についた小泉首相は「構造改革」を旗頭に，再度，財政再建を重視する立場に立っている．

財政政策の基調は，このように景気刺激か財政再建かをめぐって激しく揺れ動いてきた．そして，景気刺激が重視されているときには，財政再建を重視すべきという声が，財政再建が重視されているときには，景気刺激を重視すべきという声が，起こってきた．経済学者の意見もまた割れている．最後に，財政再建派と景気刺激派の主張を簡単に見ておこう．

4　財政再建派

財政再建派は財政赤字のマイナス効果を重視する．それにはいくつかあるが，近年とくに問題にされているのは，世代間の不平等の問題である．景気刺激を国債発行によっておこなえば，将来の世代が，その分の元金と利子を支払うという負担を背負わなければならない．現在世代が便益をすべて消費してしまい，将来世代は便益を受けとることができなければ，現在世代は便益だけを，将来世代は負担だけを背負うという不平等が生じるというわけである．

また，財政再建派は景気刺激策には，少なくとも現在の日本では，効果がないと主張する．91年から96年まで景気刺激策をとり続けたが，日本経済が結局は立ち直らなかったというのが根拠とされている．

5　景気刺激派

このような指摘に対して，景気刺激派はたとえば，現在世代は自分の子どものために貯金をして，子どもはそれを相続し，そのなかから負担分を支払うから，不平等は生じないと主張している．

景気刺激策の効果についても，景気刺激派は94年ごろから景気刺激策の効果が現れ始めていたが，96年に引き締めに転じたために，中途半端に終わったのだと主張している．

両派の論争は「埋蔵金論争」というかたちで現れた．

▷2　この当時，小渕首相が野菜市場でカブを両手に持って，「カブよ，上がれ」と叫びながら両手を挙げたものである．

▷3　最近では，景気刺激派は「上げ潮路線派」と呼ばれることが多い．

▷4　この論争は，財政学者のあいだでもまだ決着をみていない．

▷5　自民党内のいわゆる「上げ潮路線派」，すなわち消費税率の引き上げを否定して，経済成長によって財政再建をおこなうとするグループが，特別会計には40～50兆円の過剰な余剰金が積み立てられており，これを一般会計に付け替えれば，財政再建は増税なしでもおこなえると論じている．これを財政再建派は徳川埋蔵金伝説のようなありもしない話であると批判したために，両者の間での論争は埋蔵金論争と呼ばれている．結局，財務省も，特別会計の積立金を取り崩し，2008年度予算で約10兆円を国債償還にあて，次年度以降も年間1兆～数兆円程度の積立金を国債償還にあてると発表した．財務省も，その規模はともかく埋蔵金の存在を認める結果になった．

(参考文献)

高橋洋一『さらば財務省！：官僚すべてを敵にした男の告白』講談社，2008年．

練習問題

I　組織理論と管理の技術
1．組織のフォーマル，インフォーマルな側面とは何か。
2．この二つの側面は，組織論の歴史のなかで，どう扱われてきたか。

II　中央政府の組織編成
1．政府（中央行政機構）のなかには，効率性，専門性，総合調整などを追求するために，どんな機関が置かれているか。
2．公企業の民営化のメリット，デメリットについて，具体例をあげて考えてみよう。

III　行政組織における調整と統合
1．計画やコミュニケーションの進め方について，身近な例などで考えてみよう。
2．リーダーシップの望ましいあり方について，身近な例などで考えてみよう。

IV　公務員制度と人事
1．国家公務員の採用と昇進について，伝統的にどんな価値や基準を重視してきたか。また，今後はどうするべきか。
2．現代日本の公務員には，どのような能力や意識が必要か。
3．公務員削減論（人数・給与など）が一部から叫ばれるが，削減のメリット，デメリットについて考えてみよう。

V　財政制度と予算・決算
1．現在の予算編成の方式は，歳出を抑えるためにどんな制度・技術を用意しているか。
2．世界最大規模の日本の財政赤字（単年度および累積）には，どんなリスクがあるか。

第3部 行政の外部過程

　外部過程とは，行政とその外側にある政治機構や社会との相互関係を意味します。行政は，外部に対して政策（や場合によってはマイナスの作用）を出力するとともに，外部から多様なコントロールを受けるわけです。

　まず，理論的には，行政が政治や社会に対してどんな責任を負うべきかという規範論が重要ですが，同じくらい重要なのは，実際に，行政の官僚制はどんな機能を果たしなぜ権力を持つのかという現実分析の理論です。それに続いては，各論として，議会（国会），利益団体，市民という現代政治の重要な参加者（アクター）を順にとりあげ，行政官僚制との複雑な関係を，具体的に検討していきます。

首相官邸（左上），国会（右上），市民の集会（中央・下）

出所：読売新聞社。

出所：読売新聞社。

I 行政責任の理論

 行政責任の概念

行政責任論とは，行政が「誰に対して」「どのような」責任を負うか，という理論である。そこには，誰にどのような責任を負うべきか，という規範論と，そうした責任を確保する（果たさせる）ためにどのような統制手段がどの程度機能しているか，という現状分析が含まれる。前者はやや抽象的になるが，行政活動や公務員のあるべき姿を考えるための視点を提供するだろう。

ここではまず「どのような」責任かを中心に，考えてみよう。行政が「誰に対して」責任を負うかについては，第2，3節で検討する。

1 受動的責任

行政が，自分が奉仕すべき「主人」の指示を受けて行動する責任を指す。「主人」とは，かつては国王，民主主義の時代には議会や市民（国民）である。責任は，主人と奉仕者の（または本人と代理人の）関係として説明される。

この責任のしくみは，四つの段階または要素から成り立つと言われる。各段階について，それが機能するための必要条件を考えることが有益だろう。

① 代理人は，本人から委任・命令された任務を遂行しなければならない。必要条件は，委任・命令の内容の明確さ，実行のための人員，財源，情報，技術，モチベーションなどだろう。

② 同時に，代理人は，法令・予算等の制度や規律に従って，任務を遂行しなければならない。

③ 実行の結果を，代理人が本人に説明，報告する。必要条件は，代理人による仕事の記録と説明，本人による**モニタリング**のしくみなど。

④ 結果が不十分である場合，本人は代理人に制裁をおこない，代理人はこれを受忍する。制裁のための適切な手段や手続きが存在することが必要だ。

つまり，代理人（行政や公務員）の側から見ると，果たすべき責任は，①任務の実行，②制度や規律の遵守，③説明，④制裁の受忍，ということになる。

日本の行政は（企業もそうだが），任務が明確な場合には「まじめ」に遂行するようだ。イベントは開幕までに準備が整うし（整わない国もある），ゴミやリサイクル資源はきちんと回収される。鉄道は国鉄のころでも JR でも時刻表どおり運行され，1997年に成立した複雑な介護保険法は，担当する公務員や民間関係者の努力もあって，予定どおり2000年から実施されている。

しかし，行政の責任が問われるような事件や事故も起こる。**薬害エイズ事件**

▷**モニタリング（monitoring）**
日常的・継続的に監視，観察，点検すること。大気や水質の汚染，健康状態などに対してもおこなわれる。

▷**薬害エイズ事件**
1980年代に，エイズウィルス（HIV）が混入した非加熱血液製剤を投与された血友病患者などが感染し，600人以上が死亡した事件。製薬会社とともに，この薬品の使用中止命令を出さなかった国の責任が問われた。当時の厚生省が庁舎の前庭に建立した「誓いの碑」には，次のように記されている。

「命の尊さを心に刻みサリドマイド，スモン，HIV感染のような医薬品による悲惨な被害を再び発生させることのないよう医薬品の安全性・有効性の確保に最善の努力を重ねていくことをここに銘記する

千数百名もの感染者を出した『薬害エイズ』事件このような事件の発生を反省しこの碑を建立した　平成11年8月　厚生省」（厚生労働省ウェブサイト）

をはじめ，1980年代末のバブル経済への対策の遅れ，市・警察・警備会社が以前の大混雑の発生にもかかわらず予防体制を取らず花火大会で起こった「明石歩道橋圧死事故」，社会保険庁が保有する年金記録の一部が誰のものか特定できなくなった問題など，さまざまなニュースが思い浮かぶ。

さて，以上の受動的責任を果たすことは行政責任の基本だが，これだけで十分だろうか。つまり，「本人」に言われたことだけやればよいのか。

たとえば，ある自治体が地震対策を策定するとき，議会も市民も「ここは昔から大地震がない地域だ」と思い込み，行政もそれに従い震度5を想定して対策を立てたが，現実に震度7の直下型地震が起こり，多くの死者を出したとする。この場合，行政の責任は，受動的責任概念に従えば発生しないが（議会から指示されていないので），それでよいのだろうか。行政は，もっと積極的に，みずから課題を検討し対応する責任を負うべきだ，という考え方も成り立つ。

2 能動的責任

そこで次に登場するのが，能動的責任である。

これは，行政が裁量の範囲で議会や市民の期待に応えていく責任である。議会や市民から明示的な指示を受けなくとも，行政は一定の範囲で，能動的・積極的に責任を果たしてもよい（果たすべきである）という考え方だ。

政策執行の過程で，行政担当者が工夫し努力して成果を上げる場合がこれにあたる。さらに，政策立案の段階でも，行政が積極的に課題を発見し政策を提案することが望ましいことがある。もちろんそれは，法律（条例）に適合するか，あるいは議会や市民に説明し法律等の制定・改正を求めなければならない。

たとえば，京都市は1972年に市街地景観条例を制定し，ビルの高さ規制や町並み保存に努めてきた。世論や市会が都市景観への関心を高めたのは80年代後半で，行政がそれまで座視していたなら古都の変貌はもっと進んでいただろう。地球温暖化防止も，1980年代ごろから世界の環境政策担当機関と研究者が，研究を積み重ねて将来予想される危機を訴え，国際的な取り組みに高めていき，1997年の京都議定書による温暖化ガス削減目標の設定に結実させた（もっとも，政策執行の責任と課題が残されている）。

3 自律的責任

以上の2種類の責任は，は本人（議会等）の命令・意向に従うという意味で，「他律的責任」と言えるが，行政職員が自己の内面の価値観や良心にもとづいて行動する「自律的責任」はどうか。極端な例としては，軍人が「国家のために」クーデターを起こしたり，独断専行で戦争を始めるような場合である。1930年代の満州事変，日中戦争がその例だ。今日ではこれは，違法でかつ社会的な合意を得られず，失敗する可能性が大きいだろう。

▷1 2011年の東日本大震災による福島原発の大事故は，まず地震や津波で電源が失われ炉心溶融が起こり，次に水素爆発で原子炉建屋が吹き飛んだ（前者はおもに過去の自民党政権の責任。後者について当時の民主党首相の現地訪問が批判されたが，電力会社や官僚に任せておけば爆発を防げただろうか）。「想定外」の津波による大事故のリスクを，世論や議会が問題にしなかったとしても，行政や電力会社は，独自に能動的責任を果たすことはできた。今後，原発の再稼動を進める場合でも，大事故は起こりえないと過信せず，対処方法を研究し予行演習しておくべきだ。

▷2 村上弘・田尾雅夫・佐藤満編『京都市政 公共経営と政策研究』法律文化社，2007年，1，6章。

▷3 職員が複数の異なる指示を受けて迷うとき，価値観・良心を働かせることは重要かもしれないが，価値観や良心だけで意思決定はできないだろう。

参考文献

西尾勝『行政学』（新版）有斐閣，2001年，20章。村松岐夫『行政学教科書』（第2版）有斐閣，2001年，11章。日本行政学会編『年報行政研究48：東日本大震災における行政の役割』ぎょうせい，2013年。共同通信社原発事故取材班『全電源喪失の記憶――証言・福島第1原発』祥伝社，2015年。

第3部　行政の外部過程

I　行政責任の理論

 フリードリッヒ・ファイナー論争と説明責任

1　フリードリッヒ・ファイナー論争

　行政学において有名なこの論争は，1930年代から40年代にかけて，行政責任の本質をめぐっておこなわれた。

　フリードリッヒは，行政の責任は，民衆の感情に応答すること（政治的責任），および専門的・科学的知識にもとづいて仕事をおこなうこと（機能的責任）にあると主張した。このような責任は「responsibility（応答性）」と呼ばれる。

　これに対して，**ファイナー**が強調したのは，「accountability（答責性）」という責任の重要性だった。これは，議会や内閣が行政を統制すること，つまり行政がこれらの機関に対して説明し必要であれば是正を受けることを指す。行政責任は外部から統制される必要があるという主張であり，行政の内面的な責任感や民衆の感情という基準は，あいまいで，独裁者でもそれを主張できるとして退けられる。彼は，具体例をあげて，イギリスの議会は政府と行政を十分統制している，とも述べている。

　伝統的な**立法国家**論に立つファイナーのような見解に対して，フリードリッヒは行政の裁量を容認する，新たな行政責任の概念を示したわけだ。受動的責任と能動的責任のいずれを重視するかという議論でもある。もっとも，論争は，どちらが正しいかではなく，むしろ現代の行政責任には両方の要素が必要だとまとめていいかもしれない。

　この論争の背景には，積極国家と民主主義の関係という問題がある。政府活動が拡大し複雑化していく現実を止められないとすれば，議会が行政を細部まで統制するという民主主義の理念を維持するか，あるいは，行政が積極的に成果をあげて責任を果たすための新たな理念を探るか，という問題である。フリードリッヒは，議会による統制の限界，つまり**行政国家**という認識をもとに後者の立場を打ち出し，注目されたのだった。

2　説明責任への注目

　ところが，日本では1990年代，ファイナーが唱えた「アカウンタビリティー」が，行政の従うべき理念として再び注目されるようになった。カタカナで用いられることもあったがわかりにくく，日本語訳の「説明責任」が定着している。

▷フリードリッヒ
(Friedrich, Carl J. : 1901-84)
アメリカの政治学者。

▷ファイナー（Finer, Herman : 1898-1969)
イギリスの政治学者。

▷1　Finer, H., 'Administrative Responsibility in Democratic Government,' *Public Administration Review*, 1, 1941, p. 345.

▷立法国家
⇨ 1-I-6 「福祉国家と行政国家」

▷行政国家
⇨ 1-I-6 「福祉国家と行政国家」

▷2　もちろんこの認識は実証的に検討されるべきで，日本では近年，政党や政治の優位，市民参加の活発化が観察されている。⇨ 3-III 「議会と行政」，3-V 「市民と行政」

▷3　英語のaccountには「説明する」という意味もある。

102

説明責任とは，政府（国，自治体）がその活動等について市民や議会に説明する責任である。たとえば，情報公開法（1999年）1条に，この理念とそれが必要な理由がよく表現されている。

　「この法律は，国民主権の理念にのっとり，行政文書の開示を請求する権利につき定めること等により，行政機関の保有する情報の一層の公開を図り，もって政府の有するその諸活動を国民に説明する責務が全うされるようにするとともに，国民の的確な理解と批判の下にある公正で民主的な行政の推進に資することを目的とする」。

政策評価法（2001年）1条も同様の理念を掲げ，さらにより早くに行政手続法（1993年）1条が，「透明性」という表現で，許認可等の行政運営における基準の明示等を定めていた。

説明責任が浮上した背景には，行政によるミスや事件が報道され不信感を生んだこと，財政難のなかで市民が政府支出の監視に関心をもったこと，行政という専門家集団の持っていた権威が絶対的でなくなったこと，社会の情報化が進展したことなど，さまざまな原因があるのだろう。

ところで，この説明責任は，前に述べた三つの責任類型（受動的，能動的，自律的）とどのような関係にあるだろうか。これらの3類型は，行政が活動し意思決定するときに，何を，または誰の意思を基準にするかという問題だった。これに対して，説明責任とは，活動や意思決定の前後にそれを秘密にせず情報提供をする責任であり，受動的・能動的・自律的責任とは別次元の問題だと考えられる。三つの責任類型のどれにおいても，対外的な説明は欠かせないわけである。

▷4　このような変化は，社会全般にわたり生じた。医師は治療内容を説明して合意を得る「インフォームド・コンセント」を求められるようになり，薬には副作用情報を含む説明書が付くようになった。その前の時代には，医師の治療や薬の処方には，患者は従うのが当然とされていた。良い意味で権威があり，悪い意味では権威主義的だったわけだ。また，日本では伝統的に「不言実行」が美徳とされていたが，今日では職場でも学校でも「プレゼンテーション」の能力が重視されている。学問の世界でも，かつてのように難解さを尊ぶことが少なくなった。

参考文献

日本行政学会編『年報行政研究33：行政と責任』ぎょうせい，1998年。西尾勝『行政学』（新版）有斐閣，2001年，3章。村松岐夫『行政学教科書』（第2版）有斐閣，2001年，11章。

Column

京都駅ビルはなぜ高さ60ｍになったのか

　1997年に完成したJR京都駅ビルは，高さ約60ｍ。大都市の玄関口らしく立派で，多機能で，かつ歴史都市の景観をかろうじて壊さない。デザインは外部のファサードも内部空間も，現代建築としては上品で凝っていて，おもしろいと言う人も多い。

　この駅ビルをめぐっては当時激しい「高さ論争」が起こった。地元経済界は都市の活性化と土地利用の規制緩和を主張して，京都タワー（131ｍ）並みの超高層を求め，住民運動や市会野党は古都の景観を守るためにできるだけ低いビルを主張した。そのなかで，決定は設計コンペにより，建築専門家を中心とした委員会に委ねられた。内外の有名建築家7人から提出された設計案を審査し，委員会の決選投票は7対4で，超高層ではないほうの設計案を選んだのだった（村上弘『日本の地方自治と都市政策』法律文化社，2003年，6章）。

　これは，政策立案における複数の代替案の重要性を物語る。また，政治と専門家の関係という問題として整理できる。上の事例は，①政治的意思が多元的または分裂している場合であり，そのなかで情報を提供し検討する専門家の役割がかえって高まったわけだ（小樽運河の部分保存・再整備の政策などもこれに属する）。それでは，②強い政治リーダーが適切な決定をしようとしている場合，③強い政治リーダーが誤った（例：非合理的なあるいは憲法違反の）決定をしようとしている場合，あるいは④政治が弱体か無関心な場合には，公務員や民間の専門家はどのような役割を果たせるだろうか（果たすべきか）。考えてみていただきたい。

（村上　弘）

Ⅰ 行政責任の理論

 行政統制の類型化

▷ギルバート（Gilbert）
アメリカの政治学者。
▷議会
⇨ 3-Ⅲ「議会と行政」
▷首相・内閣・大臣
⇨ 2-Ⅱ-1「内閣と政治的任命職」
▷裁判所
⇨ 3-Ⅴ-8「司法による行政救済」
▷会計検査院
⇨ 3-Ⅴ-4「広報・広聴の広がり」
会計検査院は，内閣に対する独立性（会計検査院法1条）を重視すれば外在的統制に，現実の独立性が弱いと評価すれば内在的統制に分類できる。
▷オンブズマン
⇨ 3-Ⅴ-9「オンブズマンの機能と制度」
▷住民投票
⇨ 3-Ⅴ-10「直接請求と住民投票」
▷情報公開
⇨ 3-Ⅴ-5「情報公開と市民と行政」
▷利益団体
⇨ 3-Ⅳ「利益団体と行政」
▷市民参加
⇨ 3-Ⅴ「市民と行政」
▷1 なお，収益の均衡の義務づけが小さい公共施設等でも，費用便益分析において，利用状況の予測や実績は重要な項目になる（空港，都市再開発など）。
▷2 日本では事件が世間に知られると，組織は責任者を処分し，（一応）再発防

① 行政統制の類型化

行政責任の確保，つまり行政の統制のためには各種の方法があるが，これをわかりやすく整理したのが，**ギルバート**による分類である。

ギルバートによれば，行政統制は内在的なものと外在的なもの，制度的なものと非制度的なものとに分類される（**表3-1**）。それぞれの2類型を縦横に組み合わせると，四つのカテゴリーができる。

各類型は，それぞれ異なる長所と短所があるので，併用されている。すなわち，行政の外部からの統制は，民主主義の原理からも，行政の自己規律の限界という理由からも不可欠だが，他方で，行政内部の自己統制手段も，迅速で効率的であり，かつ行政の責任感を高める意味がある。また，制度的な統制は法的効果などの確実性・安定性がすぐれているが，制度の不備を補うために非制度的な方法が使われ，それが意外に効果をあげることもある。

② 行政統制のための諸方法

表3-1にある行政統制方法の多くは，本書の該当箇所で論じられるので，参照節等を側注で示しておこう。それ以外の方法について，ここで少し説明する。

①外在的・制度的統制

行政を外部からコントロールする制度として，**議会**，**首相・内閣・大臣**，**裁判所**，**会計検査院**，**オンブズマン**，**住民投票**などがある。**情報公開**は直接の行政統制ではないが，行政の活動・政策に関する情報を市民等が入手し公表すること，およびその可能性は，行政に一定の対応を促すだろう。

②外在的・非制度的統制

政党，議員，**利益団体**，**市民参加**などが，政治過程において行政に作用する。

マスメディアも，行政の活動や問題点に関する報道を通じて，世論や議会を動かし，行政に作用することがある。複雑な行政の問題や政策を，市民にわかりやすく適切に解説することが，その責務になる。

市場メカニズムは，行政サービスの利用を市民や企業が選択し料金を支払う（つまり行政は収入を得る）場合，行政に影響を与える。独立行政法人である大学や博物館，自治体の公営交通事業などでは，サービスが「売れる」よう努力することになる。市民は行政サービスを利用する・しないの選択をする方法に

よって，議会や行政に請願する方法とは別のコントロールを行政に及ぼすことができる。

「足による投票」とは，人々や企業が，地域の住みやすさ，行政サービス，立地条件等を比較判断して移住・移動する行動の集積を指す。自治体（や国）にとって人口の増減，観光客の増減，企業の立地などは，政府の資源の量を決めるという意味でも，その政府への評価を示すという意味でも重要である。人口や企業が流出すると，自治体（や国）は政策的対応を迫られるだろう。

③内在的・制度的統制

組織の指揮命令系統のなかで，行政職員は監督・指示を受け，従わない場合には処分されることもある。これは，行政組織の自己統制である。

行政の内部に行政機関を統制するための特別な組織や制度を置くことも，役立つ。企画，財務，人事，法務等の**スタッフ**官庁や，**行政相談・行政不服審査**，**政策評価**，**環境アセスメント**などの制度がこれにあたる。

④内在的・非制度的統制

専門的標準（professional standards）とは，専門家として当然に重視すべき基準で，行政と民間の専門家集団に共通して存在する。たとえば，法学部等で身につける法律や行政の知識は，公務員と民間の関係者にとっての共通言語であり，意思疎通や正確な仕事に役立つ。

次に，**公務員の倫理**は大切だが，現場経験は市民への責任感につながるのだろうか。一方で，公務員は市民との応対や政策作りの経験を通じて，やりがいや責任感を育てる。しかし逆の可能性，つまり市民に対して横柄，不親切になるメカニズムも，**ストリート・レベルの官僚制**の理論によって指摘されている。

公務員の労働組合は，労働条件改善の取り組みに加えて，自分たちが担当する政策を改善するための取り組みや研究も進めてきた。たとえば，教員組合が，通学路の安全を点検したり，いじめ問題について経験交流会を持つ（それとの関連で教員数の増加を求める）などである。

Ⅰ-3 行政統制の類型化

止のしくみを作る。ただし，同調性の高い文化ゆえに組織の内部で事件を隠す（もみ消す）ことも多く，外部からの調査や，「内部告発」を容易にするしくみが必要だ。

▷スタッフ
⇨ 2-Ⅲ-2「ラインとスタッフ」

▷行政相談・行政不服審査
⇨ 3-Ⅴ-6「不服申立て等による行政救済」

▷政策評価
⇨ 5-Ⅱ-4「政策評価」，6-Ⅱ-3「規制と規制緩和」

▷環境アセスメント
⇨ 6-Ⅱ-3「規制と規制緩和」

▷3 福祉分野ならば，社会福祉の理念から介護認定，介護施設，ケア等の基準まで，都市政策分野ならば，「中心市街地活性化」等の理念から建築基準，景観形成技術まで，数多くある。

▷公務員の倫理
⇨ 2-Ⅳ-4「公務員の義務とモラル」

▷ストリート・レベルの官僚制
⇨ 3-Ⅱ-4「ストリート・レベルの官僚制」

参考文献

西尾勝『行政学』（新版）有斐閣，2001年，20章。真渕勝『行政学』有斐閣，2009年，13-14章。

表3-1 行政統制の分類

	制度的	非制度的
外在的	議会 首相・内閣・大臣，自治体の長 裁判所 会計検査院 △情報公開 △オンブズマン △住民投票	政党，議員 利益団体 市民参加 マスメディア △市場メカニズム 「足による投票」
内在的	組織内部の指揮命令系統 スタッフ官庁による統制 行政相談，行政不服審査 △政策評価＋ △環境アセスメント＋	専門的標準＋ 現場経験，市民への責任感 公務員倫理 公務員労働組合

(注) 四つのカテゴリーにどんな項目を配置するかは，時代や視点によって変動しうる。△は，日本で1980～90年代以降に広がった新しい統制手法を示す。＋の項目は，手続や参加者を工夫すれば，外在的統制として機能することもある。

出所：Gilbert, C. E., "The Framework of Administrative Responsibility," *Journal of Politics*, 21, 1959, p. 382を参考に筆者が追加して作成。なお，ギルバートの用語は internal-external および formal-informal で，後者は「公式・非公式」と訳せるが，ここでは定訳に従った。

I　行政責任の理論

執行過程における行政裁量と統制

1　行政裁量の必要と問題点

　ここまで一般論として述べた行政責任と行政への統制を，次に行政の執行過程について考えてみよう（立法過程での政治・行政関係は，第3部Ⅲ「議会と行政」を参照）。立法機関が制定した法律（や条例）は，行政機関によって執行される。そこで問題になるのは，第1に，行政がうまく政策を実現し目的を達成できるかという「執行能力」だ。

　第2に，行政への統制，つまり行政の活動を議会や市民がどうコントロールするかという問題があり，本節はこちらを扱う。政策を執行するときには，複雑で多様な状況に対応する必要があるから，行政機関は法律の範囲内で一定の決定権（裁量）を持つ。しかし裁量は，公務員・官僚の権力，恣意，不公平につながるおそれもあり，それをどのように，どの程度統制するかが課題になる。

2　法律の細部決定

　行政は，法律にもとづき細部の事項等について，一般的な規定を決める。行政機関が制定する法規範を総称して「命令」と呼び，これを国民の権利義務にかかわる「法規命令」と，行政組織の内部関係等に関する「行政規則（行政命令）」とに区分する。

　法規命令には，内閣が制定する政令，各省（の大臣）が制定する省令，内閣府令，人事院規則などがある。行政規則には，訓令，通達，公共施設の利用規則，補助金の交付要綱などがある。その法的効果は行政組織内部にのみ及ぶが，間接的には政策の執行方法を変え，国民や社会にも影響しうる。

　行政はどこまでを命令で決定できるか，という限界設定の問題がある。法律学の議論によれば，①法律を執行するための「執行命令」と，②法律の委任にもとづいて制定される「委任命令」とが区別される。①は，執行のために必要な細かな事項を定めるもので，問題性は比較的小さい。しかし②は，もし法律による委任が広範であれば，行政の権限が強大になるおそれがある。重要な事項は，行政任せではなくやはり国会が法律によって定めるべきだ。

3　許認可，予算・補助金の配分，業者の選定

　規制的手法の典型である許認可は1万件くらいあり，許可・不許可等の決定

▷1　⇨ 5-Ⅱ-3「実施過程」

▷2　有名な政令として，大阪，横浜，京都などの大都市自治体の権限を拡大する「政令指定都市」の制度がある（地方自治法252条の19）。つまり，具体的な都市名の指定や追加は，地方自治法の改正ではなく，政令による。近年，単に「指定都市」と呼ばれるのは，中核市や特例市も政令で指定するようになったためだろうか。各法律に付随する政省令は，インターネットの「法令データ提供システム」で検索できる。

▷3　一例として，文部科学省が定めた膨大な通達が，日本の各種教育の内容を広く規定していることは，文部科学省ウェブサイトで「政策・審議会＞告示・通達」をみると実感できる。

▷4　憲法73条（内閣の職務）の6号「この憲法及び法律の規定を実施するために，政令を制定すること。但し，政令には，特にその法律の委任がある場合を除いては，罰則を設けることができない」は，執行命令だけでなく委任命令も認め

を下す官庁や公務員は，一定の裁量権を持つことが多い。この裁量は権力源となりうるが，日本ではこれを濫用する汚職等は少ないようだ。行政手続法（1993年）では，許認可の透明性・客観性を高めるために，審査基準の公開（5条），不許可のときに申請者にその理由を示すこと（8条）などを定めた。

予算・補助金の配分，契約を結ぶ業者の選定等の個別の意思決定は，政策執行上，必要になるが，ふつう客観的な基準が設けにくく，行政の裁量が残る。その有利な取り扱いを求めて，国会議員や自治体関係者が働きかけてきた。1990年代には，自治体の職員が国の官僚への高額の接待（「官官接待」）を競い合い問題になった。業者から公務員への接待・贈収賄事件は，しばしば発覚する。対策として，基準と決定結果の公開，会議での決定，補助金の統合，物品購入や業者選定に関する入札制度の改革などがある。

4 行政指導

行政が目的を実現するため，特定の者に指導，勧告，助言などにより協力を求めることを言う。

行政が企業や市民に任意の協力を呼びかけることは，とくに問題がない。しかし，行政指導が従来注目されてきたのは，不服従に対して制裁をちらつかせる等で事実上の強制力を持つためだった。しかも公式には協力要請なので法律・条令の根拠もなく，基準，手続き，救済が不透明だと批判された。

行政指導には，法律・条例の制定を要さず課題に迅速に対応できること，企業や市民の自主的な協力を大切にすることなどの長所もある。こうした長所は貴重だが，前記の批判に応えて，行政手続法は，指導に従わない相手への不利益取り扱いをしてはならないこと，複数の者に対する指導では方針を公表しなければならないこと等を定めた（32～36条）。

またこれとは別に，行政指導が「権威」を失い実効性が弱いという逆の現象が起こり，重要な勧告・指示は法律や条例で定める必要が高まっている。

5 行政裁量に対する政治的関与と統制

裁量をゼロにすることは，執行活動の専門性や複雑さゆえに困難で，かつ行政の柔軟さを損ない萎縮させてしまう。なお，行政の裁量権は，実は与党にとって有利な面もある。与党が非公式に官僚への影響力を行使して裁量を操作し，かつ議会等での公式な議論を避けることができるからだ。国会議員が補助金や公共事業を地元選挙区に誘導する「利益誘導」や，国・地方議員が非公式に業者の選定や採用試験等に関与する「口利き」が，問題にされてきた。

これに対して，近年は許認可や行政指導について決定の基準・理由の透明化が制度化されてきた。また，執行段階での問題を市民やマスコミ，議会がとりあげ，あるいは裁判所へ提訴して，公開の場で議論することも増えている。

ている。ただし，包括的委任・白紙委任は，国会を唯一の立法機関と定める憲法41条違反と解釈される。

▷5 医師，教員，ふぐ調理師，自動車運転などに対する免許や，飲食店，産業廃棄物処理場に対する許可，建築行為の確認（許可）などがある。タクシーの運賃や新規参入に対する許可制については賛否があり，政策も揺れている。⇨ 6-Ⅱ-3「規制と規制緩和」

▷6 行政手続法2条6号の定義では，行政指導が処分（公権力の行使）でないことが明記されている。

▷7 かつて，通商産業省の各種業界に対する生産調整のための行政指導や価格調整は有名だった。1970年代に多くの自治体が導入した宅地開発指導要綱は，開発業者に土地や分担金の寄付を指導し，急速な都市化のなかで公園等の公共空間を確保するのに役立った。ただ，従わない業者に水道給水を拒否する対応は，業者が提訴し違法との判決が出た。

▷8 1996年，農水省が農協を通じ全国の農家に対して，狂牛病の原因である「肉骨粉」使用中止を指導したが，徹底しないという事件があった（『毎日新聞』2001年12月15日付）。こうした規制は法律で定めるほうが確実で，報道もされやすいだろう。

参考文献

新藤宗幸『講義 現代日本の行政』東京大学出版会，2001年，2章。芝池義一『行政法読本』（第3版）有斐閣，2013年，5，6，12講。

II 官僚制の機能と権力

M. ウェーバーの官僚制論

1 合理性

　官僚制，すなわちビュロクラシー（bureaucracy）には，本来二つの含意がある。第1は官僚，役人の組織である。支配の便宜のための官僚制である。この意味で使われることが多いが，第2としては，もっとも合理的なしくみとして普遍的な用語として使われる（非合理との対比についてはすでに述べた）。ビュロクラシーと邦訳を付さない場合はほとんどこの意味である。行政官僚制だけではなく，企業にも官僚制はある。**政党官僚制**も存在すると言ってよい。規模が大きくなると，それを支えるために，このしくみを採用せざるをえなくなる。規模の大きさとともに官僚制は成り立つ。逆に言えば，それによらない大規模組織はないと言ってもよいほどである。

　したがって，それは**アソシエーション**に対置されることがある。仲間による前向きの，いわば積極的な団結，あるいは任意の参加を前提とするそれに比べると，ビュロクラシーはそれに参加する人たちを制約し，もし，それに従わなければ制裁を科すことになる。参加させるかどうかも他律的で，個人の意思や意欲とは関係しない。個人にとって自立的でないほど，逆にその制約の度合いが増すほど，ビュロクラシーになると言ってもよい。

　前者の支配の便宜としての官僚制をも含む合理的システムとしてのビュロクラシーの理解によれば，それを組織が目標を達成するための唯一の完成されたモデルと考えることができる。唯一のモデルと位置づけることには異論があるとしても，有力なモデルの一つであることは間違いない。組合や教育のような組織でさえもその多くが，これを統治システムとして採用しているからである。それが何であるかは，**ウェーバー**の著作（プロシャの官僚と軍隊をモデルとした）によるところが大きい。近代化を支えた理論でもある。

2 官僚制とは

　ウェーバーによれば，組織とは厳格に合理的に設計され，人間はその機能に忠実な，いわば部品とされた。その意味では，人間らしさとはノイズ（雑音）であった。それの管理を担当する人たち（行政組織であれば，首長や政治家）が構想する，あるいは指示するところを粛々と実施するために，効率的な機械にたとえられるようなものである。少なくとも個人的な感情を入れ込むことは余

▷**合理性**
組織が合理的であるということは，とくに経済性や効率性，有効性（生産性）などの経済的合理性という論点で議論されることが多い。それぞれの頭文字を並べて3Eと言うことがある。それ以外に公平や公正などの社会的合理性（equity）を加えて4Eということもある。

▷**政党官僚制**
本来民主主義的であるはずの政党が，ビュロクラシーを採用することで，民主主義的ではなくなるというミヘルスの有名な研究がある。

▷**アソシエーション**
とりあえず結社と訳されるが，官僚制を組織とすれば，それは組織に至る以前の集団である。緩やかな人間同士の結合である。

▷**ウェーバー**（Weber, Max：1864-1920）
ドイツの社会学者。多くの先駆的著作を残した。
⇨ 1-I-2 「絶対王政と官房学」

計とされ，効率を阻害するものとされた。目標を達成するためには，できるだけ少ないコストで，できるだけリスクを少なく，いわば最短の経路でそれに至ることが，好ましく，そして効率的と評価された。

　端的に言えば，典型的な官僚制組織は，以下のような特徴を備えているとされる。

　①命令の連鎖，そして命令と応諾の一元化：指示と応諾の関係が垂直に形成され，ヒエラルキー構造が発達していること。そして，部下はただ1人の上司から命令を受ける，あるいは，ただ1人の上司に報告するという命令の一元化の原則が貫徹されていなければならない。秩序の確立が優先される。

　②分業体制：メンバーは，それぞれ専門的に分けられた仕事を担当することになる。分業体制が採用され，互いにそれぞれ他とは異なる仕事に専念することになる。ただし重複や，逆に誰もが担当しない空白が増えると，それだけでコストが嵩むことになる。

　③公式化：達成すべき目標に向けて，公式に遵守すべき規則や手順手続きを決めて，考えや行動を斉一化しようとする。勝手な個人的な恣意は排除されるべきとされた。しかし反面，誰にでもできるようにするということで，知識や技能の均一化をはかることもできる。

　④業績重視：雇用や昇格昇進は，それぞれがどのような業績を達成したかによって決められる。達成に適切に報いることが，いっそう動機づけ，貢献への意欲を引き出すことになる。属性による差別やえこひいきは排除されなければならない。

　⑤非人格的手続き：個人的な事情や感情ではなく，非人格化された手順手続きにもとづいて上司は部下に対しなければならない。上司は組織によって権限や権能を委譲されているのである。それぞれは，組織に対して忠誠するのであり，個人的な崇拝ではない。

　以上の特徴は，合理的であることと表裏一体と言ってもよいことで，少ない資源でできるだけ多くの成果を得るためには当然のシステムである。人間的要素は排除され，精密な機械の部品として働くことが強いられた。しかし，以上は理念的であることは言うまでもない。ウェーバー自身がそれをモデルとして提起している。上記のような特徴を完璧に備えた組織はありえない。

　しかし，再度強調すれば，官僚制は情実の横行する行政をシステムとして安定させ，しかも，能率的に運用するためには欠かせないものであることは疑いない。ビュロクラシーを官僚制と訳することは，官僚の組織であることを過度に強調することになり誤訳と言えなくもないが，そのしくみを採用したからこそ，行政官僚の主導する近代国家，そして行政国家は成り立ったのである。

　逆を言えば，行政国家を批判することは官僚制を批判することになる。

参考文献

M. ウェーバー／世良晃志郎訳『支配の諸類型』創文社，1970年。M. ウェーバー／阿閉吉男・脇圭平訳『官僚制』恒星社厚生閣，1987年。

Ⅱ 官僚制の機能と権力

 官僚制の限界と病理

1 官僚制の限界

　前節で述べたが，官僚制は効率的なしくみではあるが，多くの内在的な問題を抱えている。明らかにそれ自身が限界を抱えている。合理的であることによって非合理に転じるのである。場合によっては，官僚制の病理とも呼ぶことができる。お役所仕事と揶揄されるのは，その典型である。お上と下々が対比され，市民にとって欠かせない資源を多く保持した官僚は，それだけで市民に対して応諾を強要でき，権力的にふるまう。応諾しなければサービスを停止できる。個人的な感情や恣意が，官僚制であるがためのしくみによって強化されるというパラドックスである。

　また，**繁文縟礼**のように，官僚制を徹底するほどむしろ非効率的になることもある。逸脱を少なくする，そのために規則を重ね，さらに規則を重ねると規則のための規則になり，むしろそれを遵守することが苦痛になり，「赤信号，みんなで渡れば怖くない」という事態を招来する。それでも規則を制定し続けるという愚に陥る。合理的であろうとして，逆に，非効率的なシステムに転嫁することも少なくない。生理と病理は表裏一体の関係にある。

　ウェーバー自身，官僚制を「鉄の檻」と見立て，近代化には不可欠のシステムではあるが，それ自身に内包される不合理をも指摘していた。官僚制というしくみは近代を特徴づけることになったが，その限界を画する部分もあることは否定できない。モダン＝官僚制として，それに対する官僚制批判の論点を集約的にポスト・モダンということもある。官僚制がもっとも合理的であると断じる見方は一方的で，その非合理，そして病理は官僚制そのものに由来するので，それ自身がパラドックスを有していると考えるべきであろう。

2 脱官僚制

　このようなパラドックスに対して，官僚制そのものが試行錯誤的にそのしくみを改めようとする。脱官僚制という用語で議論されてきたが，手段である規則を遵守することに重きが置かれるようになる目標の転移を指摘した**マートン**や，組織そのものが自己保持的に変容していくことを明らかにした**セルズニック**，自生的なしくみが対抗的に生じるという**グールドナー**，合理的なしくみがやがて非合理に転じることを明らかにした**ブラウ**などの論者たちが，その先駆

▷繁文縟礼
典型的な官僚制の病理とされる。官僚制を支えるために多くの規則や法令を定め，それが逆に柔軟さを欠いたしくみに転じるようになることである。

▷マートン (Merton, Robert K.：1910-2003)
アメリカの社会学者。

▷セルズニック (Selznick, Philip：1919-)
アメリカの社会学者。

▷グールドナー (Gouldner, Alvin Ward：1920-80)
アメリカの社会学者。

▷ブラウ (Blau, Peter M.：1918-2002)
アメリカの社会学者。

的な研究者とされている。官僚制というしくみが，さまざまな環境からの影響のもとに，そのしくみを変更するようになる。脱官僚制である。たとえば繁文縟礼に陥らないように，規則を簡略化したり，その適用範囲を狭めたりすることで厳密な官僚制ではないようにするなどである。

　さらにいえば，一つのモデルとして提示されただけで，実際厳密な意味での官僚制を採用することはありえない。環境が安定して，しかも何をすればよいかがあらかじめプログラム化されている状況では，そのしくみの採用はありえても，多くの場合，それをたえず実際的に変更しながら運用しているのが実情である。環境適合の洗礼に曝されるようになる。広い意味での**コンティンジェンシー理論**と言われるのがそれである。環境が変動しているほど官僚制モデルの適用はありえないというのである。ウェーバーが仮想した官僚と軍隊のような静態としての環境は，すでにありえないことで，行政においても，利害関係者の林立は環境を変動させる大きな要因である。とすれば，その理論が古典的とされるのは，現在に至ってはやむをえないことであろう。

　官僚制を改革できない組織は，上意下達に依存して，そのしくみを固定化し，前例にこだわり革新を受け付けず，結果として硬直化に及び，病理に至ることになる。コストを増やしリスクを大きくするなどで，官僚制が否定的に，そして揶揄されるのはこのような場合である。

3 批判とその後

　官僚制という合理的なシステムは，ある意味でのパラドックスを含みながら肯定的に認識されるが，他方でそれは，いわば融通の効かないしくみとして批判されるようになる。しかし，組織における合理性への信奉は，官僚制に対しても向けられる。

　官僚制による組織をモダンの組織とし，それに対比させてポスト・モダンの組織の理論が構想されることがある。**ネットワーク論**などがそれの典型である。上意下達ではなく，情報の自由な流通，それに伴う意思決定への参加などがその中心を占めている。パートナーシップやコラボレーションなどはこの文脈で構想されている。官僚制によって成り立つ巨大な組織「大きな物語」に対して，身近な「小さな物語」を重視しようというのである。効率や生産性は二次的な成果であり，そこでは生きがいや働きがいが問われることが多い。

　また，近年，**NPM（ニュー・パブリック・マネジメント）**の潮流のなかでは，官僚制とはむしろ効率を阻害するものとしてとらえられ，民間委託や民営化の外部化による組織の縮小や，柔軟な人事管理などは，従来からの官僚制の運用とは齟齬を来たすことになる。それらに合わせた柔軟なシステムが望まれる。とは言いながら，ポスト・モダンの組織は官僚制を否定することに性急で，経営管理の視点が脆弱であるとの批判はある。

▷コンティンジェンシー理論
環境適合論と訳されることもあるが，要因間で互いに影響し合いながら当初には想定されなかった結果になるようなこともある。

▷ネットワーク論
⇒ 3-Ⅱ-3「官僚制モデルを超えて」

▷1　思想史的にはマルクス主義のことを「大きな物語」として，それの限界を指摘することで，「小さな物語」を促すことになった。

▷ NPM（ニュー・パブリック・マネジメント）
⇒ 6-Ⅰ-4「NPM」

参考文献
P. M. ブラウ／阿利莫二訳『現代の官僚制』岩波書店，1958年。

Ⅱ 官僚制の機能と権力

3 官僚制モデルを超えて

▷クロジェ(Crozier, M.：1922-)
フランスの経営学者。タバコ工場の分析を通して、官僚制は社会独自の展開を見ることを明らかにした。

▷1 新制度学派は、組織とは単一モデルによってとらえることは不可能であり、さまざまの条件の重なり合いによってさまざまのモデルが成り立つことを明らかにした。

▷経路依存
たとえば、ある施策を実施すると、以後の施策は、それによって制約されることがある。伝統による制約もこれに加えられる。

① 多様な官僚制

クロジェは、インフォーマル集団を重視するのは、アングロサクソン固有の視点であり、フランスのような個人主義的な文化的伝統のもとでは、職場集団の影響は大きくないと主張している。この点については、実証的な分析が必要であるが、集団の働きについては、その文化的社会的な状況要因に配慮しなければならない。いわゆる日本的経営と言われるものには、極度に小集団重視の手法が採用されているが、どのような条件で固有のシステムがあり、それの経営管理がどのように成り立っているかを考えなければならない。官僚制とは一つのモデルに集約できるものではない。

要は、官僚制は合理性を実現するために相応しいシステムとされたが、それはさまざまな要因によって運用には相違する。新制度学派によればそれがどのような歴史的、文化的な背景（**経路依存**）に置かれているかによって相違している。

官僚制の議論は、最適化モデルの仮定が暗黙にある。官僚制を徹底すれば組織はもっとも合理的に稼動するという仮定である。ただし、それ自体はたえず病理に向かうというパラドックスを抱えているが、それを克服すれば合理性を達成できるという信念が付随している。それに対して、合理的であるためには、官僚制でもいくつかの様式があるという議論や、また官僚制を否定するような議論もある。前者は、官僚制の多様な形態を措定する議論であり、後者はポスト・モダンの組織論として知られているものである。

② 環境適合

前者の立場では、組織とは一つのモデルに集約できないという立場に立って、官僚制も多様に広がると考える。なぜ多様なのか。組織の外にはさまざまに交錯した環境があり、それとの適切な関係を維持しないでは、存続自体がありえないとする考えである。一般的に環境適合（条件適合）と言われる諸説の集合である。状況が組織のあり方を変えるという理論群である。

たとえば、その環境が安定して、組織がルーティンな作業を繰り返すだけでも済むようであれば、むしろそれに適合的な、ミスを少なくするだけの厳格なビュロクラシーで済ませることができるが、環境が不安定で予測のできない事態の発生や迅速に対処を迫られるようなことがありそうであれば、プロジェク

ト・チームを発足させたり，部課制を廃止したりで柔軟な運用が必要になる。官僚制の**動態化**と言うこともできる。行政で言えば，市民活動が盛り上がったり，住民や関係団体の意向に応じざるをえなくなるほど，状況適合的に柔らかい官僚制に仕組みを変更することになる。概して言えば，市民社会の成熟とともに，従来の厳格な官僚制は環境からの支持を得ることができなくなる。

環境要因として，技術による影響も看過できない。技術がしくみを変えるということである。ルーティンの作業は堅い官僚制に，高度なノウハウを欠かせない組織は柔らかい官僚制に対応する。サイズ要因も無視できない。小さい人数の組織では，融通無碍に行動できるが，大きくなると規則を厳密にして官僚制化が必然となる。近年の市町村合併などでサイズの大きい自治体が増えつつあるが，大きくなると官僚制はいっそう強化されるのが一般的である。

概して言えば，現代の官僚制は，**環境適合**的に柔軟な運用を迫られる柔らかい官僚制であることが望まれている。

バーンズとストーカーは，**機械的と有機的**の二つの組織を対比することで，環境変動が激しいと有機的な組織によって適応しようとし，安定的な環境であれば，厳格な官僚制によっても対応できるとした。またウッドワードは，その組織が採用する技術によって組織のしくみが相違することを明らかにした。たとえば，大量生産の技術を採用すれば，官僚制的になり，注文を受けての単品生産の技術では，柔らかなしくみを採用せざるをえなくなる。いわば技術が組織構造を決定するという考えを提示した。またローレンス＝ロッシュは，組織が不安定な環境に置かれるほど，それに応じるような分化のシステムを構築するようになり，安定的な環境では官僚制を採用することになるとしている。チャンドラーによれば，組織がどのような戦略で環境の要請に対応するかということが，組織が採用するしくみを決めることになる。周知の，**構造は戦略に従う**という命題である。

これらの知見を行政組織にあてはめると，従来は環境が安定していて，官僚制のシステムを採用することに問題はなかったが，住民運動や市民参加などで環境変動が激しくなると，それにあわせた柔軟なシステムの構築が望まれるようになったということである。

3 行政管理を超えて

なお，**ポスト・モダンの立場に立った組織論**は，たとえばネットワークやマトリックス組織のように，むしろ一方的な指示命令のしくみを重視しない理論である。市民参加や第三セクターなどでサービスの領域が大きく広がると，従来の官僚制モデルによる行政組織では対応できなくなる。上意下達よりも，連携や協働がいっそう重要になり，それにあわせた理論が欠かせなくなる。パートナーシップやコラボレーションなどは，それらに対応した考え方である。

▷動態化
環境変動に対して，それに合う柔軟な組織に変更することを動態化という。さまざまの工夫を総称しているので，理論的に集約されたものではない。

▷環境適合
コンティンジェンシー（contingency）として組織論のテキストではそのまま訳されずに使われることもある。その状況に融通無碍に対応できる組織の能力を意味している。それができない組織は環境からの退場を強いられる。

▷機械的と有機的
部品の一つ一つが間違いないように組み合わされる，という類推で想定された組織が機械的であり，人間のような有機体はその場その場で動きを変えるという類推で有機的という対比が提案された。

▷構造は戦略に従う
経営史学者チャンドラーの仮説で，どのような戦略を採用するかで，組織の構造が決まることを言う。組織（＝構造）が戦略を決定するという従来の常識を覆した。

▷ポスト・モダン組織論
基本的には官僚制によって成り立つ組織を否定する議論の総称であると言ってよい。効率や生産性よりも，そこに参加する人たちの福利や心地よさを重視する。

II 官僚制の機能と権力

4 ストリート・レベルの官僚制

① 現場裁量

政策を立案しても，それを実行する現場の官僚が，意欲的でなければ成果を得ることはできない。第一線で活動している官僚は，実質的な現場裁量によって市民生活に影響を与えている。たとえば，スピード違反をしてしまった市民がいる。それを見つけた警察官は，それをお目こぼしするか，それとも捕まえるかはそのときの現場の判断次第である。警察署の幹部はそれに一切関与できない。そのときのサービス機構の末端にいる警察官の判断がすべてである。官僚制が上意下達の合理的な有機体として機能しないということである。

官僚制では上意下達が当然とされるが，ここでは支配・指示と応諾が逆転している。現場の知識に対して管理者が介入できない。また介入できないように個々の警察官は自分たちの職域を囲い込んでいる。より一般的に言えば，サービスの第一線で活動している人たちの，見えざる権限の大きさ，要は便益と制裁を同時に与えることができる**現場裁量**の重要性を明らかにしている。この議論は福祉事務所のソーシャル・ワーカーや，福祉や医療サービス全般にも適用でき，さらに行政サービス一般に多少とも拡張できることである。

② ストリート・レベルの官僚制

ストリート・レベルの官僚制（あるいは第一線官僚）は，公共サービスを必要とする受給者に送り出す公的な組織の最末端の部分である。たとえば，警察や学校，福祉施設，法律相談所などである。そこでは，公権力や，それに連なる社会的に優勢なパワーが保障され，人々の日常生活に，もっとも身近に影響を及ぼすところでもある。そこでは警官や教師などサービスの送り手は，彼らに依存せざるをえない**クライエント**（違反者や学生生徒，患者や来談者，そして，一般市民など）の日常生活の福利について，決定的とも言えるサービスをつくり出しているのである。

第一線官僚はクライエントよりもはるかに多くの資源を保有している。たとえば，病気になったから病院に行かざるをえない患者に対する医師のように，社会的に優勢な立場に立ち，彼らの幸せのための機会に便宜を供したり，それを制限したり，さらには，奪うことさえもできないことではない。このような組織は，公共のための組織であるために送り手の行動は規制されることも多く

▶**現場裁量**
行政裁量の一部と考えてよいが，現場官僚による，その場での意思決定である。現代の魔法使いにたとえた文献もあるが，警察官であれば，無実の人を罪人として仕立て上げることもできないことではない。

▶**クライエント**
消費者，あるいは顧客と訳されることがあるが，コンシューマーやカスタマーという用語から区別されるべきであるのは，この場合，サービスの受け手としての裁量が乏しいということである。消費者であれば，好ましいモノやサービスを自分の基準で選択することができる。しかし，クライエントはできない。

あるが，クライエントから一方的に依存されることになるので，非常な強権を持つことにもなる。このような組織のなかで，ストリート・レベルの官僚には，暗黙の規則の選択的適用が許されている。いわば隠れた手抜きである。しかし，それを見破って糾弾することは難しい。

③ クライエントに対する支配

このような状況のなかで，ストリート・レベルの官僚には，クライエントへの支配とも言うべき行動が見られる。その多くは公然とではなく隠されている。彼らの職業倫理に反することも少なくない。それは資源を持てる者と持たざる者のあいだに成り立つ支配と応諾の関係である。具体的に言えば，「こちらでは受け付けることができない，あちらの窓口に行け」と言える，都合のよい人だけを受け付けることもできる（スクリーミング），嫌な相手には仏頂面で対応しても咎められることはないなど，不適切とも言える行動は数限りなくある。その逐一に対して，管理者は注意するが，それをまったくなくすことはできないことである。目の届かないところでは面従腹背の機会はいくらでもあるからであり，窓口に来るクライエントはそれに対抗するだけの有効な資源を持っていないからである。

窓口だけではない。クライエントへのサービスの必要とそれに向ける資源についての判断は，その現場官僚がもっとも多く情報を握っているので，それを管理の枠に押し込むのは不可能に近い。現場の即時即応の判断に委ねざるをえない。しかし，資源が乏しかったり節約しようとして，手続きを極端なまでに標準化したり単純なものに作り変えてしまうこと，逆にクライエントを少ないカテゴリーに定型化してしまい，1人1人の都合など聞く耳を持たなくなることなどもある。受け手に金銭的，時間的，情報的，そして心理的な負担を強いて，自動的に選別することもある。順番待ちをしている人のなかには待ちきれない人もいる。順番に耐えられない人はサービスを受け取ることができない。

文句があるならもう来なくてもよいなどと，送り手への依存をむしろ強要するようなこともある。応諾するように働きかけることもある。時間外は受付をしない，その由を玄関に貼り付けるなどである。クライエントは文句を言えない。またその支配は，その送り手の，むしろ意図せざる偏見などによることも少なくない。シカゴの病院で救急患者が運び込まれるとき，白人の患者よりも非白人のそれのほうが一定の差でより時間がかかったということである。医師や看護師は白人が多いからであると推測され，数秒を争う手術であれば，現場裁量の怖さが窺える。逆に言えば，何時果てるともいえない有象無象のクライエントを相手にして，**慢性的な資源の不足**という制約では，ストリート・レベルの官僚は，ストレス過重を経験せざるをえなくなる。その挙句，さらにいっそうのクライエント支配によって切り抜けようとするという悪循環がある。

第3部　行政の外部過程

III　議会と行政

執政制度

　首相や大統領（執政長官）は，議会や有権者から委任されて，政策を実施する官僚を監視するとともに国家政策を決定する機能も担う。本章では，立法を担当する議会と，行政を指揮監督するとともに政策立案・決定をおこなう執政部との関係（執政制度）についての議論を紹介する。さらに，日本における法案の制定過程を追いながら，内閣や首相（執政部）が国会や政党とどのような関係にあるかを理解するための手がかりを提示する。

1　議院内閣制と大統領制

　執政制度は，議院内閣制と大統領制の二つに大別される。議院内閣制とは，行政部門を統括し政治的意思決定を行う執政長官（首相）を，議会が選任する制度を指す。議会は，国民が選出した議員によって構成されるため，国民は間接的に執政長官を選任することとなる。それに対して大統領制とは，一般的には国民の直接選挙によって執政長官（大統領）を選任する制度をいう。議会は大統領の選任には関与しない（図3-1）。

　議院内閣制と大統領制の間には，任期についても大きな違いが存在する。議院内閣制の場合，内閣は議会の信任によって成立し，政権を維持できるが，議会の信任を失った途端に内閣の任期は終わる。他方で，首相は議会の解散権を有するため，首相が解散権を行使した時点で議員の任期は終了する。これに対

▷1　なお，アメリカの大統領は，厳密には国民の直接選挙によって選ばれるわけではない。有権者は，各州ごとに選挙人を選び，その選挙人が大統領を選出する形式となっている。

▷2　なお，執政制度には，議院内閣制と大統領制の他に，半大統領制が存在する。これは，国民が大統領を選出する一方，議会多数派の信任に依存する首相とその内閣も存在し，大統領と首相が執政権限を分有する制度である。フランスがこれにあてはまる。

▷二院制
二院制（両院制ともいう）とは，議会が，互いに自立した二つの会議体によって形成されることをいう。議会として意思決定するさいに両者において意見の一致を見る必要があることから，慎重な審議が促されるとの議論もある一方で，迅速な意思決定が妨げられるとも言われる。二院制の例としては，イギリス，ドイツ，アメリカなどがあげられる。これに対して，一院制とは，議会がただ一つの会議体だけで構成されるものを指し，その会議体での決定が即議

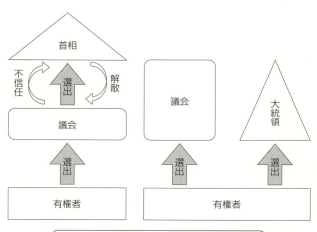

図3-1　議院内閣制（左側）と大統領制（右側）

出所：筆者作成。

して大統領制においては，議会も大統領も固定された任期を有し，たとえ両者が激しく対立したとしても，一般的には互いに解任する術を持たない。

議院内閣制を採用する国として日本をはじめ，イギリス，ドイツ，スウェーデン，カナダ，インドなどを，大統領制を採用する国としてアメリカやブラジル，韓国，インドネシアなどを，それぞれあげることができる。

2 日本国憲法と議院内閣制

日本国憲法65条によって行政権が内閣に属することが，同66条にはその長が内閣総理大臣であることが，それぞれ定められている。同67条1項では，国会（議会）が国会議員のなかから内閣総理大臣（首相）を指名することが規定されている。

日本では二院制が採用されており，国会は衆議院と参議院によって構成されている。日本国憲法67条2項において，衆議院と参議院が異なる人物を首相に指名した場合の手続きが述べられており，両院協議会でも意見が一致しない場合には，衆議院の議決が国会の議決となる。つまり，衆議院において過半数を占める党派が確定した場合，参議院においてその多数派とは異なる党派がたとえ多数を占めていようとも，衆議院の多数派が政権の座に就くこととなる。

3 内閣・大統領と与野党

首相や大統領を支持する政党を与党といい，首相や大統領の方針に反対する政党を野党という。日本では，1993年に始まった政界再編以降，複数の政党が与党となって首相を支える連立政権が常態化している。

先述したように，与党が衆議院の過半数を占めたとしても，かならずしも参議院でも過半数を占めるわけではない。与党が参議院の過半数を占めない状態を，「ねじれ国会」と呼ぶ。3-Ⅲ-4 で説明するように，ねじれ国会においては，内閣提出法案の成立が難しくなり，国会承認が必要な人事案が否決されやすくなる。

大統領制を採用する国でも，議会多数派と大統領の属する党派が異なる場合には，議会多数派の反対によって大統領が成立を望む法案が議会を通過しなかったり，大統領が望まない法案が議会を通過するといった事例が頻繁に見られる。このような場合には，大統領や与党議員が野党の一部議員を説得することで，与党提出法案への賛同者を増やして成立をめざしたり，大統領が拒否権を行使してみずからが良しとしない法案の成立を阻止することになる。

いずれにせよ，執政部と議会との関係を理解するためには，そのときどきの政治的状況，より具体的には執政部と議会多数派の党派が一致するかどうかが決定的に重要であると言えよう。

会としての決定となる。一院制を採用している国には，韓国やイスラエル，ギリシアなどがある。⇒3-Ⅲ-5「日本の国会をどう見るか」④

▷3　1955年の結党以来一貫して与党の座にあり続けた自民党が，1993年の衆議院議員総選挙によって衆議院過半数を失い，日本新党の細川護熙代表を首班とする連立内閣が成立したことをもって，政界再編が始まったとされる。以降，しばらくの間，新進党や民主党など政党の結成や解散が相次いだ。そして，一時期を除いて今日に至るまで，連立政権が続いている。

▷4　衆議院議員総選挙は戦後これまで，1976年の一度を除き首相が衆議院を解散したことによって執行されてきた。選挙の間隔は2年以内と短いこともあれば，4年近く開くこともあった。他方，参議院については首相による解散規定が存在しないため，参議院議員通常選挙は3年に1度（西暦でいうと3で割り切れる年の）7月ごろにおこなわれる。これまで衆参同日選挙は2度しかおこなわれたことがなく，衆議院と参議院で選挙のタイミングがずれてきたことが，ここ10年ほどの「ねじれ国会」の常態化を呼んだといえよう。

▷5　⇒3-Ⅲ-4「立法過程(3)」

参考文献

建林正彦・曽我謙悟・待鳥聡史『比較政治制度論』有斐閣アルマ，2008年，4章。

Ⅲ 議会と行政

2 立法過程(1)：立法過程の実態

① 内閣提出法案と議員提出法案

法律案（法案）を提出する権限は内閣と議員にある。内閣によって提出された法案を内閣提出法律案（閣法），衆議院議員によって提出された法案を衆議院提出法律案（衆法），参議院議員によって提出された法案を参議院提出法律案（参法）と呼ぶ。

▷1 国会には会期制が導入されている。それゆえ，開会日と閉会日を予め決定し，その期間内に法案が可決されないと，閉会中審査をおこなうための手続きが取られないかぎり，その法案は廃案となる。国会には，毎年1月に招集される通常国会，内閣もしくは衆参いずれかの議院の総議員の4分の1以上の要求によって招集される臨時国会，そして衆議院解散総選挙後に開かれる特別国会の3種類がある。

▷2 この数には，当該国会が開かれる前の会から閉会中継続審査となった法案は含まない。継続審査となった法案のほうが，新規提出法案よりも，成立率は低い。

▷3 省庁の内部構成については，[2-Ⅱ-2]「中央省庁とその内部構成，中央省庁改革」。

▷**内閣法制局**
内閣提出法案を審査する他，法律問題に関し内閣や内閣総理大臣，各省大臣に対し意見を述べる業務も担当する機関。

▷4 与党審査では，基本的に全会一致をもって法案

表3-2　新規閣法・衆法・参法の提出件数と成立数

	成立	提出	成立率（%）
閣法	8227	9683	85.0
衆法	1290	3782	34.1
参法	208	1483	14.0
総計	9725	14948	65.1

出所：本表作成にあたっては，川人（2005年，114頁，表4-1）と，衆議院ホームページ「国会関係資料」内の「衆議院の動き」各年版を参照した（「衆議院の動き」 http://www.shugiin.go.jp/internet/itdb_annai.nsf/html/statics/ugoki/ugoki.htm 2015年10月13日現在）。

内閣提出法案は議員提出法案に比べて数も多く，またその成立率も高い。**表3-2**は，第1回国会（1947年）から第188回国会（2014年）までに，それぞれの国会で新たに提出された閣法，衆法，参法の数と，そのうち成立した法案数を示している。衆議院で法案を提出するためには20人（予算を伴う法案の場合には50人），参議院で法案を提出するためには10人（予算を伴う法案の場合には20人）の賛成が必要であり，議員にとって法案提出までのハードルが高いだけでなく，この表から読みとれるように，たとえ国会に提出できたとしてもその多数は国会会期末までに成立しない。

② 内閣提出法案の流れ

内閣提出法案は，省庁内の官僚たちの判断によって，もしくは内閣，政治家など省庁外からの働きかけを受けて，おおむね次のような流れで策定される。(1)利益団体や有識者などから構成される審議会等での議論も参考にしたうえで，各省の局内における会議で意見調整がはかられて法案が作成される。(2)大臣官房総務課における省内審査を受け，与党審査に向けての下準備がなされているかについてもチェックがなされる。(3)省庁間で対立する利害を調整するために，各省協議をおこない，場合によっては条文を修正する。(4)**内閣法制局**が法案について審査をおこない，法律として制定する必要性や，憲法や現行法制との整合性を確認する。また，条文の配列や構成が適正であるかどうか，あるいは用語に表現上の問題がないかなど，あらゆる観点から法案の内容を吟味し，必要

があれば修正をおこない，内閣官房へ回付する。

(5)党内民主主義を確保するため，そして与党による国会運営を円滑化するため，法案を与党審査にかける。自民党を中心とした政権においては，党内の政務調査会の各部会から，政調審議会，総務会の順番で，法案の内容について議員が審査をおこなう。(6)与党審査をくぐり抜けた法案は閣議決定され，内閣により国会に提出される。

国会に提出された法案の約9割は衆議院で先に取り扱われる。(7)先議院の**議院運営委員会**で，各法案を割りあてる委員会が決定される。(8)委員会では，所管大臣により法案の提案理由が説明され，その後委員から大臣や副大臣，大臣政務官に対する質疑がおこなわれる。質疑が一通り終了すると，各会派を代表する委員から意見が表明され（これを討論と呼ぶ），委員会採決がおこなわれる。(9)本会議では，委員長が委員会における法案の審査経過と結果報告をおこない，討論を経て採決に移される。(10)先議院で可決された法案は当日に後議院へ送付され，先議院と同じく(7)〜(9)の過程を繰り返すこととなる。

両院の議決が一致しなかった場合には，(a)衆議院で可決し，参議院に送付後異なった議決をした法案を，衆議院の出席議員の3分の2以上の多数で再可決するか，(b)いずれかの院の求めに応じて開かれた両院協議会で，出席協議委員の3分の2以上の多数で議決された案について両院で可決するか，いずれかの方法によって成立させることができる。

成立した法案は，公布手続きが取られた後，施行される。

③ 議員提出法案（議員立法）

議員は，それぞれが所属する各院の議院法制局や国立国会図書館等の補佐を得て，法案を作成する。国会に法案を提出するには，所属する会派の承認を受けることが必要である。

与党が中心となって超党派で提出される法案は，多くの場合が，委員会内で各党派から合意が得られた委員会提出法案であり，水面下で条文の調整や合意がなされるため，国会での実質的審議がおこなわれないまま可決成立する。他方，一部の野党議員が提出する政策提案型の法案については，審議されないまま廃案となるか否決されることが多い。

議員提出法案は，国会規律や政党に関係する法案，災害対策や地域振興に関する法案，支援を受ける利益団体からの要望を受けて作成された法案，野党が内閣提出法案への対抗策として提出した法案などに分類できる。

議員立法については，国会が本来有する立法機能を充実させるために，より活性化させるべきだとの議論がある。他方で，議員提出法案に比べて内閣提出法案が多く成立率が高いのは，国会多数派（与党）と内閣との一体化をうながす，執政制度としての議院内閣制に由来すると述べる議論もある。

の諒承を取り付ける形となっているため，円滑な審査通過をめざす省庁側としては事前に有力議員への根回しが必要となることもある。

▷5 先に法案を審議する院のことを先議院，先議院での議決を受けて当該法案を審議する院のことを後議院と呼ぶ。

▷**議院運営委員会**
議院運営委員会とは，衆参両議院における常任委員会のうちの一つで，議案の審議・採決日程を取り決めるなど，本会議の運営に関する協議をおこなう場である。

▷6 衆議院と参議院にはそれぞれ，17の常任委員会と，各議院がとくに必要があると認めた案件などを審査するために設けた特別委員会が設置されている。各委員会は付託された議案や所管する事項について審査・調査をおこなうこととなっており，その委員数は各会派の所属議員数の比率に応じて割りあてられることとなっている。

▷7 つまり，実質的な審議は，本会議ではなく委員会において，おこなわれることとなる。これを委員会中心主義と呼ぶ。

▷8 ⇒ 3-Ⅲ-4 「立法過程(3)」❶

▷9 ⇒ 3-Ⅲ-5 「日本の国会をどう見るか」❷

参考文献
川人貞史『日本の国会制度と政党政治』東京大学出版会，2005年。中島誠『立法学——序論・立法過程論』（第3版）法律文化社，2014年。

III 議会と行政

3 立法過程(2)：政官関係論

前節では，法案の策定から議決に至るまでの過程について説明したが，そもそも法案を作るにあたり影響力を持っているのは，政治家なのだろうか，官僚なのだろうか。

1 アバーバックらの政官関係論

アバーバック，J. D. らは，1970年代の西洋民主主義7ヵ国を対象に，政治家と官僚の関係をデータ分析し，政官関係について**表3-3**のように四つの類型に分けることができると論じた。イメージ1は，政治家が政策を決定し，官僚がそれを粛々と実行するというものである。イメージ2は，官僚が現場の事実や知識を，政治家が利益や価値観を，それぞれ持ち寄って政策形成をおこなうとするものである。イメージ3は，官僚も，政策形成だけにとどまらず，利益の仲介をはかるとするものである。そしてイメージ4は，政策アイディアの提示から官僚がかかわるようになり，政治家と官僚の役割の区別がなくなったとするものである。この研究では，1970年代の時点ですでに，西洋各国はイメージ3の段階に達したのではないかと論じられたが，現在の日本はどのイメージにあてはまるだろうか。この判断は読者に委ねたい。

2 官僚優位論と政党優位論

日本の政官関係についての議論で，戦後ながらく通説的立場にあったのが，官僚優位論である。辻清明に代表される官僚優位論によれば，戦前における官僚機構が戦後においても維持・強化されたこと，提出率も成立率も高い内閣提出法案を官僚が作成していること，官僚の持つ専門知識や情報，政策立案能力が，政治家のそれよりも優れていること，さらには官僚が政策執行にさいして裁量権を有していることなどの理由から，政治家よりも官僚こそが日本の政策

▷1 具体的には，イギリス，フランス，旧西ドイツ，イタリア，オランダ，スウェーデン，アメリカの各国である。

▷**族議員**
たとえば，公共事業など土木に通じた議員は「建設族」，教育やスポーツ政策に詳しい議員は「文教族」などと呼ばれる。

▷2 つまり，村松岐夫は，辻清明が戦前戦後連続論の立場にあったとし，みずからはそれに異を唱えて戦前戦後断絶論を主張した，ということである。

▷3 この点は，辻清明が特殊日本的な側面を強調する見解にあったのに対して，村松岐夫がそれを否定的に論ずる立場にあったことを示唆している。

▷4 1993年に成立した細川護熙政権は，衆議院議員を選ぶ選挙制度を，かつての中選挙区制から小選挙区比例代表並立制に変更する政治改革関連法案を成立さ

表3-3 官僚と政治家：役割の発展

	イメージ1 →	イメージ2 →	イメージ3 →	イメージ4
政策の実施	官僚	官僚	官僚	官僚
政策の形成	政治家	共有	共有	共有
利害の調整	政治家	政治家	共有	共有
アイディアの提示	政治家	政治家	政治家	共有

（↑政策形成の流れ）

出所：Aberbach et al. (1981, p. 239) を一部改変。

形成を主導してきたと主張される。

　これに対して，村松岐夫は政党優位論を展開した。村松によれば，自民党が長期政権化を果たすようになると，政務調査会に属してそれぞれみずからの専門とする分野を確立し，官僚と渡り合えるだけの専門知識を持ち政策形成に影響力を発揮できる政治家（族議員）が多数見られるようになった。さらに，戦後になって議会制民主主義が根付いたことにより，官僚といえども政治家の意向を無視できなくなった。そして，内閣提出法案が多い現象は日本に限られるわけではなく，議院内閣制を採用する国であまねく見られることから考えても，日本でも政党の官僚に対する優位が成立した，と村松は主張する。

❸ 真渕勝の官僚制論

　真渕勝は，上記の議論もふまえつつ，日本の官僚制の特徴が時代によって変化してきたと論じた。1960年代までは，社会に対して超然的な姿勢を取り，行政の方が政治に対しても優位な立場にあるとする，国士型官僚が多かったと述べる。しかし，自民党が長期政権化し，利益団体の活動も活発化するにつれて，社会にも積極的に関与し，アバーバックらの政官関係類型論でいうイメージ3のように，さまざまな利害関係を調整できる調整型官僚が重宝がられるようになった。

　ところが，1980年代半ばから，政治や社会の圧力から官僚制の自律性を維持するために，政治家の決定に従い，必要最小限の仕事だけをしようと考える吏員型官僚が増えてきた。1990年代には，当時の厚生省事務次官が特別養護老人ホームの認可をめぐる収賄事件で逮捕され，大蔵官僚が検査日を教える代わりに銀行から接待を受けていた事件が発覚した。これにより，官僚バッシングがより厳しくなったことも，官僚みずからの役割認識に変化を与えた，と真渕は述べる。

❹ 現在の政官関係

　1990年代の衆議院選挙制度改革と2001年におこなわれた省庁再編をはじめとする内閣法等の改正は，いずれも内閣・官邸機能を強化する方向に働いた。また，2014年の内閣人事局の設置は，省庁人事に対する内閣の主導性を高めるものであった。

　他方で，今世紀に入ってから，政治家と官僚の接触回数が1980年代や90年代に比べて減っており，国会議員の影響力も官僚の影響力も低下傾向にあると考える官僚が増えたことが確認されている。村松岐夫はこれを「政官スクラム型リーダーシップの崩壊」と呼んだが，これからの政官関係はどのようなものになるのであろうか。新しい関係をめざして模索が続いているのかもしれない。

せた。これにより，政党執行部による候補者公認権がより重要な意味を持つようになった一方，中選挙区制時代に同一選挙区内の自民党候補者を支援した各派閥リーダーの影響力は相対的に低下した。

▷5 ⇨ 2-Ⅱ-2 「中央省庁とその内部構成，中央省庁改革」。このときに新たに設置された内閣府は，政策の総合調整だけでなく企画立案機能も担うようになり，結果的に内閣府を取り仕切る内閣官房長官の影響力を高めた。

▷6 ⇨ 3-Ⅲ-5 「日本の国会をどう見るか」❸

▷7　国家公務員の人事管理に関する戦略的中枢機能を担うために，内閣官房内に2014年に設置された機関。この機関が設置されるまでは，内閣が実質的に関与できる各省庁幹部人事は事務次官や局長級など200人規模であったが，内閣人事局が設立されたことにより，内閣は審議官以上の600人規模の幹部人事を決定できるようになった。

参考文献

Aberbach, Joel D., Robert D. Putnam and Bert A. Rockman, *Bureaucrats and Politicians in Western Democracies*, Cambridge: Harvard University Press, 1981. 村松岐夫『戦後日本の官僚制』東洋経済新報社，1981年。真渕勝『行政学』有斐閣，2009年，23章。村松岐夫『政官スクラム型リーダーシップの崩壊』東洋経済新報社，2010年。

Ⅲ　議会と行政

立法過程(3)：議会過程

日本における国会と内閣の関係を考えるには，国会制度の特徴を知っておく必要がある。そこで，本節と次節では，国会制度と国会内過程をとりあつかう。

1　議案成立の条件

内閣を支持する政党を与党といい，内閣を支持しない政党を野党という。衆議院・参議院の両方において与党が多数を占めた場合，内閣提出議案は与党の賛成多数によって可決されやすいが，もし参議院で与党が過半数の議席を持たない場合，どうなるだろうか。

憲法67条の規定により，内閣総理大臣は国会議員のなかから指名されることとなっている。衆参両院で異なる人物が内閣総理大臣に指名された場合，**両院協議会**を開いても同一人物を指名することで議論がまとまることはまず考えられないから，同条2項の規定に従って，衆議院で指名された人物が内閣総理大臣に着任することになる。それゆえ，衆議院の多数派は一般に与党が占めることになる。よって，問題となるのは，参議院で与党が過半数の議席を持たない場合である。このような状況を，「ねじれ国会」という。

日本国憲法には，国会として参議院よりも衆議院の判断を優先する，衆議院の優越に関する規定が定められているが，ねじれ国会の影響は，議案の種類によって異なる。予算案はかならず先に衆議院で審議しなければならない。そして，憲法60条2項の規定により，衆参両院で議決が異なり両院協議会で意見が一致しないときや，参議院が衆議院で議決した予算案を受けとってから30日以内に議決しないときには，衆議院の議決が国会の議決となる。つまり，このことは，参議院で与党が過半数の議席を持っていなくても，予算案については議決できることを意味し，内閣にとっては，いかにして年度内に予算案を可決させるかが肝心な課題となる。

他方，法律案の場合には，憲法59条において，衆参両院で可決したときに成立することが定められているが，それ以外の場合でも，(1)衆議院で可決し，参議院に送付後異なった議決をした法案を，衆議院の出席議員の3分の2以上の多数で再可決する，もしくは(2)いずれかの院の求めに応じて開かれた両院協議会で，出席協議委員の3分の2以上の多数で議決された案について両院で可決することで，当該法案を成立させることが可能である。だが，ねじれ国会の場合，両院協議会で双方の考え方を統合するような成案を得ることは非常に難し

▷**両院協議会**
内閣総理大臣の指名や，予算案，法律案，条約の締結等について両院の議決が異なったさいに開かれる。各議院から選ばれた10名ずつによって構成される。

▷1　この30年の間に，衆参両院で内閣総理大臣指名を受けた人物が異なったのは，1989年（衆議院は海部俊樹，参議院は土井たか子を指名），1998年（衆議院は小渕恵三，参議院は菅直人を指名），2007年（衆議院は福田康夫，参議院は小沢一郎を指名），2008年（衆議院は麻生太郎，参議院は小沢一郎を指名）の4回ある。いずれも両院協議会で意見が一致することはなく，衆議院が指名した人物が内閣総理大臣に着任した。

▷2　予算については，2-Ⅴ-1「財政制度」，2-Ⅴ-2「予算編成の年間スケジュールと参加者」，2-Ⅴ-3「予算編成の技術」を参照。財政年度は毎年4月1日から翌年3月31日までの1年単位となっているため，おおむね2月末までの新年度予算案の衆議院通過を，内閣はめざすことになる。

▷3　2007年7月の参院選後，与党だった自民・公明両党は参議院で過半数を失った。だが，両党は，合わせて衆議院の3分の2以上

いし，与野党が真っ向から対立する法案については，与党が衆議院で3分の2以上の議席を持たない場合，その成立はほとんど見込めないこととなる。

ねじれ国会において内閣がより厳しい立場に立たされるのが，人事案件である。人事院の人事官や会計検査院の検査官，日本銀行の総裁・副総裁や審議委員，一部審議会の委員などについては，衆参両議院での同意がないかぎり，内閣は意中の人物を任命できない。つまり，野党各党がその人事案に反対する姿勢を示した場合には，そもそもその人事案件を国会に提示しないか，提示したとしても不同意となる（否決される）結果となる。

2　ねじれ国会の影響

21世紀に入ってから，日本は3度のねじれ国会を経験している。(1)2007年夏の参院選終了後から2009年秋の衆院選までの自民・公明連立政権，(2)2010年夏の参院選終了後から2012年冬の衆院選までの民主・国民新連立政権，そして(3)2012年冬の衆院選から2013年夏の参院選までの自民・公明連立政権である。(1)や(3)では与党が衆議院で3分の2以上の議席を有していた一方，(2)では与党が衆議院の3分の2の議席に届かなかった。

(1)の期間中の内閣による新規提出法案の成立率は83.3％で，2005年の衆院選から2007年夏の参院選前の成立率91.1％を大幅に下回る結果となった。そして，(2)のときには，同じく内閣の新規提出法案成立率は69.9％にまで低下した。本章第2節で見たように，戦後を通じての内閣による新規提出法案成立率は85.0％であったから，ねじれ国会の影響は如実に表れたと言えるであろう。

3　法案のタイプ

日本の国会における法案について，討議型審議様式，粘着型審議様式，標準型審議様式の3種類の審議様式があると言われる。討議型審議様式とは，委員会審査にも長い時間をかけ，与野党が賛否それぞれの立場から華々しく論戦をくり広げることが多い法案についてとられるものである。外交・防衛政策や選挙制度，税制に関するものがこの審議様式にあてはまるとされる。粘着型審議様式とは，委員会審査にも時間をかけるものの，法案が委員会に付託されてから審議入りするまでにも時間がかかる審議様式である。野党が成立させたくない法案について，審議に入るのを阻止したり委員会での議論を長引かせることで，国会の会期末到来による当該法案の審議未了（廃案）をめざす戦略であり，教育政策や労働政策，行政制度に関する法案などがこのような取り扱いをされる。そして標準型審議様式とは，野党が反対することも少なく議論にも時間をかけないまま法案を可決させる審議のあり方を指し，対決型にも粘着型にもあてはまらない法案が，国会での審議もほとんどなされないまま成立してきた。

の議席を占めていたため，2007年9月に成立した福田康夫内閣で，約50年ぶりに法案の衆議院再議決がおこなわれた。

▷ 4　2008年3月には，日本銀行総裁選任が，参議院で不同意とされた。民主党など当時の野党各党は，その人物が財務省事務次官経験者であり，財務省出身者に金融政策を左右されることは財政と金融の分離の観点から問題があると批判していた。

▷ 5　2005年夏，小泉純一郎首相は郵政民営化法案の成立をめざしていたが，参議院で否決されたことを期に，衆議院を解散した。同法案に対しては自民党内からも反対票を投じた議員が出たことから，小泉首相と武部勤自民党幹事長は，同法案に反対した議員を党公認候補から外し，郵政民営化に賛成する候補を新たに公認して，自民党公認を得られなかった議員の選挙区に擁立した。同年9月の衆議院議員総選挙で自民党は大勝を収め，自民・公明両党で衆議院の3分の2以上の議席を獲得した。2012年12月の衆院選でも，自民・公明両党が325議席を獲得し，衆議院の3分の2以上の議席を確保した。

▷ 6　2010年6月，社民党が普天間基地の移転問題で連立政権から離脱したため，与党の議席は衆院院の3分の2に届かなくなった。

▷ 7　⇒ 3-Ⅲ-5「日本の国会をどう見るか」

参考文献

福元健太郎『日本の国会政治——全政府立法の分析』東京大学出版会，2000年。

Ⅲ 議会と行政

5 日本の国会をどう見るか

1 国会無能論と粘着性論

　日本の国会について，1970年代までは，本来求められている機能を国会が十分に果たしえていないとする「国会無能論」が支配的であった。つまり，内閣が提出した法案を国会がほとんど修正させることもなく可決成立させていることを批判する議論が，展開されていた。

　それに対してマイク・モチヅキは，議院運営委員会が全会一致で法案の審議日程を決める慣行を用いて，野党が議会を通過させたくない法案の審議入りを阻止したり，委員会での議論を長引かせることで，会期末までに衆参両院での議決をさせず廃案にもっていくことが可能であるとする粘着性論を提唱した。

2 「国会中心主義」から「議院内閣制」へ

　憲法41条は，「国会は，国権の最高機関であつて，国の唯一の立法機関である」として国会の内閣に対する優位を定めている。川人貞史は，権力分立を厳格に維持し，国会における組織および運営に対して内閣の介入を許さず，与野党が協調するもと，国会が内閣から自律的に議事運営を統御する制度となっていることを「国会中心主義」と呼んだ。

　他方で，3-Ⅲ-1 や 3-Ⅲ-4 でも述べたように，日本は「議院内閣制」を採用しており，衆議院の多数派が内閣に対する与党となるから，少なくとも衆議院と内閣の間で考え方（党派性）が一致することになる。つまり，内閣は，提出した法案を，国会で与野党が対決するなか，与党の賛成多数によって次々と可決させることとなる。

　この，与野党間協調を求める「国会中心主義」と，与野党間対決を導く「議院内閣制」とは互いに対立し，また矛盾するものである。川人は，戦後の国会法等の改正や議院運営委員会における多数決採決の頻度を分析することにより，日本の国会運営が，「国会中心主義」的なあり方から，「議院内閣制」に適合する方向に変化したことを明らかにした。

3 日本における議院内閣制のウェストミンスター化

　議院内閣制には二つのタイプがあると言われる。一つは，イギリスに代表されるウェストミンスター・モデルで，政府と議会与党とが一体化しており，議

▷1　その後，粘着性論については批判されることとなる。国会多数派（与党）に属する議長や委員長が議事運営権を持つことで，国会の会期を延長するなど与党主導による国会運営がなされ，内閣肝入りの法案を成立させることに成功してきたとされる。

▷2　よって，内閣提出法案が次々と可決される，「国会無能論」が批判するような事態となっても，それは「議院内閣制」のあり方からすれば必然的に導かれる帰結であるとされる。
⇒ 3-Ⅲ-2 「立法過程(1)」❸

▷3　たとえば自民党が与党の場合，自民党組織のトップである総裁は内閣総理大臣を兼ねるが，幹事長や総務会長，政務調査会長（いわゆる党三役，選挙対策委員長も含めて党四役と呼ぶこともある）は内閣には入らず，党組織を仕切る役割を果たす。

▷4　選挙制度改革以前は中選挙区制が採用されていた。これは，一つの選挙区からおおむね3～6人が得票の多い順に当選する選挙制度であり，同じ党に属している候補同士が議席をめぐって相争う形となっていた。それゆえ議員は，みずからの選挙戦術の巧みさやみずからを支援した派閥の

会においても与野党間で華々しい対決が見られるとするものである。もう一つは，ドイツなどに見られる欧州大陸型モデルで，政府と議会与党との間に距離があり，相互に独立した関係にあるものを指す。

日本については，欧州大陸型モデルに近い側面もある。3-Ⅲ-2 ❷でも述べたように，内閣提出法案が国会に提出されるまでには，他省庁との調整や内閣法制局審査を経てもなお，与党審査という関門をくぐり抜ける必要がある。すべての与党議員が内閣の一員（大臣，副大臣，政務官）になるわけではなく，多くの議員が党内の要職に就いているから，これら議員は党組織の一員として活動し，政府に対して監視する側にもなる。

しかし現代では議院内閣制のウェストミンスター化が進んだと待鳥聡史は述べる。1990年代に衆議院議員の選挙制度が変更されて小選挙区制が導入され，2001年には省庁再編がおこなわれたことにより，内閣と与党議員の一体化が進んだ。つまり，これらの制度変更によって結果的に首相の政策過程に対する影響力が強まり，ひとたび首相が選任されると与党議員も首相の考えに従って行動する傾向が強まった，と見ることができる。

なお，2009年に発足した民主党を中心とした政権では，政府と与党の一体化の試みがなされた。鳩山由紀夫内閣のときには，民主党議員による議員立法が禁止され，同党の政策調査会が廃止された。その後，菅直人政権になって政策調査会は復活したものの，政策調査会長が閣僚の一員も兼ねることで，政府と与党の一体化の試みは続けられたが，野田佳彦政権では政策調査会長が閣僚に加わらず，自民党政権のように政府と与党の二元体制が復活することとなった。

❹ 「強い参議院」論

参議院については，衆議院の決定（議決）を繰り返すだけで影響力を持たない存在だとする「カーボンコピー」論と，ねじれ国会が生じたときに内閣提出法案の不成立が見られることなどに示されるように，強い影響力を認める「強い参議院」論とがある。

竹中治堅は，与党が参議院で過半数を確保できなかったときに連立政権を組むことでその難局を乗り越えようとしたことや，たとえねじれ国会となっていなかったとしても，政府が参議院の同意を取り付けようと尽力したことから，参議院が政府の政権運営に対して相当程度影響力を行使してきたと述べる。

また，日本の参議院は，法制度的にも，他国の第二院と比べてその権限が大きく，前節で見たように，とくに「ねじれ国会」が生じているときには，議案の結果に大きな影響を及ぼすしくみとなっている。

これらの点から考えると，日本の参議院については，政府にとって無視できない「強い」存在であり，首相の影響力行使を制約する大きな要因となっていると言えよう。

力量によって当選できたと考える傾向が強いため，政党執行部の意向に反旗を翻すことも決して難しくなかった。しかし小選挙区制では，一つの選挙区から最多得票した一人しか当選しないため，候補者は政党執行部の意向に従わないかぎり公認候補となることができない。よって，この選挙制度改革は，結果的に政党執行部の与党議員に対する掌握力を高めることとなった。
▷5 ⇒2-Ⅱ-2「中央省庁とその内部構成，中央省庁改革」。なお，このときにおこなわれた省庁再編のなかでも，各省間の利害の総合調整だけでなく政策の企画立案をも担当する内閣府が新設されたことや，首相の法的権限が強化されたことが，日本政治におけるウェストミンスター化に大きく寄与したと言える。
▷6 二院制を採用する議会のうち，より重要な位置を占める院を第一院，そうでない院を第二院と呼ぶ。日本では衆議院が第一院，参議院が第二院，イギリスでは庶民院が第一院，貴族院が第二院，そしてドイツでは連邦議会が第一院，連邦参議院が第二院である。

参考文献

大山礼子『比較議会政治論――ウェストミンスターモデルと欧州大陸型モデル』岩波書店，2003年。川人貞史『日本の国会制度と政党政治』東京大学出版会，2005年。竹中治堅『参議院とは何か――1947〜2010』中公叢書，2010年。待鳥聡史『首相政治の制度分析――現代日本政治の権力基盤形成』千倉書房，2012年。

Ⅳ 利益団体と行政

1 利益団体の機能と課題

1 利益団体とは何か

行政と関係を持つのは，議会，裁判所や市民だけではない。社会の多くの団体・集団も行政と密接な関係にある。**利益団体**とは，特定利益の実現のために政府や行政に働きかける団体・集団を指す概念だ。

一般の社会集団との違いを考えてみよう。社会には無数の集団やグループがあるが，趣味の会，スポーツクラブ，宗教団体など，政治と無関係のものも多い。こうした集団は利益団体とは呼ばないが，政治や行政への要求（例：スポーツ施設の整備要望）を継続的におこなうなら，利益団体の性格を帯びるだろう。

また，政府と社会の媒介役として，利益団体の他に，政党やマスコミがある。マスコミが情報の収集伝達機関であるのに対して，政党と利益団体は，社会の意見を政治過程に表出させるという点で似ている。しかし，政党と利益団体とは異なる点が二つある。政党は選挙で候補を立てて議席や政権をめざし，かつ通常，個別政策だけではなく総合的な政策体系を国民に示す。これに対して，利益団体の場合には選挙への参加は間接的で，関心も特定分野の政策に集中することが多い。

2 利益団体の分類

日本に数万ないし十数万ある利益団体を把握し理解するには，とりあえず分類してみるのが手がかりになる。まず分野別（農業，銀行，建設業，労働，環境，福祉など）に，あるいは一時的な団体と継続的な団体に分類できる。

さらに，政治学では，利益団体をその発生基盤や目的の違いに注目して，大きく2～3種類に区分することが多い。

①経済部門団体（セクター団体）

経済活動における同業者や同じ地位にあるものが，利益を増進するために集まったものである。

たとえば，経営者団体（経団連など）は経済活性化策や法人税の減税などを要求している。業界団体は，建設業，銀行，スーパーマーケット，商店街など産業分野ごとに組織され，その業界の発展を追求する。これに対して，被雇用者（働く人）の側は労働団体を作る。民間企業での企業別組合や公務員労働組合が結成され，それらの全国組織（ナショナル・センター）として，「連合」（約

▷ **利益団体（interest group）**
利益集団とも言う。利益集団と比べて，利益団体は組織化された具体的なものというニュアンスもある。なお，類義語として圧力団体（pressure group）があるが，議会制民主主義に不当な圧力をかけるというニュアンスを含むことがある。団体の参加のプラス面も認めるニュートラルな用語としては，利益団体が適する。

▷ 1 たとえば，（日本での）対人地雷廃止や死刑廃止の運動は，運動の参加者自身の受難を恐れてというより，「公共の利益」すなわち広く他の人々の人権を守る目的でおこなわれてい

700万人),「全労連」(約100万人)などがある。農家は農業協同組合を作り,資材の購入や農産物の販売を共同でおこなうとともに,政府に農業の振興策を求めてきた。さらに,専門家団体として,医師会,弁護士会などがある。

②価値推進団体

自分たちの「私的な」経済利益というよりも,公共的な利益や価値の増進を目的に掲げて作る団体で,市民運動やNPO(非営利団体)とかなり重複する。環境・自然保護,まちづくり,平和・軍縮,人権擁護,死刑廃止などの運動や団体がある(まれにNPOの名のもとでの不当な活動もある)。

価値推進団体は,現代社会のさまざまな問題に取り組む点で貴重だが,①のように経済上の組織や利益にもとづいていないだけに,基盤が必ずしも強くない。団体の活動の拠点,資金,メンバーなどを確保する苦労がある。たとえば会合を開くためにも,経済部門団体ならば仕事仲間が職場等で集まれば済むが,価値推進団体の場合には,さまざまな職業の人々が余暇の時間に,場所を確保してわざわざ集まらなければならない。

③政策受益団体

政府や行政の進める政策に協力しつつ利益を受けることを目的に,作られる団体である。政府や行政にとっても関係団体が存在すれば,協力や意見を求める対象,あるいは補助金の「受け皿」として役立つ。例として,社会福祉協議会,まちづくり協議会などがある。

3 利益団体の役割と問題点

利益団体が,20世紀(日本ではとくに戦後)に,次々と発生し活動を強めてきたのは,それが次のような役割を持つためである。

①利益団体は,現代の複雑な社会において,議会・政党によって十分に代表されない個別の利益や価値を推進する。さまざまな政策や問題に,それぞれ関心と能力を持つ団体が取り組むことができる。「政党が何でも売っている百貨店(デパート)だとすれば,利益団体は専門店だ」と言われることもある。

②利益団体は,現代の積極国家において,行政機関にとって政策推進のための協力者(パートナー)となる。

しかし,どちらの役割・機能も,行き過ぎるとマイナスに転じうる。

もし①が過剰になれば,個別的な価値の実現や予算の「分捕り」のために圧力をかけることになる。議員や行政との密接な関係が非公開で進められることも,問題がある。一方,②が過剰になれば,団体は行政の下請け機関になり,メンバーは行政から動員されるという感覚を持つようになる。また,行政と関連団体が結束して予算や施策を維持拡大し,既得権を守っていると非難されるだろう。

ると思われる。もっとも,何が公共の利益かについて意見は分かれうる。被害者・家族の感情や,人の命を奪う行為の罪の重さの周知等を「公共の利益」として重視するなら,死刑存続論も成り立つ。

▷ NPO(非営利団体)
⇨ 3-Ⅴ-3「市民活動・NPOの登場と広がり」

▷2 たとえば,イギリスのナショナル・トラストは300万人近い会員を擁し(日本ナショナル・トラスト協会は約17万人),活発に活動しているが,その背景には,100年を超える歴史や資産とともに,人々の自然保護意識の高さがあると言われる。市民の社会的な関心や参加意欲は,日本の場合どうか。意識調査などをもとに考えると,日本人の自律性と合理性は,私的な生活では高い(しっかり慎重に考え行動する)のに,公共的・政治的な問題については低い傾向が見られる(村上弘「強くない日本の市民社会」『政策科学』22巻3号,2015年)。

▷3 この類型は,団体形成の契機に着目して,①②の自発的な団体とは違う類型を設定している。団体が推進する価値や利益の面では,自己利益と公益的なものとが混在し,①②と重なりが見られるだろう。

（参考文献）
伊藤光利・田中愛治・真渕勝『政治過程論』有斐閣,2000年,7章。村松岐夫・伊藤光利・辻中豊『日本の政治』(第2版)有斐閣,2001年,9の3。

Ⅳ 利益団体と行政

2 利益団体の活動

1 団体の活動方法と資源

　利益団体やその代表は，閣僚，議員，行政職員のように公式な決定権限を持たないので，要望実現のためには，公式決定機関等に働きかける必要がある。
　そして，諸機関へのアクセスや資源は，団体によって異なる。団体が投入しうる資源には，メンバーの人数，財源，情報，社会的な権威，公式決定者との「人脈」，政策執行や社会運営に協力・貢献する能力などがあり，それらの団体間での分布は平等ではないが，特定の団体に集中しているわけでもない。

2 さまざまな活動方法

　団体の活動方法は複数あり，それに応じて，効果的に作用する資源（とそれを活用する戦術）も違ってくるだろう。
　①行政への働きかけ——行政機関への請願は誰でもできる（憲法16条）が，官僚との人脈（人間関係，天下りの受け入れなど）というアクセスを持つ団体が有利だろう。団体が行政の設置する審議会に参加を求められるためには，社会的重要性や専門性という資源が重要だろう。
　②政党，議員への働きかけ——①の行政への接触においても，与党議員の仲介があると話を聞いてもらいやすいと言われる。団体の要望を，野党を含めて，議員立法や請願採択のかたちで実現してもらう方法もある。いずれにせよ，議員や政党に歓迎される資源としては，団体の政治献金，集票能力が代表的だ。
　与党と密接な関係を持つ団体は有利だろう。近年の調査によれば，日本では，経済団体だけでなく，農業，行政など多くの団体が長期与党の自民党と強い支持・接触関係を持ち，労組等が民主党などと強い関係を持つ。
　③訴訟——裁判所への訴えは少人数でも進めることができ，援助する弁護士も多くの場合見つかるので，諸機関へのアクセスや資源を持っていない人々にも，訴訟という手段は有用である。
　④世論・マスコミへの働きかけ——このために有効な資源や戦術としては，地道な情報発信に加え，注目を集めるためのイベント，集会，デモなどがある。日本の原水爆禁止運動は，広島・長崎の被爆の記憶を継承して世界に伝え，核兵器の恐ろしさを認識してもらうのに貢献してきた。
　⑤自己活動——団体がみずからの努力や資金で問題を解決する可能性もある。

▷1　たとえば，経営者団体は財力や経済成長への貢献能力，あるいは競争を生き抜いていることによる権威において，専門家団体は情報において，労組や農協はメンバー数（選挙の集票力）において，優勢な立場にある。市民運動団体は，財源が少なくても，訴訟や，重要な政策情報の公表，政策への協力などの方法で，あるいは国内・世界の同種の団体とネットワークを作ることで，立場を強めることができる。

▷2　経済財政諮問会議のメンバー構成は，経済界（経団連・有力企業の長）2人，学者2人という配分が定例化している。各種の審議会でも，経済界出身者が相対的に優勢で，会長に就くことも多い。

▷3　大嶽秀夫・鴨武彦・曽根泰教『政治学』有斐閣，1996年，179-194頁。村松岐夫・伊藤光利・辻中豊『日本の政治』（第2版）有斐閣，2001年，61-73頁。

▷4　表3-4を横方向に，政策領域ごとに見ていくと，経済・業界団体は，経済・

たとえば，ナショナル・トラストは広く資金を集め，自然保護等の対象となる土地を買い取ってきた。中心市街地の活性化は，自治体に郊外大型店の規制や公共交通整備を要望するだけでなく，商店街組織みずからが魅力的なお店，歩きやすい道路空間を作るために努力しなければ，難しいだろう。

3 団体の影響力

利益団体の影響力とは，誰が政府・政治を動かしているのか，権力者は誰かという問いでもある。

理論的には，①経済界（経営者，企業）優位のモデル，②経済界と労組という二大集団がほぼ対等に相互調整する「コーポラティズム」モデル，あるいは，③複数の団体が相互に対抗し，また分野ごとに有力団体が棲み分けて，バランスを取っているという「多元主義」モデルなどがある。

各団体の影響力の測定は容易ではない。手がかりになるのは，政策過程のケーススタディ，関係者へのインタビューやアンケート調査，アクセス経路（例：審議会への参加），資源の保有・投入（例：集票力，政治献金）の比較などだ。

一例として，近年の調査の結果を示す（表3-4）。表の1番下の「全体」を見ると，政策形成に影響力が強いとして選ばれることがもっとも多いのは経済・業界団体（33.6％）で，2位が労働団体（18.6％），3位が福祉団体と専門家団体（ともに11.8％）などとなる。日本での利益団体の影響力分布は，経済界優位モデルと多元主義モデルの中間に位置するように見える。

また，そもそも利益団体が政治に対して影響力を持っているかについては，「かなりもっている」43.1％，「ある程度」41.8％などという回答結果であった。

業界団体に関係する政策領域（おもに経済政策）においては圧倒的な影響力を持つと認知され，さらに他の政策領域の多くにおいても第2位の影響力を有している。しかし，農業政策では農業団体，福祉政策では福祉団体，教育政策では教育団体がもっとも影響力が強いという数字からは，多元的な影響力の分布も読み取れる。労働政策における経済界の影響力の高まりについては，三浦まり「小泉政権と労働政治の変容」日本行政学会編『年報行政研究42』2007年参照。

▷5 村松岐夫・久米郁男編『日本政治変動の30年』東洋経済新報社，2006年，12章（久米郁男），264頁。

（参考文献）

辻中豊『利益集団』東京大学出版会，1988年。伊藤光利・田中愛治・真渕勝『政治過程論』有斐閣，2000年，7章。

表3-4 各政策領域でどんな利益団体が影響力を持つか

回答した団体	農業	福祉	経済・業界	労働	行政関係	教育	専門家	市民・政治	宗教	ケース数
農業団体 (13)	37.1	1.6	25.8	6.5	14.5	0.0	1.6	12.9	0.0	62
福祉団体 (27)	0.0	41.7	14.6	4.9	8.7	1.9	27.2	0.9	0.0	103
経済・業界団体 (83)	3.2	6.4	65.5	6.8	4.1	0.4	5.9	7.7	0.0	220
労働団体 (37)	1.0	7.7	21.3	46.3	10.5	0.3	8.1	4.7	0.0	296
行政関係団体 (13)	7.4	8.6	29.6	4.9	40.8	1.2	4.9	2.5	0.0	81
教育団体 (9)	0.0	5.3	26.3	2.6	5.3	39.5	18.4	0.0	2.6	38
専門家団体 (12)	2.3	18.6	27.9	3.5	3.5	4.7	31.4	7.0	1.1	86
市民・政治団体 (17)	9.1	10.6	21.2	15.2	9.1	0.0	13.6	21.2	0.0	66
宗教団体 (7)	0.0	0.0	0.0	0.0	0.0	0.0	0.0	0.0	100.0	2
その他団体 (17)	2.0	10.0	54.0	16.0	2.0	2.0	12.0	0.0	2.0	50
	4.8	11.8	33.6	18.6	10.3	2.5	11.8	6.2	0.5	
全 体 (235)	48	118	337	187	103	25	119	62	5	1,004

（注）1：( ) 内は団体の数。
2：各種団体への調査で，「あなたの団体がもっとも関係する政策領域で政策形成に影響力が強いと考えられる団体・組織を選んでください」という質問への回答。調査は2003～04年におこなわれた。

出所：村松・久米編（2006年，13章［丹羽功］，図表13-5「関連領域で影響力を持つ団体」）。ただし，見出しの表現の一部を変更した。

Ⅴ 市民と行政

行政と政策主体の多様化

1 政策の主体とはだれか？

▷1 「政策（Policy）」は私たちが日々のいとなみにおける問題を解決する手法一般を指す。松下圭一『政策型思考と政治』東京大学出版会，1991年，1章。足立幸男『公共政策学とは何か』ミネルヴァ書房，2009年。

「政策」と言えば，政府のものと理解されがちである。しかし，今日の「公共政策（Public Policy）」は，**図3-2**のように多様な主体の発想，運動，実践によりかたち作られる。その一部が（議会など）制度決定をへて「政府政策」となり，市民から信託された資源と権限によっておこなわれる（図3-2）。

図3-2 政策類型の考え方
出所：松下（2009年，13頁）。

▷2 政府や企業の職員も同時にひとりの市民であり，市民は社会の基本単位，政治の最小単位であると言える。

公共政策の主体は多様だが，大きく分けると，国や自治体などの政府セクター，企業など市場セクター，NPO・NGOや町内会・自治会などさまざまな市民活動団体や市民による市民社会セクターの三つに分けられる（133ページ図3-3）。政策課題の多くはこれらセクターをまたいだ多様な主体に担われていることから，そこでの連携協力が重要視されている。

▷3 ⇒[3-Ⅴ-2]「市民参加の機能と課題」

2 政策主体の多様化

上下水道や道路など社会資本，病気や失業など生活不安に対応する社会保障，環境や食品衛生など社会保健。日々のくらしは，こうしたさまざまな政策と制度のネットワーク＝公共政策の集合体（カタマリ），によって支えられ成立している。課題の提起，政策提案，その決定と実施，さらには評価という一連の過程には，市民社会，市場，政府という三つのセクターの多様な主体がかかわり，互いに影響し合っている。

▷4 環境問題などはこれら三つのセクターが影響しあいつつ取り組んでいることがわかりやすい公共課題だろう。[3-Ⅴ-3]「市民活動・NPOの登場と広がり」側注6も参照のこと。

市民社会セクターを見ると，日本においては，1960年代以降盛んになってきた市民活動が，NPO法人制度の整備もあり，公共政策の担い手としてますます大きな役割を果たしている。環境や災害，人権などの問題では国際的なNPO，NGOの活動が政府政策に影響を与えることも当たり前になってきた。

▷5 ⇒[3-Ⅴ-3]「市民活動・NPOの登場と広がり」

企業の経済活動は社会と密接不可分であり，社会の一員としての認識が求められることは言うまでもない。不祥事にたいする批判や社会貢献にたいする評

価は高まり，いまや**企業の社会的責任**，**法令遵守**は企業の評価を左右する指標になっている。

③ 市民と行政との関係

公共政策の主体の多様化は，市民と行政との関係も多様にしている。今日，市民は，①社会のメンバー，②政策・制度のユーザー，③政府のオーナーという三つの側面を持つ公共政策の主体である。たとえば，市民活動団体の活動は，①②の側面から，政府に対する働きかけは②③の側面からおこなわれる政策的活動と言える。

市民が公共政策の主体として活動することはなによりも「自治」のいとなみと言えるが，社会参加，政治参加など広義の「参加」と表現することもできる。ただ，これまで，行政の分野で「市民参加を進める」など表現するときには，政府政策の過程に②③の立場でかかわることを指してきた。近年，公共政策の主体として①②の立場で活動する市民，企業また行政の連携協力を進めることが重要な課題としてとらえられ，政策主体同士が連携協力する関係を「協働」と表現することが増えている。行政と市民との「協働」の必要性は，とくに行政の側から強調されているところであるが，連携協力関係だけでなく，①からは自立した政策主体間関係，③からは市民がみずからを信託する政府の活動を制御するという緊張関係も必要であることは忘れてはならない。

④ ガバナンスとガバメント

介護という公共課題を見てみよう。国・自治体（政府セクター）は介護保険制度という枠組みを作り，介護のサービスはNPO（市民社会セクター）も，企業（市場セクター）もそれぞれの目標を持って活動している。日本における介護という課題を，こうした多様な政策主体のうみだすしくみ（制度）や取り組みが相互に影響し合って，いわば社会全体で制御しようとしている。

このように，社会に生まれる公共課題に多様な主体がさまざまな場面で（多元・重層的に）かかわり解決をめざすあり方を，政府や政府による統治を示す「**ガバメント**」に対し，「**ガバナンス**」と呼ぶ。

市民社会セクターや企業セクターの主体と，行政が公共課題への取り組みをともにおこなおうとする動きも盛んになっている。「協働」や「NPM」「民活」などは，課題もあるが，従来の行政活動に，セクターの異なる主体のかかわりを入れて公共性や効率性の向上をめざす試みである。これらの動向が，行政活動の質的な変化につながるものかどうか，そして多様な政策主体が活動するなかで「ガバメント」がどうあるべきかが，今日的課題として問われている。

▷**企業の社会的責任**
CSR（Corporate Social Responsibility）とも言われ，社会的存在としての責任を果たす活動が近年重視されている。

▷**法令遵守**
コンプライアンスとも言われる。法令を遵守すること，そのために活動が把握され管理されていることを指す。法令による規制がなされていなくても，合法的，倫理的であることを指すこともある。企業だけでなく，近江八幡市などコンプライアンス条例を持つ自治体もある。

▷6 ⇨ 3-V-3 「市民活動・NPOの登場と広がり」

▷**ガバナンス（governance）**
「協治」と訳されることもあるが，定訳はない。government が治める者と治められる者がいる「統治」を示すのに比べ，自立・自律的な主体がともに（ミクロには特定の課題，マクロには社会や政府を）制御するあり方を示していると言える。⇨ 1-I-8「公共性とガバナンス(1)」，1-I-9「公共性とガバナンス(2)」

(参考文献)
松下圭一『政策型思考と政治』東京大学出版会，1991年。足立幸男『公共政策学とは何か』ミネルヴァ書房，2009年。

行政学がよくわかる映画

コミュニティ権力構造

　コミュニティ権力構造というのは別のコラムを参照してほしい（92頁）が，要するに地域には地域ボスがいるという話だ。『**野性の証明**』（1978年，東映）は森村誠一の原作を映画化したものだが，田舎の小都市が地域ボスに牛耳られている状況を活写している。市長，議員，警察，ヤクザ，新聞社などが結託して町を食い物にしている状況である。映画はまるでランボーのような超人的コマンドが，少女を守るために自衛隊の精鋭と戦うというところが一つの見所なのだが，日本の地域社会にあった（今もなおある？）権力核の描き方が秀逸なところかと思うので紹介しておく。

　一昔前なら，そういう町はいかにもありそうだと思えたところだが，合併により基礎自治体が大きくなったこともあるのか，そういう話を今されても，あるある，とは言い難くなったかもしれない。市民団体やNPOなどが市とのコラボレーションをおこない多様な参画のあり方が見られる現在からすれば，昔語りとなってしまったかもしれない。

　アメリカにも同じような映画がないわけではなく，少し古い映画だけれど，『**夜の大捜査線**』（In the Heat of the Night，1967年，ユナイティッドアーティスツ）を紹介しておきたい。シカゴの敏腕刑事が列車の乗り継ぎのため，南部の駅で待っていたところ，たまたま起こった殺人事件に巻き込

まれて，これの解決のため奔走し，活躍するという映画である。

　この敏腕刑事が黒人で，南部の偏見のなかで苦労する。ちょうど，アメリカでは公民権運動の高まりがあり，その潮流にも乗った映画だった。相手役を務めた白人の警察署長役がロッド・スタイガーで，その好演は光っていた。もちろん，黒人刑事役のシドニー・ポワチエもよいのだが，スタイガーはこの演技を認められて，その年のアカデミー賞の主演男優賞をとった。

　ロバート・ダールが *Who Governs ?* のなかで，ニューヘヴン市の権力構造の変遷を描いているが，昔の大農園主に権力が集中した時代から工業化が進み，新たな雇用を生み出す工場経営者にも権力が分かち持たれるようになっていく時代というのが，ちょうどこの映画で描かれた南部の町の様相と合致する。黒人刑事が巻き込まれた殺人事件は，町に進出してきた工場主が殺されたもので，刑事の捜査は広大な綿畑を所有する大土地所有者としての白人名望家にも及ぶが，都会の刑事が田舎町の権力構造の中核に触れたとき，この尊大な名望家が白人警察署長に，どうしてお前はこの黒人を撃ち殺さないのかと問いかけ署長が逡巡するところなど，さまざまな事情を一目で理解させる秀逸なシーンだった。　　　　（佐藤　満）

V 市民と行政

市民参加の機能と課題

市民の社会，政治，行政への参加の機会は，近代以来さまざまな運動を経て拡大してきた。市民参加のあゆみは，形骸化や形式化の指摘と，それを乗り越えようとする取り組みの繰り返しでもある。他方，公共政策の主体としての行政と市民との関係も注目されている。政治参加や社会参加など，市民参加をもっとも広くとれば，公共領域で共有される課題に対するあらゆる活動がそれにあたるが（図3-3），ここでは，行政活動の何らかの段階での行政に対する市民の関与の機会として（行政への）市民参加に絞って論じる。

① 行政と「市民参加」

民主政治であるかぎり，政府を市民が制御するしくみである「参加」のデザインは重要だが，政策と制度が市民のくらしに密接するにつれ，市民の多様な意思を，直接，行政の政策や事業，また計画に反映させる市民参加が広がった。とくに，市民にもっとも近い政府である自治体の行政に対する市民参加は重視されている。**広報・広聴**や**直接請求**もその制度だが，行政がより能動的に，行政活動の多様な段階で市民の意思を反映させ，市民の参加によって**政策過程**を進める取り組みが広がってきた。市政モニター制度，地区懇談会などを開催する自治体も多い。審議会への参加，条例や計画の策定や実施に対する参加も当然になり，総合計画やまちづくりをめぐって，自由な議論がかわされることを企図した市民会議などが設置されることもある。市民参加推進条例やパブリックコメント条例などを制定する自治体も増えている。国においてもパブリックコメント（意見公募手続）が制度化され，政策決定以前に広範な市民が意見を述べる機会がある。

② 市民参加が行政活動に果たす役割

政府政策に，政府のオーナーであり政府政策のユーザーである**市民**の意思が生かされることは当然であり，自治体における市民参加は，地域の政府を市民が制御する自治の手段でもある。

市民参加が果たす機能としては，一つは，政策や施策の形成にかかわる議論を通じた意思表出である。ヒト・モノ・カネなど政策資源は限られており，市民同士でも利害は対立する。政府政策の選択をめぐる議論の機会はその対立を調整し合意形成をめざし意見を集約する機会でもある。もう一つは，行政活動の

▷1 ここでは参画を参加に含めて扱う。参画という用語は，市民参加を形式上のものにしないため，より早期の，計画や企画の段階から参加をすすめようという意図で用いられていると言える。

▷2 ⇨3-V-1「行政と政策主体の多様化」

▷広報・広聴
⇨3-V-4「広報・広聴の広がり」

▷直接請求
⇨3-V-10「直接請求と住民投票」

▷政策過程
⇨5-I-1「政策過程の分析」

▷3 京都市など，審議会を設けるさいに参加する市民を公募することを制度化した自治体もある。

▷市民
⇨3-V-1「行政と政策主体の多様化」

▷情報公開
⇨3-V-4「広報・広聴の広がり」

▷4 2012年8月，経済産業省資源エネルギー庁平成24年度電源立地推進調整等

過程のチェック機能である。参加は資源と権限を信託された政府が、それを適正かつ有効に運用しているかをとらえる機会となる。市民参加は、本来、行政に対する「批判と参画」である。

市民参加がこうした機能を果たすためには、**情報公開**が不可欠である。かつて政治の機密であった情報は、市民による政府の制御のツールとして「情報なくして参加なし」と言われるほど重要な意味を持つ（図3-3）。

③ 政策過程への市民参加

課題選択⇨政策の立案⇨決断⇨実施、およびその評価や終了を含めた政策過程に、市民の参加をどのように得るかは重要な課題である。

市民は、政府政策のオーナーでありユーザーであり、つまり政策の当事者である。信託者である市民の多様な意志を集約し反映する参加のデザインが、行政活動を信託に応えるものとするシカケとして重要になるのである。

とくに、社会のあり方を左右するような大きな政策課題について、広く議論することで課題に対する認知を進め、合意を形成し意見を集約し、政策決定につなげる「熟議民主主義」の重要性が指摘されている。その特徴は、情報を基礎とした自由な議論の積み重ねの重視である。情報＋議論による熟考によって、人の意見や結論はそれ以前と変わりうる。熟議を政策過程に生かそうという取り組みは端緒についたばかりだが、「討論型世論調査」、「地域円卓会議」、無作為抽出の市民会議「プラーヌンクス・ツェレ」などの手法が広く試みられている。

④ 市民参加をめぐる課題

現実の市民参加は、ともすれば形骸化し、行政にお墨付きを与えるための「アリバイ参加」や不満を吐き出させるだけの「ガス抜き参加」に陥る可能性があり、特定の市民の声をどう「市民の意見」と認めるかという正統性も課題である。他方、行政が参加の機会を用意しても、争点提起の失敗などで市民の関心を寄せられないことや、議論の結果が活かされないこともある。迷惑設設置などをめぐる市民間の合意形成の難しさは「地域エゴ」とも評される。誰が、どのように参加し、結果をどう受け止めるか、その過程で議論をどう深めるかという、市民参加を正統化し実効化するための参加のデザインは、政策過程への市民の参加が重要視されるなか、今後ますます重要になると言える。

事業（革新的エネルギー・環境戦略の策定に向けた国民的議論の推進事業[討論会事業に係るもの]）によってエネルギー・環境の選択肢に関する討論型世論調査実行委員会がおこなった討論型世論調査では、2030年までに原発をエネルギー源とすることが否定された。この結果は国の「革新的エネルギー・環境戦略」の策定にいったんは生かされたものの、政権交代後その方針が転換されている。

原発エネルギー政策をめぐっては、討論型世論調査の他におこなわれた公聴会での発言者の選択が作為的であったり、関係者が立場を隠し発言したことも問題となった。

▷5 ⇨ 3-V-3 「市民活動・NPOの登場と広がり」側注1

参考文献

白石克孝・新川達郎編『参加と協働の地域公共政策開発システム』日本評論社, 2008年。曽根泰教・柳瀬昇・上木原弘修・島田圭介『「学ぶ, 考える, 話しあう」討論型世論調査——議論の新しい仕組み』木楽社, 2013年。

図3-3 政府・市場・市民社会セクターの活動領域

出所：フリー素材を使って筆者が作成。

V 市民と行政

 ## 市民活動・NPOの登場と広がり

① 高度成長期と市民活動の展開

　今日の市民活動は，戦後の平和運動を先駆けに，高度成長期の社会変動を経て広がり，災害でクローズアップされるように，政策主体としての役割をますます大きくしている。

　高度成長期では公害などの環境汚染や，三大都市圏を中心とした「都市問題」の深刻化が，ときに政府や行政と対立する激しい市民・住民運動を生み出した。産業の構造や人々の生活様式が大きく変わり，水道や交通機関などの社会資本，福祉などの社会保障，医療など社会保健の公共整備が市民生活の基盤として求められるようになったが，経済成長を優先する一方でこれら整備は遅れ，とくに人口が急増した都市地域で生活環境が急速に悪化した。このことが都市問題の背景にあった。

　市民参加や情報公開の理念や制度も未発達であった時代，深刻化する状況に運動も対立も激しかったが，市民生活環境の整備に取り組む先駆的な自治体（革新自治体）などもあらわれ，地域の公共課題に政策によって対応する自治体と市民活動の今日的なあり方の契機となった。市民参加や情報公開も，こうした自治体が先行し，広がっていった。このように，課題の現場である自治体の変化は大きかったが，国においても，環境庁（当時）の設置，また公害国会，福祉元年といった呼び方がされるような政策の変化が見られた。

② 市民活動の多様化と公益法人制度

　多様な広がりを見せてきた市民活動を，社会の主体として位置づける意味で重要なのが公益法人制度である。日本の公益法人は，従来，設立に多額の基金と，所管官庁の許可を要するなど，多様で柔軟な市民活動団体を法人化するのに適した制度ではなかったが，市民活動の重要性と法人格制度の必要性が認知され，1998年，特定非営利活動法人（NPO法人）制度が創設された。現在，NPO法人の認証は5万を超え，税制優遇を受けられる認定NPO法人も増えてきた。だが，一般に財政基盤が弱い。また，2000年以降社会福祉法人制度や中間法人制度，公益法人制度改革など，公益活動の法人格が多様になり，制度間の税制優遇措置の差などの問題，官庁設立の法人への「天下り」問題も指摘されてきた。

▷1　こうした運動には，「モノトリ主義」，「地域エゴ」との批判もあった。だが，当時は参加や情報公開の制度もないなかで，手探りで運動に取り組む段階であった。市民・住民運動と行政の関係は，参加と情報公開の制度，また合意形成の経験のあり方によって，変わりうる。「地域エゴ」は NIMBY（Not In My Back Yard）とも言われる。誰もが嫌がるが必要な迷惑施設の設置をめぐる議論と合意形成はたしかに合意は難しい。だが，だからと言って安易な強行は結局大きな禍根を残す。徹底的な情報公開と参加が一度白紙に戻したゴミ処分場の設置について合意にたどりついたものとして，ニセコ町や多治見市の例がある（西寺雅也『自律自治体の形成』公人の友社，2008年）。

▷2　ここでは，市民・住民を区別せず，課題に対する市民の活動を包括的に「市民活動」とし，市民活動のうち個別課題について行政や政府を動かそうと働きかけるものを「運動」と呼んでいる。

▷NPO
Non Profit Organization の略。非営利組織。非営利というのは利益が不要ということではなく，公益活動

こうした法人制度は市民社会セクターが公共政策の主体として活動する環境を支え，セクターを超え地域の社会・経済に重要なコーディネーターとなる団体も現れている。

3 市民政策の広がりと行政

1995年の阪神淡路大震災，2011年の東日本大震災などの痛ましい災害時は言うにおよばず，市民社会セクターの主体はますます大きな力を発揮している。平時にあっても，行政が対象としていない課題を含め，社会のさまざまな課題に取り組んでいる。社会問題をとりあげる報道では，そうした問題に取り組む市民団体が紹介されることが，むしろ当たり前になっていることがわかるだろう。このような広範な市民活動がおこなう政策的活動のあらわれを，政府政策に対比して市民政策と呼ぶことができよう。社会における市民や団体相互のつながり（ネットワーク）を，公共課題に対する資源であるとして，「ソーシャル・キャピタル」（社会関係資本）と呼ぶこともある。

こうした市民政策の動向に行政はどう相対していくべきか。

もちろん，課題を同じくする多様な政策主体と連携・協力することで，課題の解決により効果的な対応をおこなうことができよう。とくに課題の現場であり，行政サービスを直接市民に提供する自治体においては，市民また企業との連携・協力は「協働」という表現で模索されている。一方，緊張・競争関係も価値ある関係である。他の政策主体との関係性によって，政策の効果を高め，負荷を軽減し，現状の取り組みを検証することが可能となる（133ページ図3-3）。

4 「協働」とその課題

自治体行政にとって「協働」という用語は，政府の政策資源の縮小を補う打ち出の小槌のように頻繁に使われている。しかし，その実態はかならずしも期待にそうものになっていない。協働のパートナーとして期待された市民活動主体からは「協働疲れ」が指摘されたり，パートナーが見つからず行政自身が深くかかわってNPOを立ち上げる「官製NPO」，低廉な委託や補助金が財政基盤を支え，事業も行政由来のものに占められる「NPOの下請け化」「安上がり行政」が問題となっている。他方，市民の資源を集約し，権限・財源として行使する行政機関にとって，「協働」が常に適切な方法であるわけではない。

重要なことは，政策主体としての自立性を確保することであり，互いに，なぜ，何を目的として，具体的にはどのように連携・協力するかを明確にすることである。公共課題についてのイニシアチブを一方が常に持つのではなく，組織の規模や資源に大きな差があるなかで，セクターの異なる政策主体の自主性を前提とした政策主体間関係の構築ができなければ，連携・協力もまた持続可能ではない。

▷ に使うという意味。

▷3 2015年3月31日現在。内閣府による。

▷4 ただし，市民活動へ市民の寄付をつなぐ地域ファンドの設立や，2016年に休眠預金法（これまでは金融機関の収入となっていた，長期間利用されていない銀行口座などの利子，年額約500億円を公益活動法人の活動資源として活用しようとするもの）が成立するなど，市民活動をめぐる資金の動向も変化しつつある。

▷5 国税庁長官から一定の要件を満たしたと認められたNPO法人が，認定NPO団体として税制上の優遇措置を受けられる。2016年10月末，976団体が認定特定非営利活動法人となっている。

▷6 たとえば霞ヶ浦のアサザ再生，「市民型公共事業」による地域資源の活用と雇用の創出など，地域づくりに大きな役割を果たすNPO法人アサザ基金（飯島博『市民型公共事業：霞ヶ浦アサザプロジェクト』淡海文化振興財団，2002年）などの活動がある。

参考文献
山内直人『NPO入門』（第2版）日本経済新聞社，2004年。川口清史他編『よくわかるNPO・ボランティア』ミネルヴァ書房，2005年。雨森考税『テキストブックNPO』東洋経済新報社，2014年。

V 市民と行政

広報・広聴の広がり

政策の決定や実施にかかわる情報は，政治状況を大きく左右するものであるため，古来より，情報管理，情報操作は政治の秘術だった。

しかし，行政活動にかかわる情報の公開は，戦後，「広報・広聴」から広がり始め，今日では政府の主権者である市民による行政活動の検証を可能にする情報公開の機会も開拓されてきた。本節では広報・広聴について，次節では情報公開などについて説明する。

1 行政と市民のあいだの情報流通

行政活動にかかわる情報は，膨大である。行政活動の状態だけでなく，政策決定や活動のあり方そのものを左右するもので，行政にも市民にも，その収集，分析，共有，管理が重要であることは言うまでもない。政治・政策にかかわる情報は，現状の課題などを示す争点情報，統計や調査にもとづく基礎情報，専門知識などの専門情報に大別できる[1]。

行政と市民のあいだの情報流通は，「広報・広聴」として広がってきた。戦後の民主化で推奨された PR（Public Relations）の訳語として「広報」という用語が浸透し，行政から市民への情報の流れだけでなく，市民から行政への情報の流れを指す広聴と一体のものとして，取り組まれてきた[2]。「広報・広聴」というとき，情報を発信し，吸収する主体は行政である。そこから一歩進めて市民が主体となって行政の情報を収集し，自らの持つ情報を行政に発信する情報流通の重要性が認識されてきた。このような行政と市民のあいだの情報流通は，図3-4のように説明されることもある。状況を示す情報だけでなく，その流通に伴う意見交換やコミュニケーションもまた情報としてとらえると，どこまでが「広報・広聴」で，どこからが情報公開や意見表出なのかはかならずしも明確に区分できない。行政と市民のあいだの情報流通の形態の広がりが理解できよう。

▷1 松下圭一『政策型思考と政治』東京大学出版会，1991年，152-153頁。

▷2 「広報」も戦後にできた新しい用語である。「広聴」は，「広報」という用語の広がりに応じて，「報」ずるだけでなく「聴」くことが重要だという指摘から造語された。当初は，「広報」は広義には「広聴」を含むとされたが，しだいに「広報・広聴」と一対で表記されることが多くなった。同音の「弘報」（戦前の政府・行政の情報活動に用いられたもの），「公聴」（政策，法案の決定手続きのなかで制度化された聴聞の機会）とは区別される（井出嘉憲『行政広報論』勁草書房，1967年）。

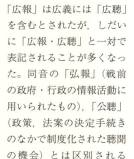

図3-4 情報提供の意思と提供方向

出所：馬場健「住民と自治体をつなぐ」佐藤竺監修『市民のための地方自治入門』（改訂版）実務教育出版，2005年，116頁。

2 広報・広聴の始まりと広がり：お知らせから政策形成へ

広報・広聴も，市民参加と同様に，高度成長期を画期として先駆的な自治体

を中心に広がってきた。1970年ごろから都市問題の解決や市民生活優先の政策展開を掲げた「革新自治体」では、自治・分権や参加という新しい理念や政策に対する市民の理解と支持を得るためにも、広報・広聴の拡充に力が注がれ、やがてその動きは全国の自治体に広がっていった。

こうした動きは自治体広報紙の拡充から進み始めたが、やがて行政の伝えたい情報を伝える「お知らせ広報」にとどまらない、統計情報など政策形成にかかわる情報の公開に広がった。

広聴は、たとえば「市長への手紙」など投書、市長室への訪問や公開を進め、市民集会や地区懇談会、座談会など市民との対話や意見交換の機会を作る試みが、やはり革新自治体を先駆けとしておこなわれ、全国に広がった。

③ 広報・広聴の手法と手段の拡充

広報・広聴の拡充は、市民と行政のあいだの情報流通の拡充である。その方向の一つは手法、手段の多様化である。自治体では広報紙を主とする一般広報だけでなく、市政概要や個別政策のパンフレット発行、出前講座や説明会など個別広報も広がってきた。テレビやラジオ、コミュニティFMや地域ケーブルテレビなどで番組を持ち、情報提供することもある。ゆるキャラやシティプロモーションなど行政に親しみや好感を持ってもらおうとする「広報」も、是非について議論はあるが注目されるところである。

インターネットをはじめ、IT（情報通信技術）・ICTを使った広報・広聴も、盛んである。フェイスブックやツイッターなどSNS（ソーシャル・ネットワーク・サービス）を使い、即時性や双方向性を高めようとする試みも見られる。

このような歩みは、行政に都合のいい一方的な情報による操作だとする批判もある。そこで、広報・広聴の拡充を、市民参加と情報公開につなげることが二つめの方向性である。たとえば、公聴会や前掲の「市長への手紙」への対応は、結局のところ行政側の任意である。これに対して、パブリックコメント制度は、具体的な案件について、一定期間にわたり市民に意見を求め、行政が責任を持ってそのすべてに応答し、その内容を公開する。パブリックコメントは多くの場合政策の決定段階でおこなわれるが、より早期の段階にある施策や事業、政策過程について情報を提供することは、参加の充実につながっていく。

行政からの情報提供、行政が求める情報の周知、収集にとどまらず、市民が求める情報へのアクセスの拡大は情報公開へ、政策形成における双方向のやりとり、議論の充実は市民参加につながっていくのである。

▷3　いわゆる「革新自治体」においては、保守系議員の多い議会に対して、改革を掲げ、革新政党（旧社会党、共産党など）の推薦を受けて当選した首長との政治的軋轢があることも珍しくなかった。議会において少数与党であるこうした首長にとって、より広く市民の理解と支持を得ることは重要であった。

▷4　革新自治体であった横浜市の1964年『団地白書』、武蔵野市の1973年『地域生活環境指標』などはその一例であった。

▷5　⇒ 3-V-2 「市民参加の機能と課題」

▷6　⇒ 3-V-5 「情報公開と市民と行政」

参考文献

佐藤竺監修『市民のための地方自治入門』（改訂版）実務教育出版、2005年。

V 市民と行政

 情報公開と市民と行政

広報のように行政の任意による情報提供から、主権者である市民みずからが行政活動の検証や評価を可能にする「情報公開」も広がってきた。だが、国では2014年12月に**秘密保護法**が施行となり、その幅広い運用の可能性が大きな問題となっているところである。

お知らせから説明責任へ

政治・行政で起こる汚職や不祥事の究明にあたって、情報の非公開がしばしば壁となり、行政活動の透明化を進める情報公開制度の整備が求められてきた。自治体では、1982年の山形県金山町、83年の神奈川県を先駆に、情報公開条例の制定が広がった。国では1999年に情報公開法が制定、2001年に施行された。それを受け、今日ではほとんどの自治体が情報公開条例を持つ。

国の情報公開制度は、誰でも請求でき、決裁を受けた公文書だけでなく職務上作成または取得した文書を、電子媒体も含め対象とする。ただし不開示情報をめぐってはしばしば議論となる。**個人情報保護**を理由とした不開示に対しては批判もあり、基準も明確ではない。本来、情報公開の基礎になる公文書管理法が2011年にようやく施行されたところである。

自治体の情報公開制度は、国の水準を超えて法にはない「知る権利」を記す自治体、議会や自治体の出資団体を対象の機関に含める自治体もある。対象となる文書名を具体的に特定しなくても請求が可能な自治体もある。実際の公開にあたっては運用姿勢の差が大きく、同じ文書であっても自治体によって可視部分が大きく異なることが珍しくない。

2 市民のツールとしての情報公開

意見は、情報を基礎に形成される。したがって、行政活動への市民の意見表明、課題提起、提案などは、情報があって初めて可能になる。「情報なくして参加なし」とも言われるゆえんである。

広報と情報公開は明確に区分できるものではなく、行政が広報として提供する情報であっても、市民から見れば行政情報の公開であることもある。近年は、『わかりやすい予算書・決算書』など市民に事業のコストを示す取り組みや行政評価などの公開も進んでいる。

一方、個人情報保護の観点からアクセスしにくくなった情報もある。たとえ

▷**秘密保護法**
正式には「特定秘密の保護に関する法律」。

▷1　2008年4月1日現在、すべての都道府県、市区町村1811団体のうち1802団体（99.5％）が制定している。「総務省情報公開条例（要綱等）の制定状況調査」。

▷**個人情報保護**
情報公開の重要性が認識されてきた一方、情報通信技術やメディアの影響力の拡大は、プライバシーや私的な活動にかかわる情報を「晒す」こともありうる。何らかの手段で収集された個人情報が、本人の意思に反して利用されることを防ぐ個人情報保護は、「知る権利」に対して「知られない権利」と呼ばれることもある。ただ、何が個人の私的な情報にとどまり、何が公開されうる公共の情報なのか、その線引きは明確ではない。むしろわれわれの社会が今後経験する事例と議論によるであろう。

▷2　全国市民オンブズマン連絡会議では、毎年、同じ内容の情報公開請求をおこない、その結果を点数化した「全国情報公開度ランキング」を発表している（2008年3月発表で第12回目）。⇨ 3-V-9 「オンブズマンの機能と制度」も参照。

ば，災害時に支援を要する市民のリストを行政から提供することなどである。現在では，対象者の同意を得て避難行動要支援者名簿の作成が進んでいる。

市民参加，市民活動の展開に，情報公開は大きな意味を持つ。情報公開制度をはじめ，行政が持つ情報を取得，分析する経験と能力の向上が求められる。公金の不正支出を鋭く指摘してきた情報公開市民オンブズマンの活動は，こうした情報公開制度を使って行政活動を検証，制御する代表例とも言える。

③ IT（情報通信技術）の発達と情報公開

ITやインターネットの発達と普及は，情報流通のあり方を大きく変えている。官報，白書など冊子や紙媒体で提供してきた情報のオンライン化だけでなく，予算や紙幅の関係で提供できなかった文書や，進行中の審議会などで議論されている内容などがウェブサイトを通じて提供されるようになった。

IT・ICT技術の革新は，インターネットなど電子媒体での情報公開を超えて，情報とサービスの電子化を進めている。先進諸国から大きく遅れてのスタートとなったが，国では2003年の行政手続オンライン化法の施行，「電子政府の総合窓口」（e-gov）の充実，自治体でも電子自治体の基盤整備が取り組まれている。政府が持つ情報資源の電子的公開は「ビックデータ」として民間でも活用されることが期待されるが，日本ではまだ端緒についたところと言える。

2015年に導入されるマイナンバー制度は，IT技術の利便性が評価される一方，個人情報の保護からは危険も指摘される。

④ 情報による議論，コミュニケーション

市民参加と情報公開は拡充を続けてきた。だが，行政と市民のあいだで，双方向の情報流通が深まり，相互に発信する争点情報・基礎情報・専門情報が行政活動や政策形成に影響を及ぼしていると言える状態にはない。

行政，とくに国の情報公開のあり方は，情報公開法の不開示の幅の大きさや公文書管理法が会議における議事録作成を義務付けていないことなど，問題点が指摘されてきた。さらに，行政機関の長が何を秘密とするかを明らかにせず指定することができ，相当な長期間にわたり，第三者チェックも及ばない秘密保持をおこなうことができる秘密保護法の施行によって，行政情報の秘匿性がいっそう高まることへの懸念が強く指摘されている。政策には正解がなく，行政は誤りうる。どのような情報をもとに，どのような意思決定をおこない，どのように行政活動をおこなったのか。それらを可視化する情報公開は市民の信託に対する説明責任であり，情報は市民に共有されるべき資源なのである。

行政活動や政策形成過程に市民の意見を反映させ，参加を進めるためには，情報を媒介とした市民と行政のあいだの対話・議論の機会が不可欠であり，本来そのためにこそ広報・広聴，情報公開と市民参加は求められる。

▷3 ⇨ 3-V-4「広報・広聴の広がり」②側注で示した『地域生活環境指標』も，情報公開であり広報でもあったと言える。

▷4 ニセコ町，川西市，千葉市などでは，一般の自治体が作成する性質別予算だけでなく，事業ごとの予算，決算をまとめ市民に示している。ニセコ町の『わかりやすい予算・決算』は，広報あるいは情報公開のすぐれた手法として広がった。

▷5 法令や条例，規則，要綱の公開が広がっている。国の統計情報はe-statというポータルサイトから一元的に閲覧できる。「政府統計の総合窓口」（http://www.e-stat.go.jp/ 2015年5月1日現在）。

▷6 「電子政府の総合窓口」（http://www.e-gov.go.jp/ 2015年5月1日現在）。

参考文献

松井茂記『情報公開法入門』岩波新書，2000年。梅屋真一郎『知らないとどうなる？ いちばんわかりやすいマイナンバー』日本能率協会マネジメントセンター，2015年。

V 市民と行政

 不服申立て等による行政救済

行政の作為，または不作為によって，市民の権利利益が侵害された場合，それはどのように救済されるべきだろうか。行政救済は，行政過程のなかで救済されるものと裁判過程のなかで救済されるものの二つに大別できる。ここでは，主に行政過程のなかの「救済」制度を扱う。

1 行政処分による個人の権利利益の侵害

行政処分は，施策の実施，申請や許可にかかわる決定などを通じて，市民や団体，企業の自由な領域に介入し，あるいはその権利や利益を侵害することも少なくない。行政は無謬ではなく，誤った決定や執行をおこなうことがある。したがって，そうした処分による不利益を救済する制度が必要になる。

救済の方法として，行政不服審査法にもとづく不服申し立てと，不服申し立てに至らない行政相談などの苦情処理があり，さらに行政事件訴訟法による裁判過程での救済がある。決定や執行による権利利益の侵害だけでなく，許認可や行政指導など行政の裁量や処分の不透明性の問題にたいして，1993年に行政手続法が制定されている。

行政不服審査法は1962年制定以来，大きな改正がおこなわれなかったが，2014年に関連する法令と行政手続法とをあわせて抜本改正された。

行政への不服申立てによる「救済」には，いくつかの利点があると言われる。市民にとっては，一つには，裁判に比べ簡易で迅速であることである。二つには，行政の処分が違法かどうかだけでなく，それが妥当（適切）かどうかも判断の対象に含まれることである。この点は司法では判断しにくい。行政にとっても，適切な行政運営のための自己統制として，あるいは同様の処分に対する基準の適正化に有効であるとされる。

2 不服申立て：行政不服審査法とその制度

行政不服審査法は，行政処分に対する不服申立ての一般法である。原則として，他に特別の定めがないあらゆる行政処分を対象とする一般概括主義を取る。行政がおこなった決定など作為の処分だけでなく，なすべき決定や処分をおこなわなかったという不作為についても，不服申立ができる（図3-5）。

法改正後，不服申し立ては，不服のある処分から3カ月以内に審査請求人がおこなう審査請求によることになった。対象となる処分をおこなった処分庁の

▷1 塩野宏『行政法Ⅱ』（第5版補訂版）有斐閣，2013年，2頁。なお，権利利益の不当な侵害を是正する制度としては，この他に，政府の行為から生じた損害を補償する国家賠償などがある。

▷2 司法による救済については 3-V-8 「司法による行政救済」を参照。

▷3 国レベルのオンブズマンのような，調査の権限や結果に対する拘束力のある，第三者機関の必要性も指摘される。⇨ 3-V-9 「オンブズマンの機能と制度」

▷ 不服申立前置主義
行政による権利利益の侵害を受けた者が，不服申立ての制度を利用するか，裁判に提訴するかは，当人の判断によるのが原則である。しかし，裁判所に提訴する以前に不服申立て制度を経なければいけないという，「不服申立前置主義」を取

主張を，その処分に関与しなかった職員が審理員となって審理し，その案をふまえ大臣が裁決する。裁決については，第三者機関によりその妥当性がチェックされる。行政手続法の改正では，救済の対象が，行政処分による不利益を受けた場合に加え，行政の法律違反の事実を発見したときの是正処分や，法に適合しない行政指導の中止の申し立てなどに広がった。

3 苦情処理：行政相談

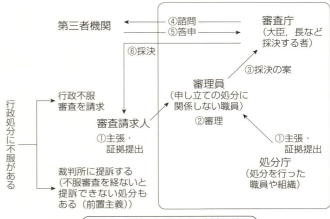

図3-5　現在の不服申立て制度の流れ

（注）　第169国会に上程された全部改正案では，審査請求に一本化される予定（本文を参照）。
出所：総務省ホームページ（http://www.soumu.go.jp/main_content/000297540.pdf　2015年5月1日現在）を参考に筆者作成。

行政処分に対する苦情処理は，現実にはすべての行政機関が直接対応している。だが，それには客観性や中立性，公平性から見て限界がある。不利益を感じても申し立てすべきか迷うこともある。国レベルでは，総務省が国と地方の行政活動全般にかかわる苦情や相談などを受け付け，相談者と行政機構に必要な斡旋をおこなう窓口として行政相談委員が置かれている。税や年金など特定分野に行政相談窓口が置かれることもある。

行政相談は，都道府県庁所在地に置かれた行政相談課，総務大臣から委嘱を受けた全国約5000人の行政相談員，総合行政相談所などで受け付けている。近年，苦情に関する特別電話の設置，手紙やFAX，インターネットによる申請などの改革も見られる。

行政相談員制度は，苦情という，行政処分について不服申立てより広い範囲を対象とし，申し出も比較的容易である。しかし，専門職ではない行政相談員が多様な苦情に適切な対応がとれているかなど，課題も指摘されている。

4 行政処分による不利益は救済されているか

これら制度は，行政処分による市民の不利益を適切に救済しているだろうか。たとえば，裁判と比べれば簡略迅速ではあっても，審査請求人にとってはなお制度が複雑であり，職責は違っても処分庁と同じ行政庁の職員が審理にあたるという公平性の問題もある。批判のある**不服申立前置主義**は一定程度見直しがなされたが，申立ての対象や申立人となる要件についても，今後どう運用され判断されるかが注目される。行政相談については，調査の権限やその結果の拘束力が低く，苦情処理により強力な第三者機関の必要性が指摘されるところでもある。行政の処分や判断が誤りうることを前提とした，市民の権利救済制度としての充実がなお求められている。

る個別法が多く，憲法が保障する裁判を受ける権利を制約する制度となっていることが問題視され（椎名他『ホーンブック新行政法』130-131頁），不服審査法により96法のうち68法で廃止・縮小など見直しが進んだ。

▷4　救済制度が用意されていなくても，不服審査の対象にならない処分がある。たとえば，土地などの固定資産に対する課税価格を検討する固定資産税評価委員会での審査が問題とされる（大和郡山市固定資産税審査決定取消請求事件など）。

▷5　行政不服審査法では「行政庁の処分に不服のある者」とされるが，判例では，行政事件訴訟における取消訴訟の原告適格に準ずる要件が求められている。

（参考文献）

椎名慎太郎他『ホーンブック　新行政法』（改訂版）北樹出版，2010年。塩野宏『行政法Ⅱ』（第5版補訂版）有斐閣，2013年。

V　市民と行政

 議会，監査委員への働きかけ

1　請願と陳情

　請願や陳情は，国会また自治体の議会に対し，市民の意見を直接伝える重要な権利である。日本国内に在住していれば，国籍や年齢にかかわらずおこなうことができる。

　請願は，自治体・国ともに議員の紹介により請願書を提出する。憲法16条は，請願を行う権利を明文で保障している。衆議院また参議院は召集から閉会の1週間前まで請願を受け付ける。各院で請願文書表をまとめ，印刷，議員に配布したあと，議長によりその内容にかかわる委員会に付託する。委員会では請願の採択不採択を審査し，採択された請願は国会で処理されるか，必要な場合には議長から内閣総理大臣に送付される。地方自治法は124条により直接請求の一形態として位置づけている。自治体によって異なるが，本会議の10日から数日前までに提出を求めることが多い。提出された請願は，議長がその請願にかかわる常任委員会あるいは特別委員会に付託し，採択か不採択かが審査される。採択された請願のうち，必要な場合には議長から首長や委員会に送付し，対応とその報告を求めることができる。

　陳情は，請願と異なり議員による紹介を必要としない。国会においては請願の場合におこなわれるような提出文書一覧の作成はおこなわれず，議長が必要と判断したとき委員会に付託することとなっている。自治体によっては，請願と大きく違わない取り扱いをしているところもあるが，一般に請願より簡明な手続きでおこなわれている。

　このような正式の手続きによるものではないが，議員に実情や苦情を訴え，対応を望むことも広く陳情と呼ぶことがある。市民や企業から議員にだけでなく，自治体から国の議員や省庁へも頻繁におこなわれている。「情を陳じ」あるいは「請い願う」用語には，政策や事業にかかわる権限を背景とした国→自治体，議員→市民の上下関係が潜んでいるという指摘もある。

2　議会・議員と市民の関係

　請願は旧憲法でも認められていたが，「相当の敬礼を守り」おこなうことを要件に許された（30条）ものであった。「請願」「陳情」は市民による議会への提案，論点提起の機会であるはずだが，これら用語が暗示する上下関係もあり，

▷1　会期がごく短期の場合には，請願を受け付けないこともある。また，衆議院と参議院は別個の機関であり，請願については互いに関与せず別々に受付，審査する。

▷2　地方議会も国会に意見書を提出することができる（地自法99条）。議長が受理したあと，関係する委員会に参考送付される。

▷3　加藤哲夫『市民の日本語』ひつじ書房，2002年。

主権者である市民の意思表出の制度としての機能を十分に果たしているとは言えなかった。ただ，近年策定が急速に進む議会基本条例では，請願・陳情を市民からの政策提案と位置づけ，提出要件の緩和や趣旨説明の機会を拡大する自治体も増えている。直接請求をはじめ，議会への市民参加が広がるかが注目される。

3 監査委員の制度と役割

監査委員は，自治体の財務や事務の執行が適切におこなわれているかを監査する役割を持つ（地方自治法199条）。首長が議会の承認を得て，「優れた識見を有する者及び議員」から選任するが，その役割から行政に対する独立性を持つとされている。地方自治法では「都道府県及び政令で定める市にあつては4人とし，その他の市及び町村にあつては2人」だが，条例によりその人数を増やすこともできる。監査委員は毎会計年度に監査をおこなう他に，みずから必要と思うときにはいつでも監査をおこなうことができる。自治体が支出している補助金なども対象であり，関係人に出頭を求め，調査することも可能であり，一般に認識されている以上に大きな権限を持っていると言える。

4 住民監査請求と住民訴訟

住民監査請求は，監査委員に対し監査について直接請求をおこなうことができ，監査委員はそれに応えなければならない。市民は監査委員を通じて，財政の支出を伴う自治体の活動に限り，それが適切かどうか監査することができ，住民監査請求の結果に不服であるときには住民訴訟を起こすことができる。条例の制定・改廃といった直接請求は一定数以上の有権者の署名を要するが，住民監査請求と住民訴訟は1人でも起こすことが可能である。これは，議会や長の代理代表性から見て，人数の多少にかかわらずその活動に疑義があるときには，監査また司法によるチェックを保障することを意味している。住民監査請求と住民訴訟は，住民が行政と議会，つまり自治体の活動を制御する制度として機能しうる。

住民監査請求・住民訴訟は市民が自治体の活動をチェックする制度として頻繁に利用されている。議会議員については近年とくに政務活動費（旧政務調査費）の監査請求を通じた問題提起が盛んであるが，行政についても，工事の発注や事務執行手続きでの問題点，公費支出や政策判断にかかわるものなど多様な監査請求がおこなわれている。市民オンブズマンなどの活動も盛んである。市民提起による監査は重要だが，行政活動への監査請求は圧倒的に棄却されることが多く，却下の理由が付されなかったことが問題になったこともある。制度が本来持っている機能が活かされることが期待される。

▷4 2006年に栗山町で最初に策定された議会基本条例は急速に広がり，2015年4月には700を超えた。請願・陳情を市民からの政策提案とするという規定は，山口県防府市はじめ多くの自治体で取り入れられている。

▷5 ⇒ 3-V-10「直接請求と住民投票」

▷6 現役の自治体職員は監査委員にはなれず，経験者も監査委員になれる人数に制限がある。議員も自治体の規模によって1名または2名と規定されている。

▷7 ⇒ 3-V-10「直接請求と住民投票」

▷8 2011年度川口市議の政務調査費の支出を容認する監査結果について，その根拠を問う公開質問状が出されたが，事実上無回答であった（『朝日新聞』2014年11月21日）。

(参考文献)
加藤哲夫『市民の日本語』ひつじ書房，2002年。礒崎初仁他『ホーンブック 地方自治』北樹出版，2014年，21章。衆議院ホームページ「各種手続」http://www.shugiin.go.jp/index.nsf/html/index_tetsuzuki.htm（2015年11月1日現在）。参議院ホームページ「請願・地方議会からの意見書の提出」http://www.sangiin.go.jp/japanese/annai/index.html（2015年11月1日現在）。

V 市民と行政

8 司法による行政救済

▷1 ⇨ 3-V-6「不服申立て等による行政救済」

▷2 国家賠償法，行政不服審査法および行政事件訴訟法の3法をあわせて「救済三法」と呼ぶ。

▷不服申立前置主義
⇨ 3-V-6「不服申立て等による行政救済」

▷行政訴訟
行政訴訟は，かつては行政裁判所に提訴される訴訟を指したが，現在では行政事件訴訟法により一般裁判所で審理されている。用語としては行政事件訴訟というよりも行政訴訟ということが一般的である。

▷3 住民訴訟については，3-V-7「議会，監査委員への働きかけ」参照。

行政処分による市民の権利あるいは利益の侵害を是正，救済するには，行政過程の不服申立てによるものと司法によるものがあることはすでに述べた。ここでは行政処分の適法性を争う行政事件訴訟法を中心にその概略を説明する。

1 司法による救済の制度

法律の根拠がある行政救済の制度は**表3-5**のように概観できる。不服申立てとの根本的な違いは，行政権から独立した裁判所が権利利益の侵害の有無について判断するところにあり，それにより行政裁量の適法性をチェックする機能もあわせ持つところにある。

裁判を受けることは市民の権利であり，間違いと思われる行政処分を止めるため不服申立てをおこなうか，行政事件訴訟法によって司法に訴えるかは本来市民に委ねられているが，49の法令については不服申立てを経ないと訴えを起こすことはできない（**不服申立前置主義**）。

行政処分によって被った経済的損失は，国や自治体に補償を求めることができる。違法と思われる処分によるものは国家賠償法，適法と思われる処分によるものは憲法の損失補償規定（29条3項）に根拠を持つ。

表3-5 法律の根拠がある行政救済の制度

行政争訟法	行政不服審査法	行政に対する不服申立て
	行政事件訴訟法	司法（裁判所）に対する提訴
国家補償法	国家賠償法	違法な行政行為に対する損害賠償請求
	損失補償	憲法（29条3項）による損失補償の請求

出所：塩野（2013年，1～2頁），椎名他（2010年，117頁）をもとに筆者作成。

2 行政訴訟の類型

行政裁判所がない現代の日本では，司法裁判所が行政訴訟も扱う。その類型は，まず主観訴訟と客観訴訟に大別される。みずからの権利利益侵害について訴えるものが主観訴訟，より広く，地域住民や市民社会に対する侵害について訴え，行政活動の客観的な適法性を問うものが客観訴訟である。主観訴訟は抗告訴訟と当事者訴訟に分けられ，客観訴訟は民衆訴訟と機関訴訟に分けられる。

これら訴訟の類型は**表3-6**のようにまとめられるが，次にのべる取消訴訟がその中心である。

行政処分に関する不服を訴える抗告訴訟のなかの取消訴訟は行政訴訟ではとくに重要なものとされ，行政処分による不利益が対象になる処分取消訴訟と，行政に対する不服申立ての結果について取消を求める裁決取消訴訟とに分けられる。取消訴訟の提起には，①取消訴訟の対象があること（問題とされる事実が行政の「処分」にあたるかどうか），②原告適格＝訴える資格があること（処分の取消を求めることに「法律上の利益」があるか），③訴えの客観的利益（処分を取り消すことで利益が得られるか）などの要件が求められる。

実際の行政訴訟ではこれらの要件を満たしているかどうか自体が，裁判でもしばしば重要な論点となっている。

表3-6 行政に対する訴訟の類型

主観訴訟	民事訴訟（争点訴訟を含む）	
	当事者訴訟	
	抗告訴訟	処分取消訴訟
		裁決取消訴訟
		無効確認訴訟
		不作為違法確認訴訟
		義務付け訴訟
		差止め訴訟
客観訴訟	民衆訴訟（住民訴訟等）	
	機関訴訟（国地方係争処理訴訟等）	

出所：芝池（2010年，112頁），椎名他（2010年，117頁）をもとに筆者作成。

3 行政訴訟の意義と行政事件訴訟法の改正

司法による行政処分に対する判断は，とくに，行政訴訟が対象とする客観訴訟などでは，直接に，そして拘束力を持って，社会ないし地域全体における行政行為や行政運営のあり方を制御する。

だが，実際には，政策や政治にかかわり，社会から注視される行政訴訟で行政に不利な判決が確定することはきわめてまれである。このことは，行政による権利利益の侵害が少ないことを示しているというよりも，司法の行政に対する制御が抑制的であることを疑わせる。

他方で，行政活動の拡大に伴い，それをいかに市民にとって適切なものに制御するかという課題は，行政処分について司法の判断をあおぐことの重要性を高めている。環境行政や消費者行政，計画行政などの分野を中心に，現代型行政訴訟と言われる新しい動向があり，今日求められる権利保障に応える必要性が指摘されている。2001年に設置された司法制度改革本部では行政訴訟検討会が置かれ，2004年の行政事件訴訟法の一部改正につながった。「義務付け訴訟」「差止め訴訟」の新設とこれにあわせた「仮の義務付け」「仮の差止め」制度の新設，取消訴訟の原告適格の拡大と基準の明確化，出訴期間の拡大，取消訴訟等の執行停止要件の緩和など，重要な改正がなされた。

行政活動とくに行政処分を市民が制御する制度は，行政手続法や行政不服審査法，行政事件訴訟法という事前事後の救済のしくみの他，住民監査請求と住民訴訟，一部自治体のオンブズマンといった監査のしくみがあり，さらに市民参加や情報公開に支えられているが，司法による行政の制御はその後の影響も含め大きな力となる。市民の要請の高まりに応える解釈と判断が望まれよう。

▷4 下級審では，行政行為を不当とする判決も出ている。たとえば，1965年の健康保険医療費値上げの無効を求めた取消訴訟に対する東京地裁の判決（東京地決昭和40年4月22日）では，執行停止の申立てが認められた。抗告審（東京高決昭和40年5月31日）ではその決定が取り消された（芝池，2010年，16章）。しかし，行政行為を不当とする判決はきわめて少ない。

参考文献

椎名慎太郎他『ホーンブック 新行政法』（改訂版）北樹出版，2010年。芝池義一編『判例行政法入門』（第5版）有斐閣，2010年。見上崇洋他『レクチャー行政法』法律文化社，2012年。塩野宏『行政法Ⅱ』（第5版補訂）有斐閣，2013年。岡田正則他『判例から考える行政救済法』日本評論社，2014年。

V 市民と行政

9 オンブズマンの機能と制度

▷オンブズマン (ombudsman)
スウェーデン語で「代理人」を示す言葉である。その発祥国であるスウェーデンでは，18世紀には国王の，議会の，国民の，そして現在では市民の代理人として位置づけられ，行政や公共機関に対する苦情について調査，対応する制度を意味してきた。

オンブズマンは日本では国政においては制度化されていないが，その機能が高く評価され，自治体の一部ではオンブズマン制度を置くところがあり，また，市民活動による情報公開市民オンブズマンなど動きも注目される。なぜ，オンブズマンのような制度が求められるのだろうか。

1 なぜオンブズマンが必要か

オンブズマンは，行政に対して独立性を持ち，中立の立場で，市民の利益が不当に侵害されていないかを監視し，市民の訴えにより調査をおこなう権能を持った存在である。

行政はさまざまな権限を持つが，その行使のしかたによって市民が不利益を被ることがある。また，法や条例などの規制，制度の運用によっても，市民の権利や利益を侵害することがありうる。そのような場合，市民は，不服申立てや行政相談などによってその是正を求め，ときには，訴訟を起こして司法に判断を求めることができる。しかし，行政の内部あるいは関連のある機関がその審査や判断をおこなう場合には，中立性が疑われることもある。制度趣旨にあてはまらないものであったり，訴訟に時間的費用的な困難を感じたりすることも多い。そこで，市民の代理人であるオンブズマンに，行政や公権力の活動を監視ないし調査し，その活動が市民の権利を不当に侵害した場合にはそれを救済する機能が求められる。オンブズマンは，市民の代理人として，その訴えに応じて調査し，勧告や助言をおこなう機関として置かれるのである。

▷1 ⇨ 3-V-6 「不服申立て等による行政救済」

▷2 ⇨ 3-V-8 「司法による行政救済」

2 日本におけるオンブズマン制度

オンブズマンは，スウェーデンで始まり，第二次世界大戦後に北欧からヨーロッパに広がった制度である。これらの国々では，議会が任命し，行政に対して幅広い調査権を持つ「議会オンブズマン」が主流である。これに対し，行政がみずからを律し，市民に対する権利の侵害を防ぐ制度として，行政の長が置く「行政オンブズマン」もあり，日本におけるオンブズマン制度はこの形態が多い（図3-6）。ただし，行政が選任するオンブズマンを議会が承認し，行政からの中立や独立性を一定確保しているところが多い。

国では，1986年に旧総務庁のオンブズマン制度研究会が「オンブズマン委員会」の設置を提言したが，いまだ実現されていない。自治体では，1990年に川

▷3 日本では議会がオンブズマンを置くには，調査権限や議会事務局以外の附置機関となることなど，地方自治法上の制約があると言われる。

崎市が日本において初めて市の行政活動一般を対象とするオンブズマン制度（一般オンブズマン）を導入した。また，分野を限定したもの（特殊オンブズマン）で言えば，東京都中野区は，川崎市に1カ月先んじ，福祉サービスにかかわる苦情申立てを受理する委員会を福祉オンブズマンとして設置した。市民の代理人として調査，救済をおこなう**オンブッド**活動は，行政による市民に対する権利侵害だけでなく，市民に対する市民の権利侵害にも広がっている。その後も2000年代の初めにかけて首都圏・近畿圏の自治体での設置が続いたが，その後はのび止まり，廃止する自治体も出ている。近年では2011年に熊本市で導入された。

3 拡大する対象と機能

行政などへ一定の調査権限を持つ「公的オンブズマン」とは異なるが，民間で，オンブッド機能を果たそうとする団体や活動は「私的オンブズマン」と呼ばれる。日本では情報公開や住民監査請求，住民訴訟を通じて，議会や行政活動を監視する機能を果たす「市民オンブズマン」が代表的で，その連合体である「全国市民オンブズマン連絡会議」は全国81団体により構成されている。また，公権力に対してではないが，社会に大きな影響力を持つマスメディアの報道による被害や問題の訴えを調査，勧告を行う放送倫理・番組向上機構（BPO）も，「市民の利益が不当に侵害されない」ためのオンブッド機能を果たす存在である。

公的オンブズマン制度やさまざまなオンブッド活動の広がりは，行政活動が市民に与える影響の重さ，社会における市民の権利を互いに尊重することの難しさでもある。国政においても，行政活動の適正さを担保し，権利の不当な侵害から市民を救済するしくみが求められることは言うまでもない。

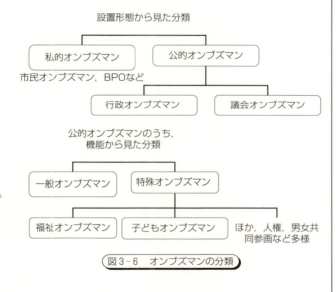

図3-6　オンブズマンの分類

▷**オンブッド**
オンブズマンの市民の代理人としての活動，その機能をオンブッド（ombud）という。原語では ombudman は男女かかわりなく「人」を表すが，英語で想起される「男」のイメージを避けるため，川西市のようにオンブズパーソンと呼ぶこともある。

▷4　兵庫県川西市では子どもへの人権侵害を主な対象に1998年人権オンブズパーソンを設置した。川崎市ではオンブズマン制度の他に，とくに，子どもや男女平等にかかわる人権オンブズパーソンを設置している。行政の活動だけでなく，家庭での暴力や学校でのいじめなど，権利侵害の調査の対象は拡大している。

参考文献
篠原一・林屋礼二編『公的オンブズマン　自治体行政への導入と活動』信山社，1999年。安藤高行『現代の行政活動と市民：情報公開・地方オンブズマン・センサス法の研究』法律文化社，2007年。

V 市民と行政

 ## 10 直接請求と住民投票

1 直接請求制度の意義と役割

選出された代表者により政府が運営されるしくみを，間接民主制と呼ぶ。現代社会の課題また価値観は多様であり，選挙による代表者の選出を通じた集約，統合の機能が必要になるのである。

しかし，選挙は当選した者に権力を白紙委任する制度ではない。主権者が，政治争点をめぐる自由な意思と判断によってみずからの代理人を選任するという信託の制度である。したがって，議会，首長がその信託に応える役割を果さないとされたとき，また，とくに検討すべき政策課題や政治争点が現れたときなど，直接に主権者の意思を示して対応を促す制度が用意されている。

2 地方自治法上の直接請求制度

日本では国レベルでの直接請求制度はない。市民により近い政府である自治体が，直接の課題提起に応える**地方自治**の制度として用意されている。

直接請求制度は4種類ある（**表3-7**）が，①条例の制定・改廃は，首長に政策・制度の検討を提案する制度，②事務監査請求は長・議会が代理人として適切に事務を執行しているか検証する制度，信託に応えていないときに信託を解消する制度として③議会・長の解職，④**主要公務員**の解職がある。

表3-7 地方自治法上の直接請求制度

①条例の制定・改廃請求	有権者50分の1の署名	長に求める→長は議会を召集して審議に付し，結果を公表しなければならない	地方自治法74条
②事務監査請求	有権者50分の1の署名	監査委員に求める→監査結果を公表，長に報告	同75条
③議会の解散，議員・長の解職請求	有権者の3分の1または6分の1の署名※	選挙管理委員会に求める住民投票に付す→過半数の賛成があれば解散・解職	同76，80，81条
④主要公務員の解職請求	有権者の3分の1または6分の1の署名※	3分の2以上が出席した議会で4分の3以上の同意→解職	同86条

（注）※ 正確には，有権者が40万人未満の場合は3分の1，有権者が40万人以上の場合は，「40万を超えた数に6分の1を乗じて得た数と40万の3分の1とを合算した数」の署名となる。
出所：地方自治法より筆者作成。

3 直接の意思表出としての住民投票

市民が個別課題について意思を表す制度が，住民投票である。法定の制度で

▷地方自治
⇒ 4-Ⅰ-1 「団体自治と住民自治」
▷1 市民活動の経験と蓄積が条例提案につながり，市民提案がほぼそのまま条例化された例として，1992年の保谷市リサイクル条例などがある。市民提案による条例策定の動きは，市民立法とも呼ばれる（高橋秀行『協働型市民立法』公人社，2002年）。

▷主要公務員
都道府県の副知事，市町村の副市町村長，選挙管理委員もしくは監査委員または公安委員会の委員（地方自治法86条）。
▷2 ②の2002年に市町村合併特例法の改正により導入された住民投票は，合併の是非を検討する合併協議会の設置を発議し，それが議会で否決された場合には，有権者の6分の1の署名によって設置の是非を問う住民投票をおこなうことができる。投票の結果，有効票の過半数が設置を是とするものであれば，議会の議決があったと見なす制度になっており，拘束力が強いだ

は、①憲法95条による、特定の地方自治体にのみ適用される法律を制定するにあたり住民の合意を確認するための住民投票、②2002年の市町村合併特例法の改正による、合併にかかわる住民投票、③2012年度に成立した「大都市地域特別区設置法」による住民投票といった制度がある。大都市地域特別区設置法は、いわゆる大阪都構想に応じるかたちで成立したものであるが、2015年5月これにもとづく大阪市の廃止・分割の賛否を問う住民投票が大阪市でおこなわれた。特定の政治争点や政策課題について、④条例にもとづいておこなわれる住民投票は、市民の意思表出の制度として大きな意味を持ち、議論を起こしてきた。

　④条例により実施された初めての例が、1996年新潟県旧巻町（現新潟市）の原子力発電所誘致をめぐる住民投票である。政治争点について市民が直接意思を表出する住民投票は、しばしば間接民主制との関係が議論され、住民投票条例の直接請求が議会で否決されることも多い。だが、地域の重要な争点について、主権者みずからが住民投票によりその意を示すことは、当然ながら否定されえない。多くの住民投票条例は長や議会が意思表出の結果を「尊重」すべきとするにとどまるが、結果の政治的意味はきわめて重い。その重さは賛否を主権者が示すということだけでなく、投票に至る議論の過程の重さでもある。

❹ 自治体における市民の意思表出制度としての住民投票

　自治体における住民投票は、地域にとって大きな政治争点をめぐっておこなわれてきた。経緯や結果、手法もさまざまだが、市民がみずから政治争点や政策について議論し意思を示す、その意義はすでに広く受け入れられている。事例によっては、未成年や外国籍住民など公職選挙法上の有権者を超えて住民投票の対象者が設定される。その争点に誰がかかわっているかは多様であり、自治のしくみとして意思の表出が誰によって担われるかという住民投票の設計を多様にしている。

　争点ごとに住民投票のための条例を必要とし、長と議会のそのときどきの判断によって住民投票をするしないが左右されるのではない、常設型住民投票制度を置く自治体も増えてきた。早くは2001年の愛知県高浜市、2003年には政令市で初めて広島市に導入された。2000年以降、全国で制定が進む自治（体）基本条例は自治体の基本原則を示すものであるが、その制定のなかで、意思表出制度として署名など一定の要件が満たされれば住民投票がおこなわれる常設住民投票制度も、あわせて導入されることが増えている。

　住民投票は政治争点に対する市民の意思表出機能を発揮していくには、投票までの過程で広範に議論がおこなわれることが不可欠である。感覚的な人気投票を超えて、熟議をどうデザインするかが、常に課題となろう。政治争点に対する意思表出をめぐっては、日本の現行制度ではまだ限定的な**レファレンダム**や**イニシアティブ**などの拡充も検討できよう。

けでなく、住民投票が議会の議決としての機能を果たすとする設計になっていることが着目される。

▷3　沖縄県名護市で、住民投票の結果に反し、米軍ヘリ基地建設を受け入れた市長がその翌日に辞任したことは、法的には拘束力のない住民投票の「重さ」を逆に示しているとも言える。

▷4　合併に関する住民投票条例では18歳（滋賀県米原市など）、15歳（長野県平谷村など）に資格を与えた事例がある。永住外国人に住民投票資格を与えたのは2002年1月の米原市における合併に関する住民投票と言われる。

▷**レファレンダム**
長や議会が決定した事項について、住民投票で可否を決する制度。住民投票が義務づけられている場合と、住民投票にかけるかどうか長や議会が決める場合とがある。

▷**イニシアティブ**
市民が起草した条例案や条例改正案を長や議会に発案し、その是非を住民投票にかける制度。発案がそのまま住民投票にかかる「直接イニシアティブ」、案を議会でまず審議し、議会の賛成が得られない場合に住民投票にかける「間接イニシアティブ」がある。

▷5　⇨ 4-1-2 「地方自治の展開と役割」

参考文献
今井一『住民投票』岩波新書、2000年。武田真一郎『吉野川住民投票──市民参加のレシピ』東信堂、2013年。

行政学がよくわかる映画

市民社会と大衆社会

　現代社会について，一方で，自律的で，かつ知性・教養がある（合理的な）人々，つまり「市民」という理念がある。さらに第3の条件として，他人への配慮（公共意識）を加えてもよい。その逆が，他律的で，非合理的な「大衆」という人間像で，「敵」を攻撃する扇動や単純化した宣伝がうまい「強い」政治家（ポピュリスト）を支持しやすい人々だ。大衆社会論は20世紀中ごろに流行し，SF映画でも**『タイムマシン』**（The Time Machine，米1960年版）で，未来に旅行した科学者が見つけた豊かで明るい楽園が，大衆社会以上の恐ろしい状況に暗転する。

　日本人は，個人主義の欧米と比べて，集団主義・権威主義だと言われてきた。周りの「空気」に従い，長いもの（強者）に巻かれやすい。ただし，世論調査では，自分で考える「市民」的な回答も，それなりに存在するが。

　戦争映画を見ると，同じファシズム・軍国主義下でも，**『ヒトラー――最後の12日間』**（Der Untergang，独2004年），**『炎の戦線エル・アラメイン』**（El Alamein，伊2002年）などでは，将校や兵士は無理な命令に対して議論したり回避を試みる。日本軍は，降伏せず玉砕せよとの命令に忠実で，映画**『ひめゆりの塔』**（1953年版など）や沖縄にある資料館でわかるように，住民まで巻き込んだ。せいぜい，巨大戦艦の「水上特攻」作戦において，一部将校が異論を述べ，少年兵に配慮したのが精いっぱいだった（**『男たちの大和』**2005年）。

　次は，ロマンス映画を比べてみよう（どれも映画自体，お勧めです）。

　日本では何となく仲良くなる（それも良いが）ので，その後に見せ場が必要で，「不治の病」を設定したりする。欧米では，相手を選ぶプロセス，つまり出会い，相互のコミュニケーション，衝突などが見どころになる。もっとも，離婚や浮気の場面も多くなるのだが。

　『ブリジット・ジョーンズの日記』（Bridget Jones's Diary，英2001年）およびその完結編（英2016年）では，専門職の女・男が，熟慮と自省，た

くさんの（気の効いた，そして率直な）会話や行動を経て，お互いを似合いのパートナーだと認識する。このようなライフスタイルや人間関係は，市民社会の基礎になりうる。『**緑の光線**』（Le Rayon Vert，仏1985年）は，長いバカンスを孤独に過ごしたくない，内気な女性の友達探しと旅の物語。

『**ひかりのまち**』（Wonderland，英1999年）は，ロンドンで暮らす3人姉妹の悩みと喜びを描く。パートナー探し，離婚後の子育て，出産を前に仕事を辞めたい夫というようなテーマだ。そのなかで親子のつながりと，警察や産院など公的施設がしっかりしているのが，ありがたい。

『**フレンズ**』（Friends，米1994～2004年，テレビシリーズ）は，悩みや欠点があるが憎めない6人の若い男女のコミュニティを描いて，大ヒットした。

最近は日本でも，自分で考え行動する元気な女性（男性も？）を描く作品が，登場している。『**わたしのハワイの歩き方**』（2014年）は，日本からハワイに脱出した女性編集者が，白人，日系富豪，日本人起業家などの階層社会のなかで，自分の居場所をどこに見つけるか試行錯誤する。『**阪急電車**』（2011年）は，大衆的でときに暴力的な大阪のおばちゃん軍団やハラスメントへの対抗を感動的に描く。

日本的な集団主義・権威主義は，民主主義に必要な政府や権力者への批判を弱めるデメリットとともに，組織内では協力しやすいメリットもある。

けれども個人主義的な欧米でも，組織の内部さらに外部（市民活動など）での協力が活発だが，どのようなメカニズムによるのか。他者への配慮や，共通の価値観・目的などが働くのだろう。SFの『**スタートレック**』（Star Trek，米1979年～）は，ロシア人，東洋人，バルカン星人等を含む多様な乗組員がときに激論しながら，合理的に紛争を解決し，いわば宇宙の「公共性」（？）を実現するという，市民社会の賛歌のようだ。

参考文献：村上弘「強くない日本の市民社会」『政策科学』2015年。

（村上　弘）

練習問題

I　行政責任の理論
1. 行政が活動する具体的場面を二つ設定し，それぞれで，行政学が列挙する責任の概念に従えば，公務員はどう行動すべきか考えてみよう。

II　官僚制の機能と権力
1. 現代社会における官僚制型組織の必要性，問題点およびその改善方法について考えてみよう。
2. ストリート・レベル（市民と応対する現場）での行政組織による実施活動は，どのような問題を生み出すおそれがあるか。

III　議会と行政
1. 議院内閣制と大統領制は，それぞれどんなメリット，デメリットを持つか。
2. 国会が立法権を持つのに，法案を提案するのは議員よりも内閣が多い事実は，どう説明されるか（どのような理由によるのか）。
3. 政治家（首相，与党，野党）と官僚それぞれが持つ影響力の源泉（資源）は何か。また，両者の関係はどうあるのが望ましいのか。

IV　利益団体と行政
1. 利益団体の影響力を決定する要因を，列挙してみよう。

V　市民と行政
1. 私たちが政治や行政に参加することは，どのような理由で望ましいのか。
2. 政治に参加する意識，したくない意識は，どのような要因（制度，およびそれ以外）から生じるのか。
3. 市民が政治や行政に参加することで，政策は良くなるか。事例を探して考えてみよう。

第4部 地方自治

　地方自治は，伝統的に行政学の重要な一分野として扱われてきました。法律用語としては「地方公共団体」と呼ばれる地方自治体（都道府県，市町村など）は，行政学では「地方政府」と呼ぶこともあります。首長（知事，市町村長），議会，住民参加のしくみを備え，一定の自立性を持って，他の自治体や中央政府と相互作用しているところをとらえようとしているのです。
　まず，地方自治の理念と役割を考えたあと，日本の現状を，中央地方関係と地方政治とに分けて説明します。地方自治体が，国（中央）と自治体（地方）の関係のなかで国と相互に影響し合いながら，かつ選挙等の政治のしくみのなかで地域のさまざまな利害を反映・調整しながら，活動を進めていることがよくわかるでしょう。

大阪市での「大阪都＝大阪市廃止分割」をめぐる住民投票（2015年）

出所：大阪市選挙管理委員会。

I 理念と役割

 団体自治と住民自治

第4部は地方自治全般について扱うが、第Ⅰ章ではその理念と役割について述べることになる。本節では日本国憲法の92条に記された「地方自治の本旨」という言葉を出発点にして考えてみよう。

1 日本国憲法8章

▷1 明治国家の地方行政制度については 4-Ⅰ-2 「地方自治の展開と役割」参照。
▷ GHQ民政局
連合国最高司令官総司令部 (GHQ/SCAP) 民政局 (Governmental Section: GS)
▷ 民主主義の学校
ブライスの「民主主義の学校」という語と、トクヴィルの「地方自治が自由に対してもつ関係は小学校が学問に対して持つ関係と同様である」という表現がよく引かれる。
▷2 アメリカは「最初の新興国家」（リプセットの著作, *First New Nation*）ということで、連邦政府以前に州政府があり、州政府成立以前から地域社会があるなかで、人工的自覚的に国家形成をおこなった国である。地方自治が固有の権利の文脈で語られるのはこうした歴史的背景があるからだが、こうした物の考え方が、戦後日本の民主化のテコにしようとして持ち込まれたわけである。
▷3 ルソーは代議制を民主主義の制度とは考えていない（桑原武夫・前川貞次郎訳『社会契約論』岩波文庫）。

日本国憲法は大日本帝国憲法にはなかった「地方自治」と題する章を置き、これが国家統治機構上の重要な原則であることを確認している。8章92条は「地方公共団体の組織及び運営に関する事項は、地方自治の本旨に基いて、法律でこれを定める」とした。地方自治法の根拠条項である。旧憲法になかったものを新憲法に一つの章を設けて明記したのは、憲法制定者の強い意志によるものである。**GHQ民政局**で日本国憲法原案の起草にあたった人々は、「**民主主義の学校**」としての地方自治を重視したのである。

地方自治の本旨とは団体自治と住民自治を指すとされる。団体自治とは、地方公共団体が国の支配統制から一定自由にその運営をおこなえることを指す。住民自治とは、そうした自治権を持つ自治体が内部で住民による民主主義によって運営されることを指す。国家の統制から一定自由である地方政府というだけでは江戸時代の、すなわち幕藩体制下の地方のあり方と変わるところがない。自治権を持つ地方政府は、住民の民主的自治により支えられなければ、「民主主義の学校」としての役割を果たせないのである。

2 規模と民主主義

地方自治が民主主義の学校として意味を持つ、ということをいま少し考えてみよう。民主主義とは結局、自分のことは自分で決めるという個人のあり方を社会に敷衍して、自分たちのことは自分たちで決めるということだから、実は議員を選挙しての間接民主主義はある種の便宜で、原理的には直接民主主義が望ましいとも言える。

そのためには政体は小さなもの、構成員の顔が互いに見える範囲が望ましいだろう。しかし政治行政に課せられる仕事はどんどん複雑化してきたので、多くの資源（ヒト、モノ、カネ）を必要とし、仕事をきちんとこなすためには政体は大きいものでなければならない。たくさんの仕事を着実にこなせるようにするためには多くの資源を持つ大きな政体のほうがよいのだが、大きくなれば、

構成員それぞれの顔はたがいに見えにくくなる。これがいわゆる「規模と民主主義」の問題でこの両者にはトレードオフ（あちらを立てればこちらが立たないという関係）があるのだ。

　民主主義の学校としての地方自治体にも同じ問題があることがわかるだろう。みんなが議論に参加して自治体の政策を決めていけるような小さな規模であれば、予算や行政職員の数が限られているので、あまり多くのことを決める権限自体が許されないかもしれないし、大きな財政規模を持ち行政職員も充実しているような大規模自治体にとっては、住民が直接の政治参加をすることは困難になるだろう。規模と民主主義のトレードオフは、自治体においては団体自治と住民自治のあいだに現れる。国家から多くの権限を与えられ、団体自治の実質を獲得しようとすると、住民自治の中身が薄くなるということなのだ。

3　ホーム・ルール

　日本国憲法の制定過程で地方自治のあり方について真剣に議論したのは、残念ながらGHQ民政局地方行政課にいたアメリカ軍人たちだった。日本の民主化を課題としていた彼らは、地方自治を憲法に盛り込むことを強く主張した。また、首長を直接公選し、議会と並び立たせるいわゆる二元代表制の導入をおこなった。日本の識者も民主化の文脈で地方自治の意義を語る人が多かった。

　こうした議論のなかで、「ホーム・ルール」も取りざたされた。これはアメリカにおける地方政治の改革の議論の過程で、自治権を持つ地方政府は、その統治形態についても自分たちで議論をおこない、憲章（チャーター）を制定して自由に定めることができるようにしようというものだった。

　これが導入されることなく終わったのは、当時まだ地方に民主主義が根づいていないという判断がなされたからで、みずから決めるという民主的手続きを経て民主的ならざるものを生み出すことができるのかという難しい問題に向き合うことが避けられた、ということだ。たしかにホーム・ルールは、一見、民主的に見え、民主的かつ効率的な統治形態を作り出す可能性もあるが、現在の住民の利益を守るために排他的な保守主義を生み出すこともありうる。たとえば、住宅の最小面積を決めるなどのルールは、富裕層を守り、貧困層の流入を避けようとする政策であったりする。

　自治体はどの程度の規模が望ましいかについても簡単に答えの出るものではないのだが、何百万人もの規模の大都市と千人程度の小さな町村が押し並べて同じ二元代表制を持ち続けるのも奇妙で、ホーム・ルールについて今一度考えてみる時期が来ているのかもしれない。

▷4　ロバート・A. ダール, エドワード・R. タフティ／内山秀雄訳『規模とデモクラシー』慶應通信, 1979年。

▷5　内大臣府御用掛の佐々木惣一博士の草案には地方自治への言及があるが、政府で憲法改正を検討していた松本丞治博士たちは大日本帝国憲法の手直しで十分であると考えていたため、まったく考えていなかった。民政局地方行政課長セシル・ティルトンと府県係長ハワード・ポーターこそが日本の地方自治の生みの親である。

▷6　⇒ 4-Ⅲ-1 「二元代表制」

▷7　たとえば辻清明は、中央集権を抑制し自治体の自立を守ること、公共政策について国政と国民の媒介をおこなうこと、住民の自治体行政への民主的参加をすすめることの3点をあげている（辻清明『日本の地方自治』岩波新書, 1976年）。

▷8　実際に首長の選任法を含めてのホーム・ルールを手にしようとすれば、地方自治法の改正が必要となるが、そこまで至らないまでも、住民参加の手続きなどを盛り込んだ「自治基本条例」を定めようという動きは近年盛んになってきている。

参考文献

田村悦一・水口憲人・見上崇洋・佐藤満編著『分権推進と自治の展望』日本評論社, 2005年, 1章（水口憲人）。
村松岐夫編『テキストブック地方自治』（第2版）東洋経済新報社, 2010年, 第1章（村松岐夫・北山俊哉）, 終章（村松岐夫）。

I 理念と役割

2 地方自治の展開と役割

前節で述べたように、地方自治が憲法において初めて明示的に記されたのは戦後の日本国憲法においてのことであるが、明治憲法の体制下でもまったく地方自治の側面がなかったわけではない。本節では、旧憲法下の地方制度を簡単に振り返り、現在の制度を押さえたうえで、分権・自治がめざすものは何なのかを考えてみたい。

① 旧憲法下の地方制度

旧憲法下の地方制度は国会開設（1890年）をにらみながら、これに間に合わせるべく整備された。人事について定めた地方官官制（1886年）、下位政府について定めた市制・町村制（1888年）、府県制・郡制（1890年）である。国会開設は自由民権運動の展開に応えるものだったが、これに耐えられる確固とした地方制度を設計すべく制度整備を進めたのである。

府県のもとに市と郡を置き、郡のもとに町村を置いた。**地方官官制**の定める人事面を見ると、内務大臣を頂点とし内務省の役人としての府県知事を置き、これまた官選の郡長がそのもとに位置する。両者が市長、町村長を監督するという体制であった。議員の選挙権についても、当初、国民を公民と住民に分け、選挙権は地租もしくは国税を一定額納付する公民にだけ与えられ、公民の間にも納税額により差を持ち込む等級選挙をおこなっていた。大正デモクラシーにより郡制は廃止され、選挙に関しても男子普通選挙が実現することとなった。

憲法の制定にあたって参考にされたのはプロイセンのものだったことは周知のことだが、地方制度の整備についても同様である。特筆すべきは事務に関してプロイセン流の国政委任事務（後に機関委任事務）を導入したこと、地方への授権について包括授権を認めたことである。前者はとくに、徴兵などの枢要の国の事務を地方におこなわせるにあたって、排他的な監督権を国側が持ち、地方に口を差し挟ませないしくみとしてあり、戦後もつい近年まで残され、地方自治を形骸化するものとして批判を浴びていた。

地方への授権のあり方では英米流の制限列挙型と大陸国家流の包括授権型がある。日本はプロイセンをお手本にしたので包括授権型に属するのだが、英米流のあり方では、地方は授権が明記されていることしかできない。地方で新たな行政需要に応えて政策を作り出すことが困難なのに対して（新たな授権立法を待たなければならない）、大陸国家流では例示されているもの以外にも一般に地

▷1 明治国家の地方制度整備に関する前史としては、版籍奉還（1869年）、廃藩置県、戸籍法（1871年）、大区小区制（1872年）、内務省設置（1873年）、三新法（郡区町村編制法・府県会規則・地方税規則：1878年）という流れがある。

▷2 東京市、京都市、大阪市は当初、市長を置かず府知事が兼任した。これが解消されるのは1898年である。東京府は1943年に都政が敷かれ解消するが、京都、大阪には府の呼称が残った。今や府と県の間に名称自体以外に差異はない。

▷**地方官官制**
地方官というのは地方を担当する中央の役人という意味である。中央が採用し中央に身分的に帰する者を官吏とし、地方の採用する者を公吏として区別した。府県の部長以上はすべて官吏であり、主として内務省の役人であった彼らは地方の官職を歴任することで昇進していった。⇨ 2-Ⅳ-2 「公務員のライフサイクル」

▷3 市長は市会が推薦する3人の候補者のなかから内務大臣が選任、町村長は町村会が選任した。

▷4 市長の内務大臣専任制も廃止され、市会が選任することとなった。

▷5 ⇨ 4-Ⅱ-1 「集権・

方に必要とされる行政一般をおこなうことが授権されていると考えられているので，機敏に地方の行政需要に反応することができる。革新自治体の時代に地方がイニシアティヴを発揮することができたのは，このことのおかげである。

❷ 憲法・地方自治法下の制度

日本国憲法の8章を根拠規定とする地方自治法は1947年4月公布され，同年5月，憲法と同時に施行された。新しい制度の概要は以下のようである。
①憲法に地方自治に関する規定を置いた。
②知事は公選され，官吏から公吏（地方公務員）となり，都道府県は完全自治体となる。市町村への国の一般監督権限も廃止された。
③市町村長も公選となり二元代表制が確立した。
④アメリカ流の直接民主主義的制度が導入された。
⑤警察，教育が地方に移譲され，これらはアメリカ流の行政委員会が処理することとなった。
⑥国税と地方税が分離・独立され，市町村には固定資産税，市町村民税が，都道府県には都道府県民税，事業税などが与えられた。
⑦特別市制が採用された。

❸ 分権と自治のめざすもの

戦後改革においてはGHQの意向で民主化を進めるために分権・自治が進められた。識者も地方自治の意義を民主化と結びつけて語っていたが，近年は「追いつき型近代化」の終焉こそが分権・自治の必要を増大させているという議論がなされるようになった。

中央集権制は後発国が近代化を進めるにさいして効率的なシステムであったが，これが一段落したあとには弊害が目立ち始めた，という議論である。欧米の先進知識のある部分を専門家が学んで持ち帰り（加藤周一はこれを「知の部分的輸入」と呼ぶ），これを縦割りの集権システムで広げていくという方法は，上から知識を流し広げるには効率的だった。しかし，今や現場で，すなわち地方で，総合的に政策づくり，まちづくりを創造的に進めねばならないときを迎えて，実情を無視した中央の許認可権限や縦割りの構造が桎梏となっていると言われ始めているのである。早くから，都市型社会の形成と分節民主主義の必要を主張していた重要な論者として，松下圭一をあげておこう。

規制緩和や分権化の議論は，こうした「この国のかたち」をめぐる議論と深くかかわっているのである。

分権」と「分離・融合」」
▷6 ⇨ 4-Ⅰ-1 「団体自治と住民自治」
▷7 ただし，最初の公選知事の大多数はもとの官選知事だった。現在も自治省（現総務省）出身知事が多いことは，この傾向が続いていることを示している。
▷二元代表制
⇨ 4-Ⅲ-1 「二元代表制」
▷8 解職請求（リコール），条例の制定改廃請求（イニシアティヴ），住民投票（レファレンダム）
▷9 地方へ事務移譲しただけではなく，独立した行政委員会を設置して事務をとらせたことで，アメリカ流の行政的多元主義が採用されたと言える。
▷10 府県から独立し二重行政の煩を避けることは戦前からの大都市の悲願であったが，中核的な大都市に出て行かれることになる府県側の抵抗は強く，制度はできたが，結局，特別市制は実施されず，政令指定都市という妥協の産物が生まれることとなった。
▷11 ⇨ 4-Ⅰ-1 「団体自治と住民自治」
▷「この国のかたち」
司馬遼太郎が1986年以来『文芸春秋』に，その死（1996年）の直前まで書き継いだ巻頭随想の標題だが，この語は行政改革会議最終報告（1997年）に用いられるなどして，諸改革に関連する行政文書に頻出する表現となった。

参考文献
松下圭一『日本の自治・分権』岩波新書，1996年。
村松岐夫編『テキストブック地方自治』（第2版）東洋経済新報社，2010年，2章（北山俊哉），3章（笠京子）。

第4部　地方自治

Ⅱ　中央地方関係

　「集権・分権」と「分離・融合」

▷1　⇨ 4-Ⅰ-2 「地方自治の展開と役割」

　国の事務を地方公共団体（地方自治体）におこなわせようとするとき，制限列挙型と包括授権型があるとして，日本は後者であるとした。国と地方の仕事上の権限や分業のあり方について世界にはいろいろなスタイルがあるが，これをわかりやすく整理したモデルがあるので，これを紹介し，日本のあり方は昨今の分権改革の渦中でどこへ向かおうとしているのかを考えてみよう。

1　理論的な整理

　天川晃は中央地方関係を見るとき，集権・分権という物差しだけで見ていたのでは正確にはわからないとして，これとは別に分離・融合という物差しも加えて整理しようとした。

　集権・分権は物事を決める権限について語っていて，中央が多く握っていれば集権，地方に分け与えていれば分権ということだが，分離・融合は，国の仕事は国の出先機関がおこない地方は地方の仕事だけをおこなうというかたちが分離，地方が国の仕事も含めて多くの仕事をおこなうようになっているのが融合ということだ。レイヤーケーキ（分離）・マーブルケーキ（融合）というたとえもよく用いられる。

▷2　このモデルの説明について，より詳しくは参考文献に上げた佐藤（2005年）参照のこと。

　分離・融合という物差しで見ると，英米が分離型であるのに対して，日本は融合型でやってきたことがわかる。英米は中央の出先機関を地方に置き，中央の仕事と地方の仕事をはっきり区別し，授権については制限列挙とする。大陸国家および日本は，中央の仕事を多く地方政府に任せており，包括授権的で英米とは違っている。

▷3　北山俊哉・久米郁男・真渕勝『はじめて出会う政治学　第3版　構造改革の向こうに』有斐閣アルマ，2009年，77頁の挿絵参照。

　融合型は，中央が政策実施について自前の機関を持たず地方政府に依存することになるので，地方が力量をつけてくると，中央統制という見方だけでは不十分で，地方での政策実施について中央政府と地方政府が政治的ゲームをおこなう相互依存のかたちであるという見方も出てくるわけである。

▷4　村松岐夫『地方自治』東京大学出版会，1988年。

　現在，われわれの目前で進行中の分権改革は，融合型のスタイルは維持したまま，地方政府が地方の事柄について意思決定できる範囲を拡大していくという動きである。図4-1の矢印が示す方向での改革が進んでいるのである。図4-1により析出され

図4-1　集権・分権軸と分離・融合

ている四つのパターンのそれぞれを図示してみたのが**図4-2**である。相対的位置関係は図4-1の4象限をそのまま平行移動したものである。四つの四角形のなかに境界を入れることでそれぞれを二つの領域に分けているが，右上が中央政府，左下が地方政府を示している。それぞれの四角形の下辺が地方の現場である。分離モデルにおいては，中央政府が地方に出先機関を持つので，

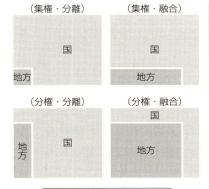

図4-2 中央地方関係モデル

中央政府の活動領域が下辺まで届いている範囲が広い。水平に引かれている分割線は権限の大小をイメージ的に示す。中央がほぼすべてを決め，地方にその正確な実施を求めるだけならば，分割線は下方に下がるだろうし，地方に権限が降ろされていくに従って，この線は上昇するだろうということだ。

② フルセット自治体

このように図を描くと，日本のような融合型の中央地方関係を持つ国家において分権改革をおこなおうとすると，地方政府の力量強化が必要であることがよくわかる。ごく限られたことのみをおこなう基礎自治体（市町村）というものも認めてよいとは考えてこなかったのである。その逆に，基礎自治体と言われるものは大きなところだろうが小さなところだろうが，人々が役所の仕事として思い浮かべそうなものは福祉，教育，上下水道など，なんでもやる（フルセット）ものだという考え方が強かった。融合型で地方が多くの仕事をするということ，機能を限定した基礎自治体というものを考えないことが合流して，基礎自治体に対する合併圧力となっているのである。

③ どこへ向かうのか

いわゆる「平成の大合併」により，3000を超えていた基礎自治体の数は1800ほどに整理された。しかし，残されたところは離島や山間部など地理的要件からそもそもこれ以上の整理は無理だというところだったりする。

自治体がフルセットでなければならないとか，二層性を現状のまま維持しなければならないとかの考えを捨て，新たな中央地方関係を構想するべき時期が来ているように思われる。

▷5 地方政府は二層制を採っているので，かならずしも基礎自治体の力量を上げずとも府県が多くをカバーすればよいと考えてもよいのだが，基礎自治体は一応，何でもやれるものでありたいという考え方が強い。

▷6 ⇒ 4-Ⅱ-4 「地方分権改革」参照。一方に政令指定都市や中核市などがあって，府県との二重行政を避けたほうがよいのであれば，府県を介在させずに大きな基礎自治体と国の関係を作ったほうがよいと思われる。他方，分権改革論議のなかで浮上した議論では，小さな自治体がフルセット自治体であることをやめて，権限の限られたものとなり，府県はこれを垂直的に補完するという考え方もある。

参考文献

天川晃「変革の構想：道州制論の文脈」大森彌・佐藤誠三郎編『日本の地方政府』東京大学出版会，1986年，111-137頁。田村悦一・水口憲人・見上崇洋・佐藤満編著『分権推進と自治の展望』日本評論社，2005年，2章（佐藤満）。

コラム

新しい政令指定都市：新潟市

　第70回全国都市問題会議に出席するために，新潟市に行った。2008年10月末である。

　新潟市は2007年4月に政令指定都市になった。本州日本海側では初である。だが，駅前のたたずまいは従来の政令都市のそれとは異なる。どこにでもある地方都市の姿と大差はない。周辺13市町村を大々的に合併して，人口を膨らませたことがありありとうかがえる。「風格」は指定の条件ではなくなり，指定されれば風格がついてくると言われるようになっているが，新潟市がその風格を身につけるのにどのくらいかかるだろうか。

　さて，都市会議である。今回のテーマは「新しい都市の振興戦略」である。各都市が，国を経由せずに海外と直接結びつく時代に，各々の文化や伝統工芸を含む「地域資源」をいかに活用するかが課題である。

　いくつか興味深い問題提起があった。開催地，新潟に関連することを2つ紹介しておく。

　多くの都市自治体は，周辺の町村を吸収合併し，市域内に広大な農村部を抱えるようになった。都市は新たな資源を得たとも言える。食の安全を脅かす事件が相次ぐなかで，これは活用しがいのある資源だからである。新潟市も例外ではない。食糧自給率について，政令都市のなかで仙台市の8％が最高であったが，新潟市は実に60％を超えている。

立地もまた地域資源になりうる。会議では，たまたま2人の講演者が大陸側から日本列島を見た，通称「逆さ地図」を利用した。この地図は，新潟市がアジア大陸との接点に位置していることをよく示している。アジアとの交流拠点は他の都市も謳っており，争奪戦の感はあるが，新潟市にしかできない個性ある拠点性を発揮できるかもしれない。目はシベリア鉄道にまで向いている。

　本稿の書き出しでは，政令都市・新潟市に対して消極的な印象を書いた。だが新潟市もそのように受け止められることは承知しており，そのうえで，市長の言葉を借りれば「かつてない政令市」「田園型政令市」「日本海政令市」と位置づけ，積極的に受け止めようとしている。

　はたして，今後，この新しいタイプの政令指定都市が増大し，一定の地位を獲得するのだろうか。そのとき，政令指定都市の制度はどのような変更を加えられるのであろうか。考えさせられることの多い都市と会議であった。

　＊　本稿は『都市問題』第60巻第12号（平成20年12月号）に掲載されたものを一部修
　　正のうえ転載。

（真渕　勝）

Ⅱ 中央地方関係

国の法的統制と事務制度

▷1 人事上の統制については，一般に中央地方の人事交流を扱う節を参照のこと。⇨コラム「人事交流」（78頁）

▷2 その後の分権改革の進展を反映しながら，ここ数年，同法の改定作業は頻繁におこなわれている。
⇨ 4-Ⅱ-4 「地方分権改革」

▷機関委任事務
普通に考えれば国の事務だが地方に任せているものというのを想像してもらえればいいのだが，たとえば旅券（パスポート）の発給などもそうであった。

▷3 1995年，地方分権推進法が制定され，これにより地方分権推進委員会が設けられた。この委員会は中間報告と五次にわたる勧告を出し，これを受けて地方分権一括法と呼ばれるものが1999年制定，同年地方自治法改正へと結びついた。
⇨ 4-Ⅱ-4 「地方分権改革」

▷普通地方公共団体
憲法でも地方自治法でも地方自治体とは言わず，地方公共団体と言う。これはわれわれが地方自治体という語から思い浮かべる普通地方公共団体とされる市町村，都道府県以外に，特別地方公共団体（特別区・地方公共団体の組合・財産区・地方開発事業団）も含む。

▷4 この3区分は理論的

国が地方をコントロールする手段には三つあると言われている。法による権限上のコントロールと，財政上，人事上のコントロールである。本節で法的コントロール，次節で財政的コントロールを扱う。

1 地方自治法の改正

中央と地方の関係を律する基本法は憲法8章を根拠規定とする地方自治法である。この地方自治法は，90年代より進められてきた地方分権改革を受けて，1999年，大幅な改正がなされた。国と地方の関係を上下・主従の関係から対等・協力の関係に改めるため，国に対して「地方公共団体の自主性及び自立性が十分に発揮されるようにしなければならない（1条の2 2項）」という条項を新たに設けたこと，地方公共団体の事務を整理し，悪名高かった**機関委任事務**を廃止し，関連して国の包括的な指揮監督権を規定した150条，151条を削除したことなどが改正の目玉である。

2 機関委任事務の廃止

まず，機関委任事務を廃止し，**普通地方公共団体**の事務とされるものが自治事務と法定受託事務に整理されたことをとりあげよう。従来は，固有事務，団体委任事務，行政事務からなる自治事務と，都道府県知事と市町村長等を国の下部機関として，これに国の事務を委任して執行させる機関委任事務があった。この機関委任事務が戦後，憲法で保障された地方自治の主体となった府県，市町村の権限を損ねるものとして一貫して批判の対象となってきた。このたびの分権改革のうねりのなかでようやく廃止されることになったのだが，これが長らく生き残ったのは，地方政府の力量について中央が疑念を持っていたからである。逆に言えばようやく中央が地方の力量を認めたということでもある。

機関委任事務は，融合型の中央地方関係を持つわが国において，国政を全国津々浦々，一定水準で執行することを担保する手段としてあったが，戦後の地方自治の理念からすれば問題であった。上述の団体委任事務と比較すれば明瞭である。団体委任事務においては，地方公共団体に事務を委任するので，首長のみならず議会もまた委任された事務についてかかわることができるのだが，機関委任事務は首長のみを地方公共団体から切り離し，国の下部機関として事務の執行を命ずるものであり，これに従わない場合は職務執行命令訴訟を起こ

すことができ，それでも従わないときには所管大臣が代執行することが認められていた。当然，この事務に関しては地方議会が関与する余地はなかった。地方自治の理念に合わないものとして批判されてきたゆえんである。

市町村の事務の3～4割，府県の事務の7～8割を占めていると言われた機関委任事務を廃止し，一部については事務そのものを廃止し，一部を国の直轄事務に，また一部を自治事務にしたが，多くは法定受託事務という新たに設けたものに組み替えた。簡単な整理を図4-3に記す。

法定受託事務は文字どおり国の果たすべき事務を地方に委託するものである。従来の機関委任事務によって，国は地方自治体に対して事務の「処理基準」を示したり，地方自治体の執行に重大な問題がある場合には裁判手続きを経て代執行をおこなうこともできる。機関委任事務とのもっとも大きな違いは，委託の根拠法やそれにもとづく政令に反しないかぎり，地方はこれにかかわる条例を作ることができること，また，国の関与は上述の150条，151条の廃止により，関与にかかわるルールを図4-3のように新たに作り，関与のあり方を，助言・勧告，資料の提出の要求，是正の要求，同意，許可・認可・承認，指示，代執行，協議の八つの類型に限定したこと，である。

整合性を欠くなどの理由から批判されてきたが，改正にあたって廃止された。

▷5　正確に言うと他の地方公共団体の事務を委任されることも含まれているが，ほとんどは国の事務であり，このことが地方自治を脅かすものとされた。

▷6　⇒ 4-Ⅱ-1 「『集権・分権』と『分離・融合』」

・地方自治体の事務

《改正前》

自治事務	固有事務	地方自治体の存立・維持に必要不可欠な事務。住民の福祉のためのサービスを提供する事務
	団体委任事務	本来は国または他の地方自治体の事務だが，法令で実際の処理を委任された事務
	行政事務	住民の福祉を妨げる行為などを除去するための権力的・規制的な事務
機関委任事務		個別法令によって国から処理を委任された事務

《改正後》

| 自治事務 | 地方自治体の処理する事務のうち，法定受託事務を除いたもの |
| 法定受託事務 | 国が本来果たす責任がある事務で，地方自治体に処理を委託する事務 |

・関与の基本原則

①法定主義の原則	関与は法律またはこれにもとづく政令の根拠を要する
②一般法主義の原則	地方自治法に関与の一般ルールを定める。関与はその目的を達成するために必要最小限のものとし，地方自治体の自主性・自立性に配慮しなければならない
③公正・透明の原則	関与に関する手続きについて，書面の交付，許可・認可等の審査基準や標準処理期間の設定，公表等を定める

図4-3　自治事務と法定受託事務

出所：老川編（2002年，156，162頁）。

参考文献

室井力・兼子仁編『別冊法学セミナー基本法コンメンタール　地方自治法』（第4版）日本評論社，2001年。
老川祥一編『よくわかる地方自治のしくみと役割』（改訂版）法学書院，2002年，6章。

国地方係争処理委員会：横浜市の場合

　機関委任事務は普通地方公共団体の首長，すなわち都道府県知事や市町村長を国の下部機関として国の事務をおこなわせるものであり，地方政府の首長はこれに逆らうことができなかった。本文に示したとおり，旧法150条，151条が主務大臣の指揮監督権，職務執行命令などを定めており，有無を言わせず執行させることができるようになっていたのである。

　事務のあり方が整理され，機関委任事務にかかわる国の指揮監督権を定めた条項が削除された結果，国と地方のあいだに事務の遂行についての意見の対立が生じた場合の問題処理手法として，第三者機関を設けて裁定させることとなった。これが新法により新設された国地方係争処理委員会で，250条の7以降が関連条項である。

　この委員会は総務省に置かれ，国会の同意を得て総務相が任命した5人の委員で組織される。地方自治体が国の関与について不服がある場合，委員会に審査の申し出をおこない，委員会は90日以内に審査・勧告をおこなうこととなった。これになお不服のある場合は訴訟の提起もできることとなっている。

　これまでのところ，この委員会に審査の申し出があったのは横浜市が新税を設けようとした件（2001年4月），国土交通大臣が下した北陸新幹線の工事実施計画認可に対する新潟県の審査申出（2009年11月），そして，辺野古沖埋め立てに関して翁長知事の承認取消を国土交通大臣が執行停止した件につき沖縄県が審査申出を行った件（2015年11月）の三件である。二番目の案件は委員会が却下したので，現時点で係争処理委員会の審議が最後まで行ったのは最初のもののみである。これを簡単に紹介しておこう。

　1999年の地方分権一括法で新税創設の要件が緩和されたため，横浜市

は日本中央競馬会（JRA）の場外馬券売場の売り上げに税を課す法定外普通税「勝馬投票券発売税（JRA新税）」の導入をはかり，2000年12月，市議会を通過させた。ところが総務大臣は「国の経済施策等との調和」の観点からこれに同意を与えなかった。委員会の勧告は，争点につき詳細に検討した結果，不同意をいったん取り消し再度協議せよというものであった。ただ，委員会の勧告書は横浜市の新税に対して必ずしも当然認められるべきものとしているわけではない。ともあれ，これを受けて協議が再開されるが，結局のところ，2004年2月10日，横浜市は新税を正式に断念することとなる。

　国と地方の係争処理の新しいあり方についての最初の事例であったため各方面より注目された。最新の沖縄の件については現時点で書けるのは審査申出がなされたというところまでである。事態の推移を見守っていきたい。

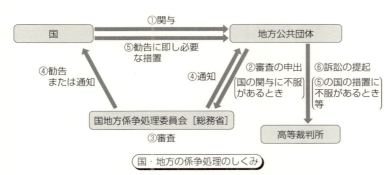

出所：老川祥一編『よくわかる地方自治のしくみと役割』（改訂版）法学書院，2002年，168頁をもとに現状に合わせ追記。

（佐藤　満）

第4部　地方自治

Ⅱ　中央地方関係

国の財政的な統制と支援

▷1　同じ図を分離型の国で作ると，白い部分の多い図になる。地方が関与しない行政分野の多い姿である。融合型の日本では地方はあらゆる行政分野をおこなっている（フルセット型⇨ 4-Ⅱ-1 「『集権・分権』と『分離・融合』」）ということでもあり，地方行政分野では大国だという言い方をする人もいる。

▷2　「3割自治」という言葉は自主財源が3割台だという意味もあるとされているが，昨今のデータだと，平均して4対6となっていると見ることができる。

▷3　事業税と県民税で7割（府県），固定資産税と住民税で8割と言われている。

▷4　所得税・法人税の33.1％（2015年度から），酒税の50％（2015年度から），消費税の22.3％（2014年度から），地方法人税の全額（2014年度から）と決められている（地方交付税法6条）。

▷5　人口や地勢などの条件から，道路などの公共施設整備や住民サービスなどにどの程度使わねばならないかをはじき出すことになっているが，計算法の複雑さが恣意の入り込む余地を生み，配分額を決定する側

　行政サービスをおこなうためには資金が必要だ。基本的にはそうした資金は国民が納める税金によりまかなわれている。ただ，再三述べているように，日本は融合型の中央地方関係を持ち，府県や市町村に国の事務事業の実施を依頼しているので，地方の行政サービスにあまり大きな地域差が出ては困ると考えてきた。図4-4は地方における財政支出を見たものだが，国民生活にかかわる重要な事務がほとんど地方において地方による支出でおこなわれていることを示している。

　税金はおよそ経済活動により新たに生み出される価値にかけられることになるので，経済活動の活発な都市部などの地域では税をかける対象（税源という）大きなものが多くあるわけだが，地方には税源に乏しいところも多い。総務省の『地方財政白書』などを見てもらいたいが，自主財源と呼ぶ自前の税収などがもっとも多いのは東京都でほぼ10割に達するが，最下位は沖縄県で3割前後である。

　このために財政収入をいったん国に集め，地方に必要分を充当していく財政調整のしくみを持ってきた。悪名高い機関委任事務が地方に均質の仕事をおこ

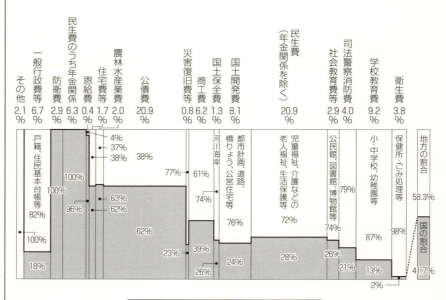

図4-4　国と地方の役割分担（2012年度決算）

出所：『平成26年版　地方財政白書ビジュアル版』より作成。

なわせるためのしくみであったのと同様，この財政調整のしくみもまた，中央が地方に国策をおこなわせるために政策誘導をおこなうための手段として用いられてきた側面がある。

1 財政調整

地方に自前で資金を調達できる範囲での行政サービスしかやらせないということになると，沖縄県では東京都の3割のことしかできないことになるか，同等のサービスをおこなうために沖縄県での税率を3倍にしなければならないことになる。こういうことを避けるために財政調整のしくみはある。

地方が自主財源として持っているものの主体は地方税であるが，これは事業税（府県），固定資産税（市町村），住民税（府県・市町村）がほとんどを占める。所得税，法人税などが国税になっており，税収で見たとき，国と地方の比は6対4となり，先の図4-4で示すように支出ではこれが4対6となっているのとちょうど逆である。この差の部分が足りない地方への配分に使われるのだが，そのさい，使途を定めないで配分する地方交付税と使途を指定する国庫支出金（補助金）に分かれている。表4-1に示すような区分である。

2 地方交付税と補助金，地方債

地方交付税の配分額は，基準財政需要額と呼ぶ，地方で必要とされる額から地方が自前で調達できる額（基準財政収入額）の差を算出することで決定される。交付税が一般財源とされているのに対して，補助金は使途を指定する特定財源である。補助金を所管する各省庁が補助要綱なるものを作り，細かな口出しをする。

このように書くと，補助金は地方自治を軽視するもので悪だと思うかもしれないが，すべてを一般財源にしてよいかについては疑問もある。地方政府が納税者に応えるということを第一義に考えていくと，福祉のような納税額の少ない人に対するサービスが削られかねないという議論もあるからだ。

補助金の弊害については，交付税が自動的に算出され一般財源として配分されるのに対して，出す側の省庁のさじ加減で決まることや，個別政策の実施につき細かく縛ることで縦割りの弊害があること，また，自治体側が独自財源を充当しなければならないし（マッチングと呼ぶ），補助額が少なく実情に合わないため超過負担を強いられることが多いことも指摘されている。

地方債は地方の借金だが，年度をまたがって返済するので長く使い続ける公共施設の建設など，後年の世代も負担するべきだと考えられる政策に関する資金調達法として用いられる。自治大臣もしくは知事の許可制であったが，1999年の地方自治法改正で協議によるものとなり，利用しやすくなった。

表4-1 地方自治体の主な財源（2012年度）

自主財源	一般財源	地方税	34.5%
		使用料・手数料ほか	16.9%
依存財源		地方交付税	18.3%
		地方譲与税	2.3%
	特定財源	国庫支出金	15.5%
		地方債	12.4%

出所：『2014年版地方財政白書』より。

に権力を与えることになっているという批判があり，これを簡略化することも課題である。

▷6 地方に，創意工夫して自由に使ってくださいと配分するほうが地方自治にはかなうとも思われるのだが，地元の権力から超然とした中央政府が使途を特定した補助金を支給することで全国的に最低限の必要な施策をやらせるということも必要だろう。

▷7 自治体では保健・福祉・文化など，さまざまの目的に資する総合施設を作りたいのだが，補助金をもらうと，その補助金で作る建物には補助金の数の分だけ看板を掲げた入口が必要になるとか，どこの補助金かわかるような名前を付けることを強要されるため，奇天烈な名前の建物になったりしていた。

▷8 地方債の償還に交付税を使えるようにすることで，一定の政策に誘導しているという実態もある。特定目的に使う地方債の償還について一般財源のはずの交付税で充当できるよう配分を割り増すというやり方である。

II 中央地方関係

 ## 地方分権改革

日本の地方制度は戦後改革により大きく様変わりした。以来，もとより集権的であったこの国に地方自治を根付かせるためにさまざまの改革がおこなわれてきており，その基調は分権化の方向であった。

先にも記したように，戦後地方自治の出発にあたって強調されたのは民主主義であった。アメリカ主導による占領改革ということもあり，タウンミーティングから出発する「民主主義の学校」が強調されたのである。近年の分権改革の基調は，もちろん民主主義が打ち捨てられたわけではないが，追いつき型近代化を達した国のこれからを見据えた「この国のかたち」の改編である。ここでは，第二次臨時行政調査会（第二臨調：土光敏夫会長）あたりまで遡って，分権改革の歩みを見てみよう。

1 行政改革と分権改革

高度経済成長の終わりは1973年の石油ショックにより画されるが，成長期に膨張した財政は低成長期に入って厳しい見直しを迫られることとなった。公共事業と福祉のバラマキが低成長期の税収の落ち込みを前にしてやり玉にあがり，行政改革が急務となったのである。端的に言えば行政改革の柱は規制緩和と地方分権で，官から民への，そして，中央から地方への権限移譲だった。

1981年に設けられた第二次臨時行政調査会は五次にわたる答申をおこない，これを受けて政府は83年に新行革大綱を閣議決定した。地方については，補助金総額の抑制，機関委任事務の整理合理化などを謳った。第二臨調以降，三次にわたり臨時行政改革推進審議会（行革審）が設けられたが，ここでの議論や並行した第二十三次地方制度調査会の議論が結実したものが，パイロット自治体制度，中核市制度，広域連合制度の創設である。

2 分権一括法と新地方自治法

近年進められている分権改革の起点は，1993年と見ておくとよいだろう。1993年は自民党が下野し，いわゆる55年体制の終わりの始まりを感じさせた年であるが，この政変の直前，衆参両院が「地方分権の推進に関する決議」をおこなった。これが1999年の分権一括法と新地方自治法に結びついた現在進行中の分権改革の始まりである。

1994年末，地方分権大綱が閣議決定され，翌95年には地方分権推進法が制定

▷1 地方自治法制定前に内務大臣が地方制度調査会官制で設置した地方制度調査会は，1952年，憲法・地方自治法体制下，新たに地方制度調査会設置法を根拠法として再出発した。以来，この審議会は地方制度について重要な提言をおこなってきているので，この動きを追えば戦後の地方制度改革の動向は把握できる。

▷2 ⇒ 4-I-2 「地方自治の展開と役割」

▷3 ⇒ 2-II-5 「公企業改革の歴史」，6-I-3 「行政改革の歴史的展開(2)」

▷4 ある種の事業の権限を特別に認可した自治体にやらせてみるのがパイロット自治体制度，30万人以上の都市に政令指定都市に近い権限を認めようというのが中核市制度，広域の事務処理のしくみとして事務組合よりは踏み込んだ組織体を作らせるものが広域連合制度である。

▷5 升味準之輔の命名したこの政治体制は，保守合同による自由民主党が過半数を確保し，左右統一による日本社会党が3分の1以上の議席を確保して自民党の憲法改正を阻止する構えをとることで体制にかかわる議論を封じ，包括政党（キャッチオール・パーティ）となった自民党の一党優位のもとで利益政治中心

され，地方分権推進委員会が発足した。この委員会は中間報告と五次にわたる勧告を出し，政府は1998年8月および99年3月，2度にわたり地方分権推進計画を閣議決定した。これにもとづき99年7月，475本の法律改正案を一括して提出し国会はこれを可決した。正式名がやや冗長なこの法律は，地方分権一括法と呼ばれている。これに続いて地方自治法が改正され，とくに機関委任事務を廃止して中央地方の事務のあり方自体も改めた。

分権推進委員会による提言がこうした改革に結びついたのは，主として国による地方への関与のあり方を改めることに課題を絞ったからだと言われる。分権を進めるためには，本章に記してきた法律上の統制や財政上の統制などさまざまなところに手をつけねばならないが，まずはやれるところから手をつけたというのが成功因だろう。しかし，このことは逆に，この改革の限界を示しているところでもある。事務の整理に関しても，中間報告の段階では明治維新，戦後改革に続く「第三の改革」であるとし，機関委任事務の8割を自治事務にするという目標を掲げていたが，各省庁からの猛烈な反発を受け，橋本総理（当時）から実現可能な案を，と求められて尻すぼみになったという批判もある。

3 「三位一体」改革

地方分権推進委員会は2001年に最終報告を出して解散した。最終報告では国税の地方への一部移譲，交付税，補助金の減額などを勧告した。この後，政令による地方分権改革推進会議が設置され，分権改革の課題はいよいよ財政調整の部分に踏み込んでいくことになる。

分権推進委員会が最後に示した税収，交付税，補助金を総合的に見て改革をおこなうという考え方は「三位一体」という呼ばれ方で継承された。先に記したように中央のさじ加減で決まるところのある交付税や補助金は減らしたほうがよく，その分，税源を地方に移譲しようという考え方なのだが，ちょうど小泉改革と時期が重なり，地方分権関連の諸会議のみならず，財政諮問会議なども巻き込み，それぞれの補助金を持つ省庁，交付税を守りたい総務省，税収を確保したい財務省に政治家がそれぞれ結びつき，厳しい議論がおこなわれることになった。小泉首相の強いリーダーシップで，国庫負担削減，財政再建の筋ばかりが強調されることになり，地方にとっては財政的苦境に追い込まれるだけの結果となっているという批判もされる。

分権改革は西尾勝の言うように，「未完」なのである。道州制にかかわる議論も含めて，大きな行財政改革のなかで方向を見出していくことになるが，いまだに模索は続いている。

▷の政治過程が進むものとして描かれた。

▷6　地方分権推進を掲げる法律ができるのは憲政史上初めてのことである。

▷7　⇨ 4-Ⅱ-1 「『集権・分権』と『分離・融合』」

▷8　宮本憲一『日本の地方自治　その歴史と未来』自治体研究社，2005年，194-208頁。

▷9　小渕政権のとき，公共事業を地方で展開するのに補助金を地方債発行でまかない，交付税で埋め合わせるという約束だったのに，小泉政権が三位一体改革による交付税減でこれを反故にしたため，一挙に財政が悪化したという自治体関係者の声をよく聞く。

▷10　西尾勝『未完の分権改革』岩波書店，1999年。西尾は分権推進委員会の中核的メンバーとして，あえて「受け皿論」（規模，権限などにつき基礎自治体のあり方を考えようという議論）をおこなわず，関与のあり方を変えることを主眼とする戦略を描き，この間の動きを導いてきた。この書物の副題は「霞が関官僚と格闘した1300日」である。

参考文献

西尾勝『地方分権改革』東京大学出版会，2007年。

Ⅱ 中央地方関係

道州制と大阪都（大阪市廃止分割）構想

1 道州制

　道州制を，「全国に10程度の州を置き，国の権限・財源を大幅に州に分権化する改革」と説明する人もいる。しかし，府県が廃止されその重要機能が州に移る「州央集権」の側面も，見落としてはならない。2006年の地方制度調査会答申は，道州制を，「広域自治体として，現在の都道府県に代えて道又は州を置く」制度と定義する。

　道州制はこのような多面性を持つこともあって，評価がかなり分かれる。
メリットとしては，
- 国（中央政府）から道州への大幅な分権化で，州の自律と政策の革新を可能にし，地域を繁栄させる。道州は，中規模国並みの人口と経済力を持ち，大きな権限と財源を享受できる。
- 州が原則として内政を担当し，国は外交や国家の重要政策に専念できる。
- 府県ならびに国の出先機関を道州に統合し，府県単位の同種施設などを統合し，効率化できる。
- 府県の政策の一部は，市（基礎自治体）が担当するので住民に近くなる。

デメリットとしては，
- 過度な地方分権は，国の政策責任や国民への人権保障を弱めかねない（中央政府は，内政を担当しないほうが賢明で強くなれるのか）。
- 道州のあいだで，財政や政策の格差が起こるかもしれない。
- 府県が進める地域特性に応じた政策が失われ，また府県庁が廃止されてその所在都市が衰退し地方の人口がさらに流出する（州都になれた都市は発展するにしても）。
- 財政的な効率性（規模の経済）は，府県では人口約300万人を超えるとそれ以上伸びない。
- 府県の政策の一部を引き受ける力を持つために，市町村合併が強いられる。

　こうした論争を比較するとともに，広域自治体の国際比較や，道州制への代替案も知っておきたい。現在の日本の府県の人口規模は，イギリス，フランス，イタリア，韓国などの中規模国の広域自治体とすでに同じである。道州制への代替案として，府県の連合組織が特定の共通政策を調整推進する「関西広域連合」「九州観光推進機構」などが運営されている。

▷1　北海道は道のまま，州と同じ地位を得る。以下，道州を単に「州」と記す。

▷2　2000年代の道州制推進論の様子は，江口克彦『地域主権型道州制の総合研究』中央大学出版部，2014年など。同書は，府県の廃止とそのデメリットにあまり触れず，また，州が進めうる新政策については，四国州が各種の減税，北海道が外国人へのビザ免除で大発展するなどと夢を語る。しかし，他の州との減税競争に陥ったり，北海道から本州などに移動する外国人・日本人すべてにパスポートチェックが必要になるおそれが高い。

▷3　エクセルで47都道府県について，ヨコ軸に人口，タテ軸に1人あたり財政支出額等を示す「散布図」グラフを作ると，証明できる。

▷4　1943年，政府は激化する「総力戦」を遂行するために，東京市を廃止し，これを東京府が吸収して東京都になることを決めた。

▷5　「大都市地域における特別区の設置に関する法律」（2012年）。ただし同法には，大阪市等が廃止され，市を吸収しても大阪は

2000年代に，道州制論は，自民党政権と経済界，州の中心部を占めそうな府県などから主張され，検討が進んだ。しかし，州の周辺部に位置しそうな有力府県や，合併が確実視される町村の立場に立った「全国町村会」などからは，批判が続いている。

2　大阪都（大阪市廃止分割）構想

指定都市である大阪市（および堺市？）を廃止し，それらの市の権限や財源のうち重要な部分を大阪府が吸収し，また基礎的な部分を公選区長・議会を備えた新設の特別区に移すという制度変更である。推進派は「大阪都構想」と名づけたが，法律上の公式名ではなく，反対派は「大阪市廃止分割構想」と呼ぶようにもなった。

指定都市制度では，横浜，名古屋，京都，大阪，神戸といった大都市（今日20にまで増えた）は，一般市より大きな権限等を用いて都市を整備発展させられるが，府県も大都市域からある程度徴税し，大都市・郊外・農村部で政策を展開できる。しかし，府県と指定都市のあいだで，政策や施設が重複する「二重行政」や，ときには対立が発生する。

東京の「都区制度」だけが，大阪を経済的な地盤沈下から復活させると強く主張したのが，橋下大阪府知事だった。大阪府への一元化で強力に成長戦略と効率化を進め，同時に住民に近い特別区を設置してサービスを改善するという宣伝が功を奏して，同氏率いる「大阪維新の会」は2011年の大阪府・市の首長・議会選挙で勝った（橋下氏は市長に当選）。さらに，当時の民主党政権に働きかけて根拠法を制定させた。

しかし大阪では，自民，共産，民主などの野党やかなりの市民，研究者が反対した。反対理由は，大阪市（指定都市）の自治と政策能力が消滅し，住民サービスが下がり大阪がむしろ衰退すること，五つの特別区は税源が弱く都市計画権などを欠きかつ非効率であること，府市の対立や重複は調整可能であること，二重行政はニーズが多ければむしろ有益であること，などだ。

2014年，「大阪都」構想は府会，市会で，橋下氏らの巻き返しで公明が賛成に回って承認されたが，2015年5月の住民投票は，僅差での否決となった（投票率66.8％）。

橋下市長が住民説明会で大阪市廃止に触れずに構想を宣伝したこと，そしてポスターや投票用紙においてもなぜか，「大阪市における特別区の設置についての投票」などと，大阪市が存続するとの誤解を招く不適切な記載がなされたことは，賛成への誘導効果を持っただろう。なお，「都区制度」を採用して指定都市の廃止と府県への一元化を進める動きは，他の地域にはほとんどない。

ただし大阪では，「都」のイメージに魅かれ，大阪市廃止による大阪の衰退，多くの「良い二重行政」の存在等を考えないマスコミ人や有権者も多い。

「府」のままであるという意味の明文規定があり，また府市議会と住民投票での承認を求める二重の決定手続きが盛り込まれた。その後の議論を，やや慎重な「熟議」に誘導する効果があっただろう。

▷6　大阪市選挙管理委員会のビラやウェブサイト（2015年5月）を参照。

▷7　ただし，大阪都構想がもたらしたものも少なくない。①代替案の法制化。現行の指定都市制度の問題点の指摘で，これを受けて2014年の地方自治法改正は，行政区を強化する「総合区」および共通の政策や二重行政を検討する「指定都市都道府県調整会議」を設置する道を開いた。②地方自治について，日本でも「一国多制度」を認める先例を作った。③政治的な効果。大阪都を旗印に，維新の会（党）は2011年に大阪府・市で政権を獲得し，さらに右派的な政策に「改革」イメージを上乗せして，翌年以降の国政選挙で民主党から無党派層の票を奪い，結果として安倍首相率いる自民党の勝利を増幅した。

参考文献
地方制度調査会「道州制のあり方に関する答申」2006年。北村亘『政令指定都市——100万都市から都構想へ』2013年，中央公論新社。村上弘『日本政治ガイドブック』2014年，法律文化社，10章。村上弘「「大阪都＝大阪市廃止分割」構想の実体と論争」藤井聡・村上弘・森裕之編『大都市自治を問う　大阪・橋下市政の検証』学芸出版社，2015年。

Ⅲ 地方政治

二元代表制

▷1 小規模自治体には，例外的に議会に替わる住民総会を置くことが認められているが，実際には過去に1例あったのみ（東京都宇津木村：人口61名）で，現在はすべての自治体が首長と議会による二元代表制を敷いている。
▷シティ・マネージャー制
埼玉県志木市の「地方自治解放特区」提案では，アメリカのシティマネージャー制導入が語られた。これは，自治体がその運営を特定の人物などに請け負わせるシステムである。⇨ 1-Ⅰ-4「政治・行政二分論とアメリカ行政学」
▷2 2005年12月の第二十八次地方制度調査会答申では，副知事・助役，出納長・収入役の制度を廃止してみずからの判断で体制を選べるようにすべきだ，とか，行政委員会を必置としている現行制度を改め，自治体の判断に委ねるべきだ，とかの主張が行われている。
▷3 ⇨ 4-Ⅰ-1「団体自治と住民自治」
▷4 市町村会議員は人口区分により上限が定められており，最低の2000人未満の町村でも12名を下回ってはならない。最大のカテゴリーとしている250万人以上の上限は96名である。多くの市町村では条例で，法定の上限を下回る議員定数を定めている。

国は議院内閣制をとっているから，政治的トップは内閣総理大臣であり，これは国会で首班指名を受けて就任するので，国民が直接選挙で選び出しているわけではない。これに対して地方政府では，都道府県知事も市町村長も住民が直接選挙して選び出すことになっている。第Ⅲ章では，地方における政治的代表の選び方，その相互の関係などについて簡単に押さえておこう。

① 首長主義，多元主義，画一主義

地方政府の執行機関のトップが首長であり，議決機関を構成するのが議員たちである。地方自治法は首長も議員も住民による直接選挙により選び出すとしており，これを二元代表制と呼ぶ。とくに首長を直接選挙により選ぶあり方を首長主義もしくは首長制と呼ぶ。首長は地方行政全般にわたり大きな権限を持つが，一部の事務については独立の行政委員会（教育委員会，公安委員会，農業委員会など）を設け，権限の過度の集中を避けることを狙っている。このことを（執行機関）多元主義と呼ぶ。

このような地方政府のあり方全般は，人口の大小，立地の都鄙を問わず，基本的には同じである。人口数百万の政令指定都市も，1000人を切る郡部の村も等しく首長を選び出し，議会を持つ。これを（法定）画一主義と呼ぶ。

これらの原則については，見直すべきだという議論もなされている。たとえば，首長主義に対しては**シティ・マネージャー制**導入の提案がなされ，多元主義についても各自治体の自主組織権を強調する意見も強い。総じて画一的な地方政府のあり方については，自治体がそれぞれ統治システムのあり方をみずから選べるような方向での改革が模索されている，と言える。ホーム・ルールが再度議論されるべき時期が来ているようだ。

② 首長と議会

首長は，たとえば市ならば市域からただ1人選出される。対応する地方議会の議員は，人口規模により定めがあるが，おなじ広がりを持つ市域から複数選び出される。どんなに小さな村でも議員定数は12名を下回ることはできない。議員選挙にさいして政令指定都市では行政区を選挙区とするが，その他の市町村は市町村域全体から複数を選出する大選挙区制を採っている。したがって，首長は，市町村域全体の有効投票の過半数を押さえなければ当選できないが，

議員は、少ない得票数で議員となることができる。

首長はその自治体全体をただ1人で代表するが、議員は議会全体で自治体住民の意思を代表するかたちとなっており、その意味では個々の議員は住民の一部を代表している。国会では**職能代表**ということもありうるが、多くの地方議員は特定の地域の票を固めて（地縁・血縁を押さえて）当選するという戦略を採るので、地域代表のかたちとなる。

実際、首長はその自治体の住民でなくても立候補できるが、議員はその自治体に3カ月以上住む者でなければならない。法も、首長にはそうした住民要件を課さないことで自治体全体を総合的に統治できる高い識見と能力を求め、議員には、自治体住民として住民を代表し、首長の統治を住民の視線からチェックすることを期待していると言える。

3 首長と議員の対抗関係

日本の地方政府の二元代表制は、大統領制と比較されることもあるが、アメリカの大統領制にはない特徴もある。首長の議案提出権が認められていることや、議会が首長に対し不信任を議決することが認められていることがそうだが、これを指して「議院内閣制を加味した大統領制」などと呼ぶこともある。

ただおそらく、前者は議会の政策調査・提案能力についてあまりあてにできない事情からの制度設計であろう。首長側が議案提出権を持つのであれば、議会は立法それ自体よりも行政のチェックを主任務とすると考えられていることになる。アメリカの立法府と行政府の関係とはそもそも制度設計が違うので、大統領制との比較でおかしな呼称を付けないほうがよいとも思われる。

議会の役割がかなり大きな権限を持つ首長のチェックにあると考えると、不信任議決権は与えられていて当然の制度的対抗手段であろう。近年、大衆的な人気のある知事が県議会と対立し、議会の不信任議決権が注目された事例が2件ほどあった。一つは、議決までは行かないが辞任勧告がなされたことで辞職した高知県の橋本大二郎知事の件（2004年）、もう一つは実際に不信任決議を受けて対抗手段としての解散権を行使せず失職した長野県の田中康夫知事の件（2002年）である。いずれも、すぐにおこなわれた選挙で再当選している。

実際には不信任決議まで行くのは珍しいのだが、長野の事例は、その後の展開もいろいろ考えさせるものがあった。不信任決議を受ければ普通、対抗手段として県議会を解散することが想定されているのだが、田中知事は決議を受け入れ失職の道を選び、住民の意思を問うとの名のもとで後継者を決める選挙に再び立ったのである。失職を受け入れた人間が立つことは自治法の想定にはないと考える者が多いなかで、ルール違反とは言えないまでも、違和感の残る行為ではあった。

▷**職能代表**
たとえば、参議院議員に見られる特定郵便局長関連の票を集める候補や、労働組合の強い支持を受けた候補など、地域に偏らず同じ職業に従事する人の利益を代表して票を集める場合があるが、地方議員にはこういう行動はまれで、多くはみずからの居住する狭い地域を代表して出馬する。

▷5 地方自治法100条による調査権限が議会にあることはよく知られている（不祥事などのさいに議会がいわゆる「100条委員会」を組織する。国会の国政調査権に比定される権限である）。不信任議決権とも合わせて考えると、議会には、首長に対抗するための制度的武器が一定与えられていることがわかる。議員が仕事に専念できるほどの報酬があり、それなりの専門家たちが務めている都市部では議会の調査能力などに期待を持てるが、郡部の議員は多くが兼業で、名誉職的なもの以上は期待しにくい。画一主義は議会の機能を見ても、見直さなければならないと思われる。

▷6 不信任決議に対して、認められている対抗手段をとらず、失職を認めた人が引き続き選挙に出馬してはならないという取り決めはない。⇒4-Ⅲ-2「選挙と住民参加」

参考文献

穂坂邦夫監修『シティマネージャー制度論』埼玉新聞社、2008年。村松岐夫編『テキストブック地方自治』（第2版）東洋経済新報社、2010年、4章 （村上祐介）。

第4部　地方自治

Ⅲ　地方政治

 選挙と住民参加

ここでは地方における選挙と住民参加について検討してみたい。とくに二元代表制の住民代表，首長と議会議員の選挙，国政選挙とこれらの地方政治家との関係，そして新しいローカルガバナンスをめざしておこなわれる試みと住民参加，選挙との関係に注目する。

1　地方議員

先にも記したように地方議員の選挙は，比較的広い選挙区から複数の議員を当選させる大選挙区制度になっている。したがって当選をめざす議員の戦略は地域代表としてのみずからをアピールすることで，みずからの住まう地域の地縁・血縁を固めきろうとするものである。一般に郡部の地方議員選挙の投票率が高いのは個々の議員が狭い地域の票を掘り起こす活動をおこなうからである。

近年，都市化の進む地域ではいわゆる**新住民**が増え，これらの人々は相対的に地域社会に対する関心が薄くなりがちで，投票率が下がっているとも言われている。それにも増して問題かと思われるのは，首長がさまざまの参加手法を用いて新住民の支持を取りつけていくことで，旧住民と結びつく議会の地位が揺らいでいるのではないかということである。

2　首　長

地方には中央政治にあるようなイデオロギー対立は不要で，着実な行政こそが求められるという主張がある。この考え方は首長，とくに知事に行政手腕の確かそうなキャリア官僚出身者が求められたり，中央で対立している諸政党が地方では相乗り与党となっていたりする現象を見れば，根強いものであることがわかる。

ただ，時代により，この考え方に異議を唱えるような首長が登場することもある。顕著なのはいわゆる1960年代から70年代にかけての「革新自治体」の時代で，「**TOKYO**」というキャッチフレーズがもてはやされた。革新自治体が退潮して相乗りの時代が戻ってくるが，1995年の「**青島・ノック現象**」では，既成政党相乗りの推薦者に飽き足らない無党派層の支持を集めて登場したこの2人が変化を予感させた。彼らは持続する変化を導くことはできなかった。しかし，それ以降，既成政党の推薦・支持の枠組みを打ち破って大衆的な支持を受けて登場し，既得権益を守ろうとする県庁幹部や県議会に対してパラダイム

▷1　府県会議員選挙では郡・市別の選挙区が設けられる。市町村議会選挙では政令指定都市で行政区に選挙区が設けられるが，他の市町村は全域が一選挙区となる。

▷**新住民**
都市近郊のベッドタウンでは，住民票はそこに置きつつも，ただ眠りに帰っているだけで，自治体のあり方にはさして関心がないという人々が増えることになる。ただ，こうした人々はおおむね都市部から移り住む，権利意識は強い人々であるので，住民サービスのあり方などにいったん不満を持てば，自治体に対して厳しい注文をおこなう人々でもある。

▷2　中央の政局の影響を受けない地方という考え方は今に始まったことではなく，明治の元勲が「中央政局異動ノ余響ヲシテ，地方行政ニ波及セザラシムルノ利益」を語って地方自治の意義を語った時代からのものである（辻清明『日本の地方自治』岩波新書，1976年，166-186頁）。

▷TOKYO
東京都，大阪府，京都府，横浜市，大阪市の頭文字をつないだものである。

▷青島・ノック現象
東京都の青島幸男知事，大阪府の横山ノック知事である。この2人は無党派層の

転換を求める知事たちも出始めている。

　基調は中央の政治対立は地方には不要だという路線が大勢を占めているといえるが、政治対立軸が既成政党のあいだに引かれるのではなく、既成政党相乗りを一方に置きつつ、その既得権益のしがらみの逼塞感を打開したいと望む無党派層をもう一方に置く新たな対立軸が生まれつつあるようにも思える。

　もう一つ相乗りからの変化をもたらすかもしれない要素は、衆議院議員の小選挙区制導入である。これは政党間対立が地方の首長選挙によみがえるかもしれないということであるが、代議士が政党間対立を演じている小選挙区がほぼ市町村域と重なっているところがあり、首長選挙自体も1人を選び出す小選挙区制と同じ構造を持っているので、同じ場所で片や敵対（代議士選挙）、片や握手（首長選の相乗り）もできまい、という予測である。

③ 住民参加と新しいローカルガバナンス

　府県会議員は兼業しなくても生活するに足りる報酬を得ているが、市町村議会議員となると、十分とは言えないところも多い。専業議員が多くいるはずの県会でも、片山前鳥取県知事は十分に機能していないとして「学芸会民主主義（単純なシナリオを演じているだけだ、という意味）」と評した。県会でもそういうことなら、議員の仕事に専心する人が少ない小さな市町村では、ますます議会に多くを期待できないように思える。

　議会が住民の視線からこれを代表し、その声をくみ上げて議論する能力を欠いていると見る首長のなかには、みずからの手で住民の声を吸い上げるべく、さまざまな活動を展開し始めている人もいる。各種審議会を設けたり、みずから住民との直接の対話を求めたり、パフォーマンスにすぎないと言われるようなものもあるが、住民の側も議会の低調ぶりに飽きたらず、こうした首長の組織する政治参加の機会に期待する向きもある。

　行政の側が住民サービスを何でもやっていくということについては、再検討すべきだという声もあり、住民組織やNPOなどと協働（コラボレーション）を模索して新しい地域づくりを進めることには反対の声は少ないだろう。ただ、それでなくても強い権限を持つ首長の側が議会に対してますます強くなっていくことは二元代表制の趣旨に反する側面もないではない。

　それなりに優れた専業議員を多くかかえている府県会や大都市の市会は、もっとみずからの手で住民の意向を把握すべきだろうし、小さな町村では二元代表制の維持そのものを再検討するべきなのかもしれない。北欧諸国の地方議会のように、夜に議会を開き多くの市民が無報酬で議員となるような発想の転換も必要かもしれない。

期待を背負って登場したが、青島知事は巨大開発プロジェクトを止めたことで満足したのか、他には見るべき成果をあげずに2期目は不出馬を表明、ノック知事に到っては選挙運動員に対するセクハラ疑惑のため、辞任に追い込まれた。

▷3　鶴谷将彦「小選挙区制度の導入と地方政治：代議士と市長の関係を中心に」『政策科学』15巻2号、2008年2月、111-122頁。

▷4　月額80～100万円というところである。

▷5　⇒ 3-Ⅴ「市民と行政」

参考文献
村上弘『日本の地方自治と都市政策：ドイツ・スイスとの比較』法律文化社、2003年、1章。土山希美枝『高度成長期「都市政策」の政治過程』日本評論社、2007年。

行政学がよくわかる映画

社会科学と実験

　社会科学では実験は難しい。実験というのは，結果に影響を与えそうな事柄をすべてコントロールしたうえで，結果と関連する原因となりそうなものの操作により結果を導き，原因と結果を結びつけて理論を論証するということだ。ファラデーの『ろうそくの科学』（岩波文庫）を例にとれば，燃えているろうそくにガラスの円筒をかぶせればやがて火は消える。このさい，実験室の環境は無風，室温一定，素材にしたろうそくは一定のもの，など，結果に影響を与えそうな要素はすべてコントロールしている。「他の事情が同じならば（ceteris paribus）という条件を」を作り出したうえで，酸素の供給と燃焼という二つの要素だけに注目しているのである。難しい言い方をすれば酸素の供給が独立変数（independent variable），燃焼が従属変数（dependent variable）である。

　こういうことを社会の事象の理論的説明のためにおこなうのが難しいことは想像に難くない。また，倫理上の問題もある。ためしに公定歩合をあげてみて経済がどうなるか見てみましょう，などということが許されないのはわかるだろう。そのために，社会科学では事実の観察がおこなわれる。事例研究もその一つだ。起こった事柄をいろいろと拾い集めてみて，結果に影響を与えそうな事柄をコントロールでき，独立・従属変数間の共変関係が見つけられそうなものを探すのである。

　しかし，たまに事例のなかに実験をおこなったかのようにさまざまな要素がコントロールされきっていて，独立変数と従属変数を浮かび上がらせているものがないわけではない。ここでとりあげる映画『**八甲田山**』↗

（1977年，東宝）の描いているのがそうした事例の一つだ。

　日露戦争の直前，第8師団が雪中行軍訓練をおこなったが，青森の第5連隊からと弘前の第31連隊から抽出した部隊が同じ時期に反対側から雪の八甲田山を踏破しようとした。道は同じだし時期も同じだから気象状況も同じ。また，ともに第8師団所属の精強な部隊で兵士の錬度も同様。記録的な寒波襲来のなか，弘前の部隊は全員生還したが，青森の部隊は参加者の9割を超える遭難者を出した。

　多くの変数がコントロールされた事例で，独立変数と思われるものは，指揮官のリーダーシップをめぐる環境である。第31連隊は中隊長（福島大尉：映画では徳島大尉）の指揮が貫徹する標準の中隊から，さらに精鋭を抽出した小さな部隊であったのに対し，第5連隊は大隊本部も随伴することで変則的中隊編成を取っており，中隊長（神成大尉：映画では神田大尉）が絶対的な指揮権を持っていたとは言い難く，結果として雪の山中を，まさに「死の彷徨」をすることとなった。2人の将校のリーダーとしての資質に大きな差異はなかったと思われるので，リーダーが十分なリーダーシップを発揮できない組織のありようが，悲惨な結果を招いた事例だと言えるだろう。

　まさに悲惨な事例である。結局は福島大尉も日露戦争の黒溝台会戦で戦死した。事例研究のなかには，ときに実験したかと思われるようなものも見出しうる好例として紹介しておく。　　　　　　　　　　（佐藤　満）

練習問題

Ⅰ　理念と役割
1．団体自治と住民自治がともに大切だとされるのは、なぜか。
2．地方自治は日本の政治と社会に、どのように貢献してきたか。

Ⅱ　中央地方関係
1．分離型のもとでの地方自治と融合型のもとでの地方自治はどう違うか。
2．国と地方自治体の間には、具体的にどのような種類の関係があるのか。
3．近年、地方分権が進められてきたのはなぜか。

Ⅲ　地方政治
1．日本ではどの自治体も画一的な二元代表制をとっているが、統治の形自体も自治体が自由に決められると考えてはいけないのだろうか。
2．地方の議会はきちんと機能しているだろうか。もし、不十分だとするのならば、なぜなのだろうか。

第5部 政策過程

　ここでは，行政を，それが担当する政策の側面から観察してみます。過程というのは物事が進行する様を表していますが，政策に注目して過程を見ていくと，政策ごとに進め方や参加者に違いがあることが見えてきます。政策過程を語るときに課題設定・決定・実施という段階をとらえて循環する図とすることが多いのですが，実は，そうした時系列の流れとは別に，政策ごとに異なる過程の束として政治過程全体をとらえることが大事なのです。

　前半は，そうした政策過程の理論を概説します。時系列の展開と多様な政策への展開，合理主義と政治的相互作用の関係，アリーナ理論が重要な話題です。後半では，ステロタイプ的な時間軸の展開を説明の枠組みとして使って，課題設定，決定，実施，評価，発展・縮小・中止という段階に沿って，その特徴を検討していきます。

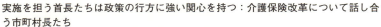

実施を担う首長たちは政策の行方に強い関心を持つ：介護保険改革について話し合う市町村長たち

出所：読売新聞社。

第5部 政策過程

I 政策過程の理論

 ## 政策過程の分析

政策過程というのは政治学でも比較的新しい言葉なので，本章の初めに，この言葉が何を指しているかの説明をおこなっておこう。また，政策には産業政策や福祉政策と言ったりするように形容詞的語句がしばしばつくが，これは政策を分類していろいろな説明をしようとするときにおこなわれる。本節の後半では，政策を分類するというのは何を狙ってのことなのか，考えてみよう。

1 政治過程と政策過程

政策過程という言葉の説明は，似た言葉の政治過程の説明から始めるのがよいだろう。政治過程というのは20世紀になって登場した言葉で，政治学が世相についてダイナミックな説明を求められたときに使われ始めた。19世紀の政治学は民主主義に関する政治思想と，それを実現するための制度論だった。端的に言えば憲法学こそが政治学だったのである。

20世紀を表現するのにバーカーの「集団の噴出」という語が用いられる。18世紀から19世紀にかけて近代市民革命が実現した国家は，市民と国家のあいだの中間的団体を認めず，これを封建的なものとして破壊したうえに成り立つものだったが，個人を軸に組み立てた民主主義の政治哲学と制度論だけでは集団の噴出以降の現代政治は理解できなくなった。そこで登場したのが諸集団の相互作用，影響力活動とそれが均衡に至る過程を描く政治過程論だった。

こうして登場した政治過程論が追ったのは権力の形成の過程であり，政策の形成の過程であった。政治過程論は人々の行動の相互作用が権力を形成していき政策を形成していく有様を描こうとしているのである。政策過程と言うとき，この権力と政策の形成を追う政治過程から，政策の形成を抽出しようとしているということがわかるだろう。

2 政策形成と実施

政策過程を時系列や政策領域で区分けする議論がある。これを縦横の関係で示すと図5-1のようなものになる。時系列では前決定過程・政策決定過程・実施過程という区分が一般的だ。真ん中の政策決定過程というのが，問題提起がなされ，政策原案が提案され，議論の末，公的な決定がなされるまでの過程だが，前決定過程というのは問題が特定のかたちで認識され，公的な意思決定に乗せるべきだと思われるようになるまでの過程を指し，議題設定（アジェン

▷1 政治哲学が描いた理想的な市民社会を実現するための制度が憲法として制定されていく。憲法の重要な柱が市民の権利，基本的人権を定めた条項と，その市民の権利を必要悪たる国家，政府が踏みにじらないように権力を相互抑制，相互監視の網のなかで縛る統治機構を定めた条項からなっていることを思い起こそう。

▷バーカー(Barker, Earnest : 1874-1961)
『現代政治の考察』（足立忠夫訳，勁草書房）が，「集団の噴出（eruption of groups)」を扱ったものとして著名。

▷2 一方に財産と教養（Besitz und Bildung）を持ち自己責任で決定できる合理的な市民間の相互作用による自動調節がなされる社会を置き，その対極に市民社会もしくは市場の自由競争を守ることのみを職務とする消極国家を置くというのが近代市民社会像だが，政治参加する「市民」が，ブルジョアジーばかりでなく無産市民にまで拡大していく過程で，中間的団体が登場する。政党，さまざまな利益集団，なかでも労働組合が政治の表舞台で市民権を得たのがまさに新世紀の初頭だったことを思い起こしてほしい。そして，日本国憲法を含む多くの憲法

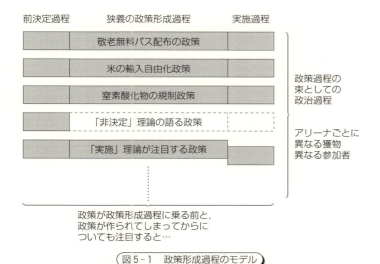

図5-1 政策形成過程のモデル

ダセッティング）過程と呼ばれたりもする。これに対して実施の過程というのは，公式な決定を見た政策が実際に実施されていくところを観察するものだ。なぜ，そこを区別するのかというと，決定のさいのもくろみとは異なる現実が実施の過程で見られたりするからだ。

3 さまざまな政策類型論

図5-1で時系列の区分は横に示されているが，縦に示されているのが政策領域ごとの違いである。この例では具体的な政策について述べているが，ここを一工夫することで理論的な議論の糸口とすることができる。

例えば「零和的（zero-sum）」政策と「非零和的（non-zero-sum）」政策というのを考えてみると，この区分はおそらくすべての政策を理論上は分類しきれるものなので，政策過程一般の理論的な検討ができる。零和というのは誰かが得をすれば必ず誰かが損をしているというもので，非零和というのは，いわゆる「ウィン・ウィン」の関係が作れるというものだ。この二つに分類された政策領域で同様の進行が見られるとは思えないだろう。前者は競争的で厳しいものとなり，後者は平和的に結論にたどり着くと考えられるのではなかろうか。

政治過程の理論が平板な利益集団の相互作用と勢力均衡の話に傾いてしまったとき，**ロウィ**は「分配・規制・再分配」という政策類型で政策過程を整理することにより，利益集団の相互作用以外に国家が前面に出て政策過程を進めるものもあるのだということを思い起こさせてくれた。政策過程を，単純に政策を作るPDCAサイクルと考えてしまうと，もとの政治過程が持っていた権力の形成の側面を見落としてしまいかねないということと，政策過程の議論自体は政治過程論のある種の単純化・平板化に対しての異議申立てとして生み出されたということを強調しておきたい。

I-1 政策過程の分析

がなお，その文言のなかに「政党」という言葉を持たないことも思い起こすとよい。⇨ 1-I-3 「自由主義と小さな政府」， 1-I-5 「20世紀の政府機能の拡大」， 1-I-6 「福祉国家と行政国家」

▷3　⇨ 3-IV-1 「利益団体の機能と課題」

▷4　伊藤光利編『ポリティカルサイエンス事始め』（第3版）有斐閣，2009年，156頁。

▷5　過程をもっと段階ごとに詳しく見て，一連の循環に整理するものも多いが（⇨ 5-II-1 「前決定過程」），政策過程の議論の意義はむしろ複数の政策過程を論ずることで利益集団の相互作用だけでは説明できない政策過程を見出し，国家を再び分析の俎上に載せたことにある。

▷6　⇨コラム「福祉政策は実施過程を見ると化ける？」（182頁）

▷ ロウィ（Lowi, Theodore J.：1931- ）
主著は『自由主義の終焉』。この著作は，多元主義理論批判の書としてもっとも当代の政治学に影響を与えた書物に選ばれたこともある。

（参考文献）
伊藤光利・田中愛治・真渕勝『政治過程論』有斐閣，2000年。

コラム

福祉政策は実施過程を見ると化ける？

　政策決定過程でのもくろみと政策実施過程での実際が異なったりすることから政策実施の研究を過程の研究とは別個にする必要があると考えられ始めた。これはアメリカにおける公共事業の研究に端を発する。カリフォルニアのオークランドで実施する公共事業に関する決定はすこぶる順調になされ，予算もついたのに，実際に見てみると政策は実現していない，何が問題だったのだろう，という問いに対する答えとして，ウィルダウスキーという予算政治の泰斗とプレスマンという今は亡き若い俊秀の共同研究の成果，その名も『実施』という著作が発表されたのが1973年のことであった。

　行政学にかかわる人々は争ってこれを読み，実施過程の研究にいそしんだ。その成果としてさまざまの知見がもたらされたが，ここでは，政策類型の議論との関連で福祉政策をとりあげよう。これは，決定過程と実施過程を区別することで，よく見えるようになることがあるという好適な事例を提供してくれる。

　本文中で触れたロウィの政策類型は，分配政策・規制政策・再分配政策というものだった。福祉を見るとき，人はおおむねこれを再分配の政策であると考える。持てる者から持たざる者へ，富める者から貧しき者へ，あるいは若年の勤労者から退職した高齢者へ，という一連の価値の移転，再分配であると考える。このこと自体は間違いではない。実際に政策決定の局面では，これに参加している人々の意識は再分配に向かっているだろ→

う。しかし，目を実施局面に転じてみると個別の対象に対して金銭などの「給付」というかたちでおこなわれる福祉政策はロウィの言う分配政策の様相を呈してくるのである。

　端的に言えば，分配政策というのは個別に配る給付自体は少額のものであるので，誰からも価値を奪うことなく，あたかも無限の資源を有しているかのごときバラマキをやってしまうということなのだが，実際にはそのうちに財政窮迫などのしっぺ返しを食らうことになる。給付というかたちをとる実施過程の実行しやすさが，一般に決定過程を見るだけでは見えてこない福祉政策の特質を浮かび上がらせてくれるのである。

　ロウィが分配政策の典型例として説明に用いたのが19世紀アメリカの土地の分配政策で，西部開拓史に見られるように，無限の土地があるかのように西部に移り住む者に土地を与えてきた政策である。しかしこれも考えてみれば，騎兵隊が先住民から土地を奪ってきたことのうえに成り立つ分配政策であった。

　これらの事例を見ると，誰からも価値を奪うことなくすべての人がいい思いをするなどという政策は，後でひどい目に遭うか，いま見えないところでひどい目に遭っている人がいるのではないか，と思ったりする。「ウィン・ウィン」などという調子のよい言葉にだまされないようにしようと思うのは，人の悪い政治学者だけかもしれないが。

（佐藤　満）

I　政策過程の理論

 合理主義とインクレメンタリズム

▷1　「選択としての政策」という言い方で、アリソンは合理的政策モデルというものを考えた。これ以外に組織過程モデルが「出力としての政策」、官僚政治モデルが「(政治ゲームの)帰結としての政策」であるが、これら三つの意思決定モデルを検討し、それらを見ることで特に合理的政策モデルが、「概念レンズ」として決定者ばかりでなく決定を観察する者をも特定の視野狭窄に導いていると論じている (G. T. アリソン／宮里正玄訳『決定の本質』中央公論社、1977年)。
⇨ 2-I-6 「意思決定論」

▷2　⇨ 2-I-6 「意思決定論」、1-I-11 「行政と公共政策における価値基準(2)」

▷3　参考文献に記したのは、彼の *Policy-Making Process* の第3版の訳である。第3版では「分析」と「偏った分析」という対比を使うのをやめて、分析そのものが持つ限界性を詳論するという記述に変わっている。ここでは、第2版までのところでリンドブロムが使ってきた対比がわかりやすいので、これで説明することにした。

　誰しも政策は合理的に決めるに越したことはないと思うだろう。ここでは合理的に決めるということをめぐって、少し考えてみよう。合理的政策決定が持つイメージは、何らかの目的があり、これを実現するために取りうる政策手段のうち最適のものを選択する知的作業というものだ。それぞれの選択肢がもたらす結果の推定を知的におこない、最適な解を選ぶというイメージである。

　だとすると、政策決定は知的な作業に向いた人に任せた方がいいのだろうか。公共政策を決めるには民主主義も気にしないといけないように思うが、合理的な政策決定と民主的な政策決定の関係はどのように考えればよいのだろう。

1　「分析」と「政治」

　上の問いにはリンドブロムという人が非常にクリアな解答を与えている。彼は「分析」と「政治」という言葉を使う。要するに合理的にものごとを決めるというのは選択肢を列挙し、それがもたらすと推定された結果を比較して最小コスト・最大利得のものを選択するということだから、分析だというわけだ。リンドブロムは、人間の知的能力に限界があるのならば「分析」も偏ったものにならざるをえないと考える。神ならぬ人間のやることだから、どんなに知的で中立的な人がおこなったとしても、それは「偏った分析 (partisan analysis)」にならざるをえないというのである。

　であるのならば、さまざまな人々の限られた視野、限られた能力からなされる多様な「偏った分析」をぶつけ合う「政治」の過程こそが、結果として合理的な決定をもたらすであろうし、これが民主的であることは言うまでもない、というわけである。

2　合理主義の残余をどう扱うか

　この小見出しの意味は、人間の知性には限界があるので合理的に解明できている部分は小さく、他の見えていない部分にどう対処したらいいのだろうかということで、その扱い方には流儀があるという話である。リンドブロムの答えは明確だった。合理性の追求はひとまずおいて、完璧な合理性を期せないそれぞれの偏った分析を政治の過程に委ねることしかないだろうというものだ。

　政治学は醒めたところがあるので (「オトナの学問」と言われる)、合理的な解決の追求について投げ出したかに見えるこのような態度をとるのだが、合理性

を追求したい人たちは残余をまずは「不確実性」と呼び、対処しようとする。

科学というものがだいたいそういうスタンスだ。端的に言えば、複雑な事象を具体的な要素に分解して特定の要素を取り出し、繰り返される法則を見つけていくということだが、要は「あーすれば、こーなる」という事柄を確定していくという話だ。そのさい、細かい要素を抽出した元のいろいろはいったん忘れる（捨象する）ということになる。たとえば気体の体積と圧力は反比例するという「ボイルの法則」は気体という対象の体積と圧力だけに注目して他のもろもろは忘れ、二つの要素のあいだに成り立つ法則について述べたものだ。気温は関係ないのか、とか、水蒸気が含まれているとどうなるのかとかはいったん置いておくのである。「ボイル・シャルルの法則」は温度も考慮に入れることで、不確実の領域から一つの要素を科学的知識にすくい出したとも言える。わからないところ、忘れたことにしたところについても「他の条件がみな同じならば（ceteris paribus）」という仮設を置いて、わかるところをまず明確にし、そのわからないところを減らすことこそが科学の任務である、ということだ。「不確実性」が残されていると言うとき、残されているが、徐々に解明していかなければならないというニュアンスを込めて語られるのは、科学に対する期待が込められていると考えてよい。

科学、もしくは人の理性に対する期待の高い考え方と、そういうものには不信の目を向ける考え方があり、政治学は後者であることが多い。その辺りをローウェルという人が整理しているので図5-2を掲げておく。この整理で見ると、合理的意思決定の信奉者は急進主義者、改良主義者に属し、リンドブロムを含む多くの政治学者は保守主義者に属していることが何となくわかるのではないだろうか。

3 行政の知恵

さて、再びリンドブロムに戻って、単純な科学や理性信仰には冷ややかな視線を送りつつも、限界のある偏った分析を民主的相互作用に乗せることで「民主主義の知恵」への期待を語った彼の着実な決定の作法、インクレメンタリズムについて触れておこう。

インクレメンタリズムというのは、漸増主義と訳されたりもするが、端的に言えば前例を踏襲し、変えるにしても大幅には変えない、という考え方である。現状がそう悪くはなく、人間の理性には限界もあるから机上の空論をおこなってもだめなので、今あるところの小さな手直しで前進すべきだという考え方である。ローウェル図式を見ながらインクレメンタリズムについて考えれば、これが保守的な考え方であるという批判を受けてきたこともよく理解できるであろう。

	理性に信	
現状満足 改良主義	急進主義	現状不満
保守主義	反動	
	理性不信	

図5-2 ローウェル図式

▷4 「わからない」ということを「わからない」で放置しないで、いずれわかると考えるのが科学的態度だろう。科学と不可知論の関係についてエンゲルスが語っていることなども思い起こしてほしい。エンゲルス『フォイエルバッハ論』（藤川覚・秋間実訳、国民文庫、大月書店）こういう対比をおこなうと、政治学は不可知論に傾斜している側面があるかもしれない。

▷ローウェル (Lowell, Abbott Lawrence：1856-1943)
アメリカの政治学者。

▷5 書名である。*The Intelligence of Democracy*, Free Press, 1965.

▷6 「増」の側だけではないので「漸変主義」と訳すべきだとする人もいる。ただ、おおむね、予算などは微増傾向にあるので、漸増主義が訳語としては定着しているであろう。

▷7 リンドブロムを語るときにもう一つ重要なコンセプトとして「マドリング・スルー」というものもある。これは「ブレーク・スルー」に対する語として、彼が論文の標題に使った言葉だが、意思決定というのは、きれいに分析で割り切って明瞭な決定をおこなうことはなく、いろいろ苦労しながらじっくり前進するものだということを象徴的に述べたものだ。

参考文献
チャールズ・E.リンドブロム、エドワード・J.ウッドハウス／藪野祐三・案浦明子訳『政策形成の過程 民主主義と公共性』東京大学出版会、2004年。

第5部 政策過程

I 政策過程の理論

 政策形成のパターン

▷1 ⇨ 5-I-1 「政策過程の分析」図5-1
▷2 ⇨ 5-II 「政策過程の諸段階」

本章第1節で政策過程の切り口には二通りあると述べた。一つは過程の進行に伴って前決定，決定，実施というように段階を分けるものである。もう一つは政策の種類によって別々の過程が並行して進行しているというものだ。前者の時系列的な段階論については次章でより丁寧に扱う。ここでは後者の，並行して進む複数の政策過程と行政・政治のかかわり方について少し考えてみよう。

1 アリーナ理論

政策ごとに異なる政治過程が並行しているという見方は常識にも合致する。関係者が多そうな話もあれば少数の人しか関心のない話もあるからだ。問題の定義によっても，口を出す顔ぶれによっても，物事の決められ方は違うだろう。そう考えると当たり前のことのようだが，この議論は奥が深い。

▷3 ロウィの「利益集団自由主義」批判が著名である。T. J. ロウィ／村松岐夫監訳『自由主義の終焉』木鐸社，1981年。

▷4 『国家を呼び戻す』と題された本もある（P. B. Evans, D. Rueschemeyer, T. Skocpol, eds. *Bringing the State Back In,* Cambridge University Press, 1985.）。

▷5 P. セルフに依拠して村松岐夫がおこなっている（『戦後日本の官僚制』東洋経済新報社，1981年）。

▷6 絶対主義が作り上げた官僚制という歴史的遺産を持たない国，アメリカが，政治スタイルの強い国であることを思い起こせば，この国で誕生し発展した政治過程論が，制度や国家を忘却し，政治を集団の相互作用に矮小化させていくことになったのも無理はないと思える。

▷7 ⇨ 3-III-5 「日本の国会をどう見るか」，3-IV

抽象化をめざす理論においては，政治過程とは利益・関心を軸に結成された集団が相互に影響力を及ぼそうとする過程だと考えられてきた。細かな違いにはとらわれず本質だけを見ようとすると，要はそういうことだ，というまとめ方である。集団というのが実体的なものばかりではなく利益・関心を持つ政治的主体の抽象的表現だというのなら，そのとおりだとしてもよいだろう。だが，この理論は一人歩きし，制度についても公的正義の観念についても無視して，実際に存在する政治的利益集団の影響力行使活動のみを見ようとする傾向に拍車をかけた。

そこで，政治過程には多様性があり，そのなかには利益集団の影響力行使活動ばかり見たのではわからないものも多いのではないかという議論がなされるようになり，複数の政治過程は，ただ複数あるというばかりではなく，制度的な決めごとや国家が正義と認めるものの決め方に従って配置されているのではないか，というふうに議論が進んだのである。

参加者を異にし，進め方の異なる複数の政治過程のことを競技場，「アリーナ」と呼んだりするが，この認識は，政治過程論全盛の時代に忘れられかけていた「国家」というものを政治学の中心に再び呼び戻したのである。

2 行政スタイルの諸相

政治行政のあり方について国際比較をすると，「政治スタイル」，「行政スタイル」という区別で見るとわかりやすいという議論がある。両者の役割の境界

領域でどちらのルールが優先するかにお国ぶりが表れているという議論だ。単純に言えばアメリカが政治スタイル，日本は行政スタイルである。アリーナの考え方で日本の行政を見てみると，同じ行政スタイルといってもいろいろなさまが浮かび上がってくる。族議員が活躍する領域では彼らと関連業界，関連省庁の関連部局のあいだでいわゆる「鉄の三角形」が形成され，部外者の容喙を許さず新規参入も拒み既得権益を守るだろうし，専門性の高い政策領域では官民をまたがる専門家の知的連帯が生まれるだろう。これについてはイシュー・ネットワーク（ヘクロゥ）とか政策ネットワーク（カッツェンシュタイン）とかの概念が提案され，議論されている。鉄の三角形では政界・官界・業界のアクター間をつなぐものを利益と見るのに対し，イシュー・ネットワークではアクターをつないでいるのは知識・知的関心である。したがって前者はパワーする（力の角逐をする）のに対して後者はパズルする（知的に問題を解決する）と言われる。複数の政治過程について，多元主義の枠内で日本を説明するための議論がなされたことがあるが，これらはおよそ，行政スタイルに注目してのものだったということを思い起こそう。

こうした議論とは別に，日本の政治過程をいくつかに分類することで，体制をにらんでの構図がいかに描けるかという議論もなされているが，ここでは村松岐夫の「内環・外環モデル」と，これに続く展開を紹介しておく。村松のモデルはかつての安保・防衛問題などの左右衝突の政治と，自民党一党優位体制下の利益配分の政治の棲み分けを描くものだった。同心円状に描くことで利益配分の過程の効率が上がり人々の満足が増えれば，イデオロギー的対決の過程は小さくなることを示唆している。これに対して真渕勝は村松が「政策過程」と呼んだものはさらに二つに分けることができ，それらは別の政策過程であると述べた。利益政治の過程と参加者の限られた体制のパフォーマンスを向上させるための戦略的な政策の過程である。

3 政策過程と統治連合

体制をにらんでの複数の政治過程の配置，構造の議論がなされてくると，政治学のもっとも重要な問いの一つである「統治しているのは誰か」という関心と結びつく。利益配分ばかりではなく，配分されている利益の源泉を作り出すための戦略的政策の形成過程こそが統治者のものだと見うるからだ。

そうした議論のうちで，おもしろいのは「アイデアの政治」が議論されたときに観察された赤緑連合だろう。1930年代の恐慌をスウェーデンでは社会民主労働党（赤）と農民党（緑）が連立を組み，積極政府を形成することで乗り切った。統治連合という文脈で語られているが，消極国家から国家像を転換し，利益配分の原資を作り出すための重要な政策過程をいわゆるケインジアン政策を用いることで主導したという見方ができる。

I-3 政策形成のパターン

[1]「利益団体の機能と課題」

▷8 パターン化された多元主義（村松・クラウス），官僚的包括型多元主義（猪口），自民＝官僚混合体によって枠づけられた「仕切られた多元主義」（佐藤・松崎）など。

▷9 詳しくはコラム「日本政治過程の見取り図」（190頁）を見よ。

▷10 G. サルトーリの言葉。二大政党制であっても政権交代があまりなく，一つの政権党が長くその国の政治体制を支配している場合など，政権交代が頻繁にある二大政党制と同じに扱ってはいけないだろうとして作り出された概念。スウェーデンの社会民主労働党や日本の自由民主党を分析するのに適した概念として学界に受け入れられた。

▷11 村松，前掲書，290頁。

▷12 佐藤満『厚生労働省の政策過程分析』慈学社，2014年，52-55頁。

▷13 こうした政策過程があるという議論は，従来の多元的民主主義の議論からは出てきにくいが，多元主義の理論家のなかでも大御所たるリンドブロムが，他の集団に比して「ビジネス」は決定的な重要性を持っていると論じ，多元主義に修正を迫ったことはよく知られている（Lindblom, C. E., *Politics and Markets*, Basic Books, 1977.）。

▷14 "Cow Trade" とも呼ばれる。Gourevitch, P., *Politics in Hard Times, Comparative Responses to International Economic Crises*, Cornell University Press, 1986.

日本政治過程の見取り図

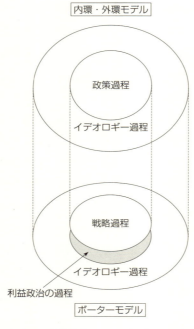

日本の政治過程をいくつかに分類してどういう構図で描けるかについて，ヴィジュアルなかたちで最初に提起したのは村松岐夫の「内環・外環モデル」であった。これに続く展開をここでは簡単に紹介しておく。

図の上段が村松のモデルであるが，内環の「政策過程」は自民党と関係業界団体が参加する。参加の場は政務調査会の個々の部会であり，この部会こそが個々の鉄の三角形を形成するということだ。

真渕は個々の政策過程にとくに命名はしなかったが，村松が自民党政調会を鉄の三角形の束であると見ており，政治家としては与党の政治家しか見ていないが，この利益配分の過程には野党の政治家も参加しているとする。そして，そういうものとは別に，与党の中枢を担う幹部政治家と，省庁のなかでも長期的戦略をにら

む省庁の幹部だけが参加する政治過程が別にあり，ここでは財政・金融などの経済運営の戦略的事柄が検討され決められる，とするのである。

　図の下段は，こうした議論を筆者なりに整理しようと試みたものである[1]。村松が見た「政策過程」は，いわゆる族議員たちが参加している「利益政治の過程」と命名し直すべきだろう。この過程はいわゆる現業官庁が仕切る現場で，55年体制の与野党すべての勢力が参加し利益の配分に預かろうとするが，成長戦略などの利益配分の原資となるものを創出していく過程自体の参加者は限られているというものだ。図ではこの過程を山口二郎にならって「戦略過程」と命名した。原資の造出を戦略過程で成し遂げることができれば，その結果として「利益政治の過程」は活況を呈し，不満分子の巣くうイデオロギー過程は縮小するというものである。利益政治の過程は戦略過程の影のように，戦略過程のパフォーマンスしだいで拡張・縮小し，それがイデオロギー過程の消長とも連動している。

　「ボーターモデル」と名づけたのは，たんに図がボーター（カンカン帽）に似ているというだけのことである。

(1) 佐藤満『厚生労働省の政策過程分析』慈学社，2014年，70-73頁。

（佐藤　満）

Ⅱ 政策過程の諸段階

前決定過程：課題設定と非決定

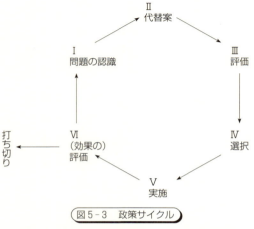

図5-3 政策サイクル

出所：山木吉宣・白鳥令編『政策決定の理論』東海大学出版会, 1990年, 16頁。

前章でも述べたように, 政策過程における各段階はしばしば①問題（課題）の認識→②代替案の評価・選択→③実施（執行）→④（効果の）評価と続く一連のサイクルとして理解されることがある（図5-3）。こうした見方は, 現実に政策が形成される過程をかならずしも忠実に反映したものではないが, 各段階に固有の論点について踏み込んで考察するきっかけを与えてくれる。本章では, まず課題の設定における論点から見ていくことにしよう。

▷1 ⇒ 5-Ⅰ-1 「政策過程の分析」

▷2 ⇒ 2-Ⅰ-5 「サイモンとサイモン以後」で紹介されているゴミ箱モデルは, 政策過程の諸段階を時系列で整理するモデルを批判する代表的なものである。

1 課題の設定

政府の政策が社会的問題を解決するために考案されたなにがしかの処方箋だとすれば, 政策の決定にはまずその前提として政府が取り組むべき課題が設定されなければならない。この決定の段階に入る以前の課題の設定をめぐり展開される政治過程を前決定過程という。

▷3 Roger Cobb & Charles Elder, *Participation in American Politics*, 1983, Johns Hopkins UP, pp. 85-86.

▷4 たとえば, 世論の動向に政府がかならずしも反応しない近年の例としては脱原発をめぐる議論が, また政府が課題設定を先導した例としては日銀による2％の物価安定目標の設定などがあげられるかもしれない。

コブとエルダー（Cobb, R. and C. Elder）という2人の政治学者によれば, 課題は大きく二つに分けられるという。一つは体系的アジェンダ（systemic agenda）と言い, 広く社会一般から注目を集め, 政府が対処すべき問題だと人々に認識された課題である。もう一つは公的アジェンダ（formal agenda）と言い, 実際に政府の真剣な検討の対象となった課題である。一般に前者と後者は連動すると見なされることが多いが, 両者の関係はそれほど単純ではない。世論の動向に応答する政府の能力が低ければ体系的アジェンダが公的アジェンダに発展しないかもしれないし, 逆に人々が注意を払わなかった問題を政府が率先してとりあげることもある。また深刻さから言えば決して軽くないはずの問題が, 世間一般からも政府からも省みられないこともありうる。要するに, 現実の社会には多種多様問題が存在するのだが, そのすべてが政府の課題として認め

2 非決定権力

　この問いに対して,「非決定権力（nondecision power）」という概念を提示することで示唆に富む議論を展開したのが政治学者のバクラックとバラッツ（Bachrach, P. and M. Baratz）である。彼らによれば,非決定権力とは「決定作成者の価値や利益への潜在的・顕示的挑戦を抑圧」する権力だとされる。つまり,ある問題が政府が取り組むべき課題として争点化されてもよいかどうかを決定できる影の支配者が存在し,その支配者たちが自分たちにとって安全な問題のみを争点として浮上させているという主張である。この種の権力は,政策決定の段階で行使される権力とは次元を異にする。なぜなら,争点が表面化したあとで明示的に行使される権力は,真の支配者たちが争点化することを許した問題のみを対象とする二次的な権力にすぎないからである。

　非決定権力は争点を浮上させない権力であるというその性格上,その存在を実証的に確認することは難しい。だが,たとえばわが国の**水俣病**問題をめぐる政治過程は,そうした例の典型と見ることができるかもしれない。四大公害の一つとして有名なこの問題では,「チッソ」という会社が地域社会に持った経済的・政治的影響力のゆえに,水俣病被害の実態はながらく争点化を抑制され続けた。この例が示すように,非決定権力の議論にもある程度の説得力があるとするならば,ある問題が人々に認識され政府が取り組むべき課題と見なされるようになるかどうかは,その問題が持つ客観的な重要性よりも,支配的な権力を有する少数の権力エリートたちの意向で決められることになる。支配者の側は,情報操作や問題の私的領域への封じ込めなどを通して自分たちにとって都合の悪い問題を争点化させない戦略をとるという。では,争点化を抑圧された側には,それに対抗する手段はないのであろうか。

　そのような対抗手段の一つが,政治学者のシャットシュナイダー（Schattschneider, E. E.）が言う紛争の社会的拡大である。これは利害関係を有する当事者の中,政治的争いに敗北した側が,状況を一変させるため普段はその問題に関心を持たない一般大衆を巻き込み,紛争に参加する人々の範囲を拡大することで結果的に公的機関に課題の存在を認めざるをえなくする戦略である。この戦略が有効であるためには,一般大衆への働きかけ方が重要になる。普段,直接の関心を持たない一般大衆の注意を引くためには,その関心に合うように争点を定義し直さなければならない。また,マスメディアが問題をとりあげるかどうかも,紛争の拡大の可能性を左右する重要な要因である。このようにある課題が政治的争点として浮上する仕方は,その課題がどのように語られるかによって規定されるところがある。この「語られ方」をめぐって展開する政治を「言説政治」と言い,近年研究者の関心を集めている。

▷5　Peter Bachrach & Morton Baratz, *Power and Poverty*, Oxford University UP, 1970, p. 44.

▷**水俣病**
イタイイタイ病,四日市ぜんそく,新潟水俣病とならぶ四大公害の一つで,熊本県水俣市で発生した。チッソ水俣工場の排水が原因とされ,汚染された食物を摂取することで中毒性の神経系疾患を発病する。1973年に裁判でチッソの責任が認められ,1995年に国と原告団との和解が成立した。だが水俣病関西訴訟裁判はその後も続けられ,2004年に最高裁は国と熊本県の責任を認めた。

▷6　水俣病問題を非決定権力の視点からとらえた議論として,早川純貴・内海麻利・田丸大・大山礼子『政策過程論―「政策科学」への招待』（学陽書房,2004年,44-47頁）参照。

▷7　真渕勝『現代行政分析』（改訂版）放送大学教育振興会,2008年,99頁。

▷8　E. E. シャットシュナイダー／内山秀夫訳『半主権人民』而立書房,1972年,1章。

▷9　「言説分析」の紹介として,西岡晋「政策アイディア論・言説分析」縣公一郎・藤井浩司編『コレーク政策研究』成文堂,2007年,7章参照。

参考文献
笠京子「政策決定過程における「前決定」概念」『法学論叢』123巻4号,124巻1号,1988年。伊藤光利・田中愛治・真渕勝『政治過程論』有斐閣,2000年,3章。

コラム

統治するのはだれか？：CPS論争

　バクラックとバラッツが「非決定権力」という概念を提示するに至るには，実は伏線があった。「CPS論争」と呼ばれる，1950～60年代にかけてアメリカで展開された学説上の論争がそれである。CPSとはCommunity Power Structureの頭文字のことで，わが国では「地域権力構造」と訳される。

　論争の主役となったのは，「権力エリート論（power elite）」と呼ばれる学派と「多元主義（pluralism）」と言われる学派である。それぞれ代表的な論者として，前者にはF.ハンター（Floyd Hunter），後者にはR. A. ダール（Robert A. Dahl）やN.ポルスビー（Nelson Polsby）等があげられる。この論争で主な焦点になったのは，アメリカの地方都市の権力構造をいかに理解するか，つまりダールの著作のタイトルを借りれば，アメリカの都市を実際に「統治するのはだれか？（Who governs?）」ということである。前者は少数の利益を共有する一枚岩のエリートが地域の主要な決定を独占していると見た。他方，後者はたしかにエリートが政治的決定で重要な役割を果たしてはいるが，その構成は多元的であり，あらゆる争点で支配的な影響力を行使できるエリートはいない，とした。

　この論争で興味深いのは，両者が採った分析手法の違いである。ハンターが採用したのは「声価法（reputational approach）」と呼ばれるものである。彼は南部の都市アトランタを調査対象として，まず有力者の候補を⇗

リストアップし，そこからまちの事情通とされる人たちに影響力を持つと思われる人を判定してもらい，さらにそうして選ばれた人たち同士で誰が影響力を持つかを互選してもらった。その結果，ビジネス層を中心とする少数の権力エリートの存在が確認できたとした。だがこの方法では，権力を持つと見なされる人は明らかになっても，その人物が本当に権力を持つかどうかはわからない。この点をするどく批判したのがダールだった。彼が採用したのは，「争点法（issue approach）」と呼ばれる方法である。この方法はある地域で重要とされた複数の政策争点における決定で影響力を行使した人物を調べ，その顔ぶれが争点間でどれだけ重複しているかを見るものである。影響力を行使した人物が争点によって異なればその権力構造は多元的だと見なせる。ダールはエール大学のある都市ニューヘブンで調査し，その結果，多元的な権力構造の存在を確認した。だがダールのこの方法にも，実は大きな欠陥がある。それは彼が重要だと見なした争点の基準があいまいで，本当にその争点がその地域にとって重要であったかどうかわからないことである。本当はもっと重要であるのに，何らかの理由で表面化しなかった問題があるかもしれない。もしそうであれば，その争点はだれかの力によって顕在化を抑止されたのかもしれない。バクラックとバラッツが非決定権力の概念を提示したのは，このような文脈においてであった。

（藤井禎介）

Ⅱ 政策過程の諸段階

 政策決定過程

1 原案の作成

公的アクターが取り組むべき課題を認識したならば，次に必要となるのはその問題に対処するための具体的な政策案の作成，すなわち政策原案の作成である。通常，一つの問題には複数の対策を考えることができるので，この段階で中心となる問いは，政策の選択肢をどのように立案し，そのなかから特定の選択肢をどのように選ぶかである。理想的に言えば，考えられるあらゆる選択肢のなかから，課題となる問題をもっとも効果的に解決する選択肢を選択する，というのが望ましいだろうが，前章でも述べたように人間の合理性には限界があることを考えると，そうした決め方は実際には難しい。問題の性格をどのようにとらえ，何をその解決と見なし，そのためにどのような手段が有効かといったことについて人々の考え方は異なるので，現実の原案作成過程は一方では問題の合理的な解決をめざしながら，他方では関係者間の利害を調整する場となりがちである。本節では，わが国の法案作成過程を参照しながら，この点について考えてみよう。

「立法国家」から「行政国家」への転換が論じられて久しい現代では，日本に限らずいずれの国でも政策立案過程における行政官僚制の役割の増大が強調される。政策の原案作成段階での官僚制のこうした役割強化は，基本的には行政機関が有する専門性に起因すると言えよう。みずからが所轄する問題に長期にわたって従事する行政機関は，その内部に知識や情報を蓄積しやすい。そしてそのようにして得た専門家としての能力を活用しながら，政策立案を進めていく。この点を重視するなら，政策決定過程とは**テクノクラート**としての立場から合理的な問題の解決をめざす行政官僚制の独壇場というイメージが想定されるかもしれない。

だが同時に，いわゆる分業の体系にそって構成されている行政官僚制においては，政策の中身を詰めていく過程で組織内部や他の行政機関との調整が必要となる。また各行政機関にとっては顧客集団からの支持もみずからの政治力を規定する重要な要因であるので，関係団体との意見の調整も欠かせない。こうした点を重視するなら，政策の作成とはむしろ関係者間の「多元的相互調節」をその主な特徴とすると考えるほうが適切かもしれない。

▷1 ⇨ 5-Ⅰ-2 「合理主義とインクレメンタリズム」

▷2 ⇨ 1-Ⅰ-6 「福祉国家と行政国家」

▷**テクノクラート**
専門的技術に関する知識や能力を根拠に政策決定等において優位な影響力を行使する行政官の集団。

▷3 F.E. ローク／今村都南雄訳『官僚制の権力と政策過程』中央大学出版部，1975年。

▷4 この言葉は， 5-Ⅰ-2 「合理主義とインクレメンタリズム」で紹介されたリンドブロムが用いたものである。

2 関係者間の調整

　以上のことを，日本の法案の作成過程を例にもう少し具体的に確認してみよう。わが国の法案の立案過程は，多くの場合，各省庁の原局あるいは原課が起点となる。問題の性質によっては，省庁内部から人員を集めて法令準備室が設置されることもある。原案の作成は，この原局・原課や法令準備室での作業を中心に進められる。だが，それと並行して省庁内部の調整も同時に始められる。日本の省庁内部の意思決定については，かつては稟議書の回覧によって合意の形成をはかる「稟議制」が一般的な手法と見なされたこともあったが，現在ではそうした手続きは事後的な形式にすぎず，実質的なものとは考えられていない。実際の調整は，まず事案を所掌する主管課が局の総務課長や局長，官房長，事務次官，ときには大臣の意向を確認したうえで原案を作成し，その内容から関係する他の課の範囲を限定して会議を招集する。そして何回かそうした会議を繰り返すことで関係者間の合意を形成し，原案の内容を固めていくのである。省庁内部の調整は，こうした垂直方向と水平方向の二方向での調整を通して進められていく。

　また，省庁外部との調整も同じく原案の作成段階から始められる。まず，必要に応じて他省庁の関係課との協議が各省庁の官房文書課を通して進められる。問題が及ぶ範囲によっては，関係省庁の連絡会議という形を採ることもある。さらに，関係団体との調整には審議会が多用される。ただし，審議会のような公式の場だけでなく，非公式なレベルでの日頃の意見交換も関係団体との円滑な利害の調整には重要である。政策の原案作成段階における行政組織内外の調整は，おおむね以上のような手順に従って進められる。

3 政策の決定

　省庁内外の調整により合意を得ることに成功した原案は，決定権者（大臣）の決裁を得て，その省の正式の案として確定する。だが，ここからさらにいくつかの段階を踏まなければ，この案は法律として成立しない。まず，内閣法制局による法令審査がある。ここで各法案は法律としての体裁や条文の書き方などについてチェックされる。また，各省協議もおこなわれる。確定した原案はあらためて各省庁に配布され，他省庁からの意見や質問を受ける。それらに応答しながら，他省庁からの了承を得ていくのである。さらに，与党による事前審査もある。原案の作成を担当した局の職員が，与党議員に法案の内容について説明するために赴く。このようにして，省庁間および与党内で了承を得た法案がようやく閣議に提出される。そして内閣提出法案として国会に提出され，国会で可決されれば，晴れて正式の法律となるのである。

▷5　原案の作成に先立って，問題の性格を精査し対策の検討をおこなうため，有識者を交えた各種の調査会が設置されることも多い。

▷6　稟議制を日本官僚制の主要な意思決定方式であると主張したのは，辻清明『新版　日本官僚制の研究』（東京大学出版会，1969年）である。

▷7　省内で最終的に決定するための会議は「省議」と呼ばれる。

▷8　⇒ 2-II-3「行政委員会と審議会」

▷9　関係団体との日常的な接触でも中心となるのはやはり原局・原課である（小宮隆太郎「序章」小宮隆太郎他編『日本の産業政策』東京大学出版会，1984年）。

▷10　内閣法制局の機能とその影響力については，西川伸一『知られざる官庁　内閣法制局』（五月書房，2000年）が詳しい。

参考文献
田丸大『法案作成と省庁官僚制』信山社，2000年。西尾勝『行政学』（新版）有斐閣，2001年。福田耕治・真渕勝・縣公一郎編『行政の新展開』法律文化社，2002年，7章（田辺國昭）。

Ⅱ　政策過程の諸段階

3 実施過程

① 政策実施（執行）研究の意義

　立法部で成立した法律や予算といった政策は，行政機関の活動を通してその内容を具体化していく段階，すなわち実施（implementation）の段階へと移行する。政策が正式に決定してから社会に効果を及ぼすまでのこの段階のことを政策実施過程という。

　政策過程の各段階のなかで，実施過程の研究はこれまであまりその意義が認められてこなかった。その理由としては，第1に決定された政策の内容が忠実に実施されるのは当然であり，そこに問うべき問題はないとながらく想定されてきたことがあげられる。ひとたび政策が決定されれば，あとはその内容を粛々と実行するだけで，そこに残された理論的関心と言えば，その業務をいかに効率的に遂行するかといったことがあるにすぎない。一般にこうした考え方が強かったために，政策の内容に独自のインパクトを与える過程として実施過程をとらえる視点は希薄であった。

　第2に，政策過程の他の段階と区別するだけの独自の理論的意義が実施過程にあるかが疑問視されたことがある。とりわけ，政策決定過程と実施過程とを理論上区別する意義はどこにあるかが問題とされた。たとえば，議会で決定された政策がその後の実施の段階で関係者からの圧力などによって内容が変更されたとしても，それは理論的には政策決定過程がまだ終わっていなかったと解釈すればよく，実施過程に固有の何かがそこに認められたわけではない。以上のような理由から，実施過程の研究はこれまであまり重視されてこなかったのである。

　しかしながら，その一方で1970年代以降，主として上記第1の理由に対する疑問から政策実施過程に関心を向ける研究者たちも登場してきた。彼らが問題としたのは，決定に至った政策は自動的にその目的を実現するという前提の妥当性である。彼らの研究が明らかにしたように，政策決定において表明された目的と実施された結果との間には，現実にはしばしばズレが生じる。では，なぜそうしたズレは生じるのか。これが実施過程研究の意義を主張する論者たちが提起した問いであった。

▷1　政策の実施に行政固有の活動領域を見出そうとした伝統的な行政学の考え方である「政治＝行政二分論」でも，重視したのは効率的な行政活動を可能にするための組織設計であり，実施過程そのもののダイナミクスではなかった。
⇨ 1-Ⅰ-4 「政治・行政二分論とアメリカ行政学」

▷2　そのため政策実施過程のことを「見落とされた環（missing link）」と呼ぶことがある。

▷3　その代表として，Pressman, J. F. & A. Wildavsky, *Implementation*, University of California Press, 1973やBardach, E., *Implementation Game*, MIT Press, 1977などがあげられる。

2 実施のギャップ

政策の決定段階で示された目的とその実施された結果のあいだに生じる乖離のことを「実施のギャップ（implementation gap）」と呼ぶ。実施過程の各研究が取り組んだのは、この実施のギャップを生み出す要因を確かめることであった。

実施のギャップを生じさせる要因の候補はいくつかあげられるが、たとえばそれを政治的要因とそれ以外に分けると理解しやすいだろう。前者には、政策がいったん決定したあとで、あらためてその内容をめぐって利害関係者によって行使される政治的圧力などがあげられる。また行政官の裁量行為の結果生じた政策の当初目的からの逸脱も、ここに含めうるかもしれない。立法部で決定された政策はその内容がまだ一般的・抽象的なものにとどまる場合が少なくなく、それゆえ政策を実際に実施可能とするには、その中味を具体的に読み替えていく作業が不可欠となる。そのさいに、担当の行政官によって政策目的が恣意的に解釈される余地が生じるのである。またさらに政策の実施が異なる行政機関のあいだで分有されるような場合にも、機関同士の交渉のなかで政策の内容に修正が加えられることがある。このように政策の実施にかかわるアクター間の政治的駆け引きや政策内容の恣意的な解釈が原因となって、政策の当初の目的と実施の結果のあいだに乖離が生じることがある。

他方、後者の例には、より技術的な要因があげられよう。たとえば、天変地異の発生など決定の段階では予想もしなかった環境の変化であるとか、あるいは計画の内容に重大な不備が発見されるような場合がこれにあたる。さらに、政策の実施には往々にして長期間を要することがあるが、その間に担当者が異動するなど小さな事柄が積み重なり、それが結果として思いもかけず大きな影響を与えることもある。こうした技術的な要因によって実施のギャップが生じることもまた考えられるのである。

3 政策実施過程研究の可能性

以上のように、実施のギャップの存在に着目することで、政策は決定されればその目的をかならず達成するわけではないことが確認された。そしてこのことから、実施過程研究に固有の意義を見出そうとする動きが登場したとしても当然かもしれない。だが、たとえ実施のギャップの存在を確認したとしても、上記第2の疑問にはまだ答えていないことに注意が必要である。前述したように、政治的要因については、それは理論的には政策決定過程の延長上にあると見ることが可能だし、技術的要因に着目しても結局その多くは決定段階の不備にその原因が求められるからである。現在、実施過程を他の段階と区別することについて研究者のあいだにはほぼ合意がある。だが、そうすることの意義についてはいまなお模索中なのである。

▷4 森田朗『現代の行政』放送大学出版会、1996年、67頁。

▷5 いわゆる「政府間関係」という概念で語られる中央政府と地方政府の交渉がこれに含まれる。政府間関係など制度横断的に確認される実施過程のことをマクロレベル、第一線職員などによって担われる実施過程のことをミクロレベルと区別することもある。

▷6 たとえば、コラム「福祉政策は実施過程を見ると化ける？」（184頁）で紹介された福祉政策の事例は、決定段階で想定された理念が実施過程を通して変質していくさまを描いている。

参考文献
真山達志「実施過程の政策変容」西尾勝・村松岐夫編『講座行政学 第5巻 業務の執行』有斐閣、1994年、2章。伊藤光利・田中愛治・真渕勝『政治過程論』有斐閣、2000年、3章。

コラム

権力なき権威？：
　　実施過程の日本的特徴

　とかく官僚制の「強い」国の代表と見られがちの日本だが，政策の実施過程で行政官僚制がストレートに強制力を行使することは意外に少ないとする観察がある。たとえば，アメリカの法学者 J. ヘイリー（John Haley）は，日本の行政機関が持つ法的権限にそれほど強制力が付与されていない点に着目して，これを「権力なき権威（authority without power）」と呼んだ。またアメリカの政治学者 R. サミュエルズ（Richard Samuels）も産業政策を事例に，日本の官僚制が「管轄」する範囲はたしかに広いが，実際に日常の「統制」を担うのは民間の側であると主張した。サミュエルズによれば，政府は民間が窮地に陥ったとき救済のため登場する「保証人」である。行政学者の村松岐夫は，日本の官僚制が政策の実施過程でこのように消極的な姿勢を取る傾向があるのは，その有するリソースが少ないためだとする。ヘイリーが言うように，法律上の権限は必ずしも強いとは言えず，人員や予算の規模から見ても日本の官僚制は他の国と比べて決して大きくはない。そのため日本の官僚制は，みずからの政策を強行に実施することよりも，関係する機関や団体から合意を調達することを重視する。少ないリソースをカバーするため得られる協力を最大限活用しようとするこうした特徴を，村松は「最大動員モデル」と名づけた。

　日本の官僚制のこのようなスタイルが，戦後の高度経済成長に好ましい影響を与えたとしたのは経済学者の村上泰亮であった。村上は戦後日本の政府介入の特徴を，特殊的，指示的，非裁量的（固定ルール的）である

と見た。すなわち，特定の産業を育成対象に選ぶという点では特殊的だが，法的強制によることが少ないという点でそれは強制的ではなく指示的であり，さらに業界内部の企業間の公平性を尊重することから裁量的ではなく固定ルール的であるとした。村上によれば，日本の政府介入がこうした特徴を持ったことは日本の経済成長にとって幸運であった。なぜなら，一方で成長の標的として選んだ業界全体の秩序は維持しながら，同時に業界内の企業間の競争は妨げなかったからである。しかも法的規制に多くを依存しないというその性格は，環境の変化に柔軟に対応することも可能にした。村上は，このようにして現出した企業間の競争状態を「仕切られた競争」と呼んだ。

　ただし，この仕切られた競争はよいことばかりではない。船足のもっとも遅い輸送船に護衛艦など他の艦船が速度を合わせて進むことになぞらえて名づけられた「護送船団方式」という呼称に象徴されるように，業界の秩序維持を目的とする政府の介入は，ときに非効率な企業の生き残りを保障する結果になる。さらに関係者との合意を重視する政府の介入スタイルは，部外者から見れば関係者間のインフォーマルな結託で物事が決まっているかに見える。80年代に日本の行政が国内外から透明性を求められたのはそのためであった。

（藤井禎介）

Ⅱ 政策過程の諸段階

政策評価

1 政策評価の対象と基準

政策評価（policy evaluation）は、政策が社会に与えた効果を分析し、それをもとに既存の政策を修正ないしは廃止する、または政策作成や実施の方法を改善することを目的に実施される。わが国でも、2001年に「行政機関が行う政策の評価に関する法律」（以下「政策評価法」）が成立し、国・地方を問わず一種のブームとさえなった観があったが、それとともに「行政評価」など類似の言葉も登場し、用語上の混乱をきたしているようにも見える。そこで本節では、他章とも一部重複するが、政策評価の内容をその対象と基準という観点から整理して、議論を明確にすることから始めよう。

政策評価の対象は、大別すると事前評価と事後評価に区分される。前者は政策を決定する以前の段階で、その目的や方法の妥当性を評価する試みである。他方、後者は政策の実施によって実際に社会に与えた影響を分析・評価するものである。事後評価の対象は、さらにアウトプット、アウトカム、インパクトの三つの段階に分けられる。アウトプットとは、政策の実施のために投入された諸資源（インプット）から直接得られる施設やサービスなどの生産物である。アウトカムとは、そのアウトプットの活用を通して社会に与えた効果のことである。インパクトとは、政策の効果が社会のより広い範囲に波及して与えた副次的影響である。政策の結果をどう評価するかは、これらのどの段階に着目するかによって変わってくる。

次に、政策評価の基準について見よう。政策の成果を判断するものさしも複数あげることできるが、代表的なものとしては有効性（effectiveness）、効率性（efficiency）、公平性（equity）などがある。これらについてはすでに他章で論じられているのでここでは簡単に触れるにとどめるが、まず有効性とは与えられた政策目標の達成度から政策を評価する基準である。また効率性とは、費用便益分析に代表されるように、資源の投入量と産出量の比率から政策の質を評価する基準である。そして公平性とは、政策の効果や費用負担が及ぶ範囲を評価の対象とする基準である。どの基準を採用すべきかということも、政策評価の目的や対象に応じて異なる。

政策評価は、以上のような対象と基準の多様な組み合わせから構成されている。それゆえ、政策評価を評価するさいには、各評価の妥当性を個別に確認す

▷1 ⇒6-Ⅰ-4「NPM」、6-Ⅱ-2「評価」。「行政評価」という言葉は日本で創られた独自の用語で、その意味するところは行政の実施活動の効率性評価を重視するものから、政策の企画立案まで含む政策過程全般における行政活動を評価するものまで論者によって広範囲にわたる（古川俊一・北大路信郷『新版 公共部門評価の理論と実際』日本加除出版、2004年、327頁）。

▷2 通常、事前評価は政策分析やプログラム分析と呼ばれる。60年代に一世を風靡したPPBS（planning-programming-budgeting system）などの分析技法がその嚆矢としてあげられよう。

▷3 今村都南雄他『ホーンブック 行政学』（改訂版）北樹出版、1999年、98-99頁。

▷4 本節であげたもの以外に、会計検査院の3E（有効性、経済性、効率性）や合規性の基準なども有名である。

▷5 ⇒1-Ⅰ-10「行政と公共政策における価値基準(1)」

▷6 効率性とは生産量に対する投入量の比率のことをいう。それに対し投入量に対する生産量の比率のことを生産性という。

る必要がある。ちなみに，わが国の政策評価制度では，その対象として事前，事後評価とともにその途中の評価も想定している。また評価基準には，上記の三つに加え必要性や優先性などがあげられている。必要性とは政策目的の妥当性や行政がそれを担う必然性をあらかじめ問う基準であり，優先性とは有効性や効率性から見て他の政策より優先的に実施すべき政策かどうかを見る基準である。

▷7 事前，事後の途中の評価を事中評価という。執行中の業務の監視・評価をおこなう。

② 政策評価の意義と限界

　政策評価が政策の発展・改善に少なからず貢献するのは間違いない。まず政策評価は，政策が現実の社会に与えた効果や影響を客観的・科学的に分析することで，政策決定者が政策を考えるさいに参考となる資料を提供する。実施された政策の結果は，評価の分析を通して政策決定者へとフィードバックされ既存の政策の見直しや新たな政策目標の設定につながる。政策評価の目的はまずはこの点にあると言えよう。また政策評価は，政策作成や実施を担う行政官たちの意識改革を進めるのにも効果的である。現在の政策はその目的に照らして適切か，もっと効率的な実施方法はないかといったことを不断に問うことで，政策評価は行政職員にみずからの活動の意義について再考し意識を変えるきっかけを与える。さらに政策評価によって得られた情報は，議会や住民が行政活動を監視するためにも必要である。与えられた目標を行政はどこまで，またどのように達成したかについての情報は行政活動の良否を議会や住民が判断する貴重な材料となる。これは逆に言えば，行政が住民に対する説明責任を果たすためには，積極的に評価結果を開示することが望ましいことを意味している。

　このように政策評価には十分意義がある。だが，政策評価はけっして万能ではない。それにはまた限界もある。第1に，政策の実施とその結果の因果関係を正確に説明するのは意外に難しい。現実の社会は政策以外の要因によっても変化するので，どこまでが政策による効果かを見極めなければ政策を正しく評価することはできない。だが，そうした分析は一般に困難で，結果には常に不確実性が伴う。第2に，政策を評価するさいにどの基準を採用するかについても慎重な判断が必要である。一つの基準を採用するとその達成のみを目的とした行政活動を誘発しかねないが，かといってより確実な評価をめざして複数の基準を同時に用いると，今度はその基準間の優先順位をどうするかが問題となる。第3に，政策評価は同一の政策の効果を比較するのには利用できるが，異なる政策間には適用できない。個別の政策はそれぞれ異なる政策目標を持っており，その目標全体を通約するような価値基準についての合意は現実には存在しない。結局，不十分な分析結果を，競合する評価基準のなかで利用せざるをえないというのが現状であり，そのため政策評価の導入にはしばしば政治的決断が必要とされるのである。

▷8　西尾勝『行政学』（新版）有斐閣，2001年，8章，355頁。

参考文献
田辺國昭「政策評価」森田朗編『行政学の基礎』岩波書店，1998年。村松岐夫編『公務改革の突破口：政策評価と人事行政』東洋経済新報社，2008年。

第 5 部　政策過程

Ⅱ　政策過程の諸段階

 政策の発展・縮小・中止

 政策の継続と発展

　政策過程の研究は，これまで政策の決定過程にどうしても視線を向けがちで，政策が決定された後の展開にはあまり関心を示してこなかった。だが，政策それ自体にとっては，決定はその始まりを意味するにすぎず，多くの政策は決定後も長期にわたり存続し社会に影響を与え続ける。しかも，単に決定当初の内容を維持するだけでなく，社会に与えた効果や影響について各方面から評価を受け，ときにその内容を大きく変化させる。本節では，この章の締めくくりとして，そうした政策の発展，縮小，中止の各局面について考えてみよう。

　政策の内容が決定当初のものから変容するのは珍しいことではないが，それにはいくつかのパターンがあるように思われる。まず政策の内容が比較的単純なものからより複雑なものへと変化する場合がある。このパターンでは，政策の実施を通して発見された問題が修正されるのに応じて政策が変化していくのが一般的だが，ときには政策立案者が新たな政策を導入する戦略として，初めは単純な内容の政策の提示にとどめることがある。たとえば，わが国の各省庁は新規の政策を立案する際，本格的な原案の作成に入る前にまず調査費の要求から始めることがあるが，これには課題の性格を調査するために必要な費用を請求するという狙いとともに，新しい政策課題の存在を関係者に認知させる意図もある。予算項目に調査費が認められれば，それを足がかりにその後の本格的な政策展開へとつなげようという戦略である。

　次に，ある特定の目的のために考案された政策がその対象を拡大させながら発展していくパターンがある。本来は対象を限定して考案されたはずの政策が，その範囲を超えて適用されていく場合がこれである。第二臨調によって進められた行政改革において，もともと国鉄改革のために考案された「民営化」という政策が電電公社（現NTT）にも適用されていったのはその一例と言えよう。

　さらに，政策の内容や対象ではなく，その目的が変化することもある。環境の変化などによって，当初想定されていた目的を政策が果たす必要がなくなるときがあるが，そのような場合にも，その政策自体はなくならず目的を変えながら存続するパターンである。やや古い話になるが，コメの流通を政府の管理下においたかつての**食糧管理制度**は，もともとは戦時下における食料の安定供給を目的に制定された制度であった。それが戦後，食料の供給が安定してくる

▷1　この戦略を，J.キャンベルは「らくだの鼻」にたとえている。砂漠の隊商のらくだは料理のにおいにさそわれてテントに入ろうとするとき，まず鼻の頭を入れ，徐々に体を入れていき，最後に全身をテントに入れてしまうところからたとえた（J. C. キャンベル／小島昭・佐藤和義訳『予算ぶんどり』サイマル出版会，1984年，59頁）。

▷2　⇒ 6-Ⅱ-1 「民営化と民間委託」

▷**食糧管理制度**
1942年に制定された食糧管理法（食管法）にもとづき，国が主食である米などの価格や販売を管理する制度。消費者に販売する価格より高く生産者から購入し，農業保護策の一翼を担っていたが1995年に廃止された。

と今度は農家の所得保障を主な目的として存続した。こうした事例は、政策の「発展」とは見なしにくいかもしれないが、一見したところ使命を終えたかに見える政策が、実は容易になくならない事実を示している。では、政策はなぜなくならないのだろうか。次にこの点について考えてみよう。

2 政策の縮小・中止

1度スタートした政策は、その役割を事実上終えたと言える状況になってもなかなか中止されない。ダムや道路といった公共事業をめぐるニュースでしばしば耳にするように、効果を疑問視され、世論から強い批判を受けながらも、政策が全面的な中止に至らないことは少なからずある。つまり政策にはある種の「慣性（inertia）」がある。それはなぜだろうか。

その理由として、第1にあげられるのは政策を実施する行政機関からの抵抗である。しばしば行政機関はみずからの権限や予算を最大化することを最優先の目標とすると指摘されるが、この見方に一定の真実があるとすれば、行政機関にとって政策の中止とは権限や予算の縮減を意味し、ひいては組織の存続にとって脅威となる大問題である。そのような事態は各行政機関にとって到底看過できるものではなく、結果として激しい抵抗へとつながる。また各行政官には、専門家としての自負もある。必要を信じて遂行してきたはずの政策について、外部の「素人」からいくら批判されても、反発を感じこそすれ共鳴することが少ないのは人の感情から言って自然かもしれない。

第2に、政策から受益を得る利益団体の存在がある。あらゆる政策がそうだというわけではないが、ある種の政策は実施されるとそこから利益を得る受益層を生み出す。それがときに強力な政治力を発揮して、政策の中止に強硬に反対するのである。国民一般からすれば一部の既得権の保護にすぎなくても、利害関係者たちにとっては生活のかかった大問題であることが少なくない。そのため利益団体からの政策中止に対する抵抗は、その規模から想像される以上に激しく、しばしば政治的に無視できないものとなる。

このように、一度着手した政策を中止するには予想以上に大きなエネルギーを必要とする。だが、だからといって、必要のない政策をいつまでも続けようとするのは明らかに問題であろう。不要な政策を終わらせるには、何らかの工夫が必要である。その一つが、政策の有効期間を限定する方法である。一定期間ごとに政策の見直しを義務付け、不要な政策のチェックをやりやすくする仕掛けである。アメリカの**サンセット法**や北海道の「**時のアセスメント**」は、そうした試みの一種と言えよう。しかしここでも、最後に決め手となるのはやはり政治的決断であることは付記しておく。

▷3 日本の農業政策の変遷については、橋本信之「農業政策と政策過程」西尾勝・村松岐夫編『講座行政学 第3巻 政策と行政』（有斐閣, 1993年, 5章）参照。

▷4 公共事業に関する批判的な議論の代表例として、五十嵐敬喜・小川明雄『公共事業は止まるか』（岩波新書, 2001年）がある。

▷5 官僚制の行動原理を予算極大化に求める議論として, Niskanen, W. M., *Bureaucracy : Servant or Master*, Institute of Economic Affairs, 1973が有名である。

▷6 大規模集団より小規模集団の政治力が勝ることを論理的に説明したのは, M. オルソン／加藤寛監訳『国家興亡論』（PHP出版, 1991年）である。

▷**サンセット法**
1970年代からアメリカの各州で制定された。政策や行政組織が有効な期間に一定の期限を設け、議会が承認しないかぎり、それらを継続しないとする法律。

▷**時のアセスメント**
北海道で実施された評価制度の一種。公共事業等で、施策が長期間停滞しているもの、時の経過によって社会状況や住民要求が変化し施策の価値や効果が低下したと考えられるもの、施策の推進に課題があり長期間の停滞が予想されるもの、といった条件をみたす施策について実施を見直す制度。

練習問題

I 政策過程の理論
1. 「政策過程」と「政治過程」。よく似た二つの言葉の違いをきちんと説明してみよう。
2. 合理主義と民主主義はなぜ対立しているように見えるのだろうか。また、なぜ、両立できるのだろうか。
3. 政策過程の分類法にはどのようなものがあり、そのような分類をおこなう意図はそれぞれ、何なのだろうか。

II 政策過程の諸段階
1. 「非決定」理論が突きつけた問題意識は何で、課題設定過程の研究はこれにどのように応えようとしているのか。
2. 具体的な政策事例を一つとりあげて、その課題設定、決定、実施の各段階を描いてみよう。
3. 政策が適切に発展し、また必要に応じて縮小・中止されるためにはどんな条件が必要なのか。

第6部 行政改革

　これまで，現状とその変動を中心に行政を論じてきましたが，最後の第6部では意図的におこなわれる行政改革をとりあげます。
　まず，行政改革の必要性と日本での歴史的展開，そして近年の行政改革の一理念となっているNPMの考え方を理解しておきましょう。そのあと後半では，今日の行政改革の主要なテーマとして，民営化と民間委託，評価，規制と規制緩和，財政健全化の4項目をとりあげ，それぞれの目的，制度，効果と問題点について検討していきます。

郵政民営化：日本郵政グループ発足式（2007年）

出所：首相官邸ホームページ（http://www.kantei.go.jp/jp/hukudaphoto/2007/10/01yuusei.html 2015年8月10日アクセス）。

I　行政改革の理論と歴史

行政改革の必要性

行政改革という言葉は、きわめて頻繁に用いられる。「行政」という言葉からもっとも連想されやすいものの一つが「改革」であると言ってもよい。それでは、そもそもなぜ行政は改革されなければならない対象とされるのであろうか。そして改革はどのようなメカニズムで起こされるのであろうか。

1　外からの改革

前提として、行政組織、あるいは官僚制が、本来「油断のならない」存在と見られていることをまず念頭に置かねばならないだろう。イギリスの歴史家パーキンソンが指摘したように、なすべき仕事の量にかかわらず官僚組織は肥大化を続ける傾向がある。それは、市場メカニズムが働きにくい公共部門の特徴の一つでもある。

したがって、行政改革は、行政組織の外側から力が加わることによって開始され、達成されるものと見られがちである。たとえば、三重県の**北川正恭**元知事は、カラ出張問題など綱紀の緩みが蔓延していた県庁を変えることを選挙民に訴えて当選した。彼自身の言葉である。

「『改革』を公約に選挙を戦って知事に就任し、それを素直に実行しようということです。まず県庁の職員に意識改革をお願いする。その職員の総和で、県庁が変わる。そして県全体を改革していくというイメージを持っていました[1]」。

このような選挙によって組織外の人間がトップに座る、というだけが外からの改革のパターンではない。次節で述べる占領改革は選挙でなく戦争によってもたらされる。また、国民（地域住民）がデモその他の直接的な政治的行動をとることによって、あるいはマスコミなどを通じた民意・世論の形成によっても改革の端緒を生み出すことは可能である。

2　内からの改革

ただ、行政改革が常に外からもたらされるということではない。組織内部に、改革のエンジンを求めることは不可能ではないことに注意を払う必要がある。なぜそのようなことが言えるのか。

第1に、行政組織は必ずしも一枚岩ではない、ということである。たとえば中央政府の内部における省庁組織間の対立は、しばしばそれ自体が問題となるが、

▷北川正恭（1944-　）
1967年早稲田大学商学部卒。1972年三重県議会議員（自民）。1983年衆議院議員（自民）、文部政務次官などを歴任したが、1994年自民党を脱党し新党みらいを結成、その後新進党（現在の民主党の一部）へ。1995年三重県知事（連続2期）。早稲田大学大学院公共経営研究科教授を経て現在、早稲田大学マニフェスト研究所顧問。

▷1　三重県『いつでも、そして思いついたところから：三重県職員が語る改革のいま』2001年、369頁。

場合によってはそれが改革のエネルギーを生むことがありうる。たとえば橋本行革を支えた勢力の一つは，通産省の官僚たちであった。また，世代間のギャップもある。地方自治体で，高度成長時代の成功体験（伸びる税収と国からの補助を背景に，住民のためになる仕事をどんどん増やしていく）を持つ世代とそうでない世代では「仕事（予算，人員，組織）を削る」ことに対する意識が当然違ってくる。

ただし，内からの改革と外からの改革を二律背反的にとらえるべきものではない。三重県の改革が一定の成果をおさめた原因が，知事の与えた方向性を待っていたかのように，とくに課長補佐以下，30歳代を中心とした県庁内の若手が率先して協力したことに求められるように，組織外からの力と組織内の力が重なることは行政改革を推進するうえで重要なことと言える。

また，ここでは行政改革の担い手に着目して外と内に整理したが，それとは別の次元で，行政改革の背景を考える必要がある。行政改革が必要とされるのは，たんに組織や人員の膨張を抑えるためだけではない。行政組織を取り巻く環境が変化するからである。情報化革命は，行政の仕事のやり方を大きく変える。高齢化社会は，行政が提供すべきサービスの質と優先順位を変える。財政危機は，政府の行動原理を変える。こうした変化が劇的かつ急速に顕在化しているのが現代の行政の特徴なのである。

③ 行政改革の目的

行政改革は何を目的としているのか。それは，第1に，不断に変化する環境に行政組織を適応させることである。第2に，行政組織内で発生する無駄や非効率を摘出・是正することである。しかし，それと同時に，民主主義体制では，行政改革は「非民主的な組織」である行政組織を主権者である国民・住民の統制下に置く，という，いわば自己目的化したものになることも見逃せない。このことは，行政改革に理不尽なバッシングが混入する危険性と，改革の対象となる組織や公務員の側に過剰な被害者意識を生む危険性が潜んでいることを意味する。

④ 行政改革の対象

行政改革とは，具体的に何を改革するものなのであろうか。もっともよくあるパターンは組織の改変である。地方自治体，とくに組織編成上の国による法規制が緩やかな市町村（基礎自治体）では，首長が変わるたびに部局の編成に手が加えられることもある。しかし，それと同時に，仕事のやり方や決定のプロセスが変えられることもある。たとえば橋本行革においては，省庁再編が大きな注目を集めたが，同時に省庁間の意思形成過程にも変革がもたらされた（官邸機能の強化，内閣府や経済財政諮問会議など）。また，そもそも行政がどこまで仕事をするべきか，という守備範囲も対象になりうる。さらにそれは，公務員の意識を改革する，というレベルにも及ぶことになろう。

▷2　田中一昭・岡田彰編『中央省庁改革：橋本行革が目指した「この国のかたち」』日本評論社，2000年。

▷3　⇒ 6-Ⅰ-3「行政改革の歴史的展開(2)」

（参考文献）
「行政変化と行政改革」水口憲人・北原鉄也・真渕勝編『変化をどう説明するか：行政』木鐸社，2000年。「組織編成」伊藤之雄・秋月謙吾・大西裕他編『京都市政史』第2巻，京都市歴史資料館，2012年。

I　行政改革の理論と歴史

行政改革の歴史的展開(1)：占領期

　戦後日本の出発点は，言うまでもなくアメリカ合衆国を中心とした連合国による占領である。戦争は，国家間の武力による抗争であり，国内のシステム（物資，兵員，情報，国家への忠誠などの多様な資源の調達）を巻き込むという意味で国家システム全体同士の戦いである。ただし戦争が続いているかぎりは，それらのシステムは前面には出てこず，また交戦中の国家が交戦相手国のシステムに影響されることはない。しかし戦争がどちらか一方の勝利によって終結し，勝者が進駐してくるとなると，状況は一変する。敗者のシステムは，敗者自身によっても勝者によっても，改革の対象として見られ，そのさいには勝者のシステムが直接的あるいは間接的に敗者のシステムに対して影響を及ぼすのである。

　占領は勝者による敗者への支配であるが，日本占領にさいし，アメリカが完全にフリーハンドを得ていたわけではない。他の戦勝国（とりわけソ連）の意向もあった。しかし行政改革の観点からは，アメリカの自国からの要求，すなわち兵士たちを早急に帰国させることが重要な要因であった。つまり，アメリカは大量の兵員を日本にとどめて直接的な占領をおこなうことは難しい。そこで彼らは，日本の軍事機構を徹底的に解体する一方で，可能なかぎり既存の非軍事行政組織を利用する方法をとらざるをえなかった。

　前節において述べたように，改革は外から（アメリカから）と内から（日本から）の両方で生まれる。そのなかには，ほとんど一方的に外から与えられたもの（たとえば，財閥解体）もあれば，戦前から日本の行政組織に改革意図があり，相当な主導権を発揮できたもの（農地改革）もあった。行政組織に直接影響を与えることになる改革は，公務員制度改革と内務省の解体であった。

1　公務員制度改革

　対日人事行政顧問団（団長 Brian Hoover の名をとってフーバー顧問団と呼ばれる）が1946年秋に来日し，日本の行政の多様な問題を指摘している。そのなかには，戦後まもない混乱からくるもの（争議の頻発と規律の著しい欠如）もあれば，戦前の体制の遺産とも言うべきもの（公僕意識の欠如）も含まれている。

　フーバー顧問団の提言のなかで，重要なものは二つである。そのうち一つは実現され，もう一つは実現しなかった。実現されたのは「統一的な中央人事機関の創設」である。それが今日の**人事院**である。人事院には，大きく分けて二

▷**人事院**
1948年国家公務員法改正により発足。内閣の下に置かれるが，3名の独立性の高い人事官の合議で意思決定をおこなう。公務員の人事管理に関する中立第三者機関・専門機関として位置づけられ，国家公務員の採用試験，給与，勤務時間・休暇，研修，服務・懲戒，不服申立て，倫理の保持等を所掌する。なお，国家公務員制度改革基本法（2008年）により，内閣人事局（2014年発足）が設置され，人事院および総務省（旧行政管理庁・総務庁）から一部権限を移管して，人事管理に関する総合調整，行政機関の機構・定員管理や級別定数等に関する事務，幹部職員人事の一元管理をおこなうこととなった。人事院による公務員の営利企業等への再就職（いわゆる「天下り」）の事前承認も2011年に廃止された。

つの機能がある。フーバー顧問団の提案に沿って国家公務員に対して争議権を認めないことになった代償として、公務員の権利を守ること、具体的には、給与に関する勧告を、官民給与比較を基礎におこなうことである。もう一つが、公務員の倫理、分限、規律の保持にかかわるものである。

しかしながら、もう一つの提言であった職階制の採用は実現に至らなかった。職階制は、仕事の内容とそれに見合う資格要件を整理した表をもとにおこなわれる公務員の人事管理制度であり、民間と公共セクター間、省庁間、そして政権交代による公務員の異動がきわめて頻繁であるアメリカにおいては重要なツールである。しかし、流動性の低い労働市場を持ち、かつ業務の成果がかならずしも個々人に帰属しない(**大部屋主義**)日本においては機能しにくい面があり、国家公務員法に盛り込まれたもののその実施は人事院規則によって凍結された。

2 内務省の解体

戦前の日本の行政組織は、三つ（あるいは四つ）の核があったと言われる。予算を握る大蔵省、内政を司どる内務省、そして軍（陸軍と海軍）である。占領は、そのうちの軍部組織が消滅することを意味した。残る二つの非軍事組織のうち、大蔵省は引き続き中央政府の中核として機能したが、内務省は最終的に解体された。内務省は、2001年省庁再編以前の組織名で言えば、自治省（地方局）、警察庁（警保局）、厚生省（社会局・衛生局）、労働省（社会局）、建設省（土木局）などを含む組織であり、かつ府県知事（官選で、ほとんどが内務省官僚によって占められた）のネットワークを有する強大な行政組織であった。また、軍部とはしばしば対立をしていただけに、敗戦と占領は内務省にとってむしろ好機と見る者も多かったのである。内務省は、残存兵員の武装解除などに全面的に協力し、よきパートナーたらんとしていた。

しかし、知事の公選問題などでアメリカと対立が表面化したこと、警察機構の責任者であったことから批判を浴びたこともあって、1947年には内務省という組織は解体される。地方局は全国選挙管理委員会・地方財政委員会・総理庁官房自治課などに分掌され、警察機構は国家地方警察と自治体警察に分かれたのち都道府県警察に統合、国レベルでは国家公安委員会と警察庁が設置された。国土局は建設院（のち建設省）に、社会局については厚生省と後に同省から分離した労働省が管轄することになる。内務省の解体についてアメリカ側にどれだけ明確に戦略があったのかは意見が分かれるが、中央地方関係を統括する内務省という存在そのものについてアメリカに理解が欠如していたことは重要な要素であろう。

▷**大部屋主義**
大森彌が提示した日本の公共部門の職務分掌や仕事のやり方の特徴づけ。アメリカのオフィスが細かく仕切られ、そこで単独または秘書つきで仕事をするのと対照的に、大きな部屋に一つまたは複数の部署が入って仕事をすることで、協力や協調が重視されるが、同時に個々の職員の責任や分担はあいまいになる。

▷1　内務官僚であった林敬三が述懐している。「地方局がやっている行政については、(アメリカ側は)そもそもその必要性があり得ないという考えだったね。それは知事会なり市長会がやればいいということだった」(自治大学校編『戦後自治史』Ⅷ、38-39頁)。括弧内筆者。なお、アメリカの連邦政府に内務省(Department of the Interior)と呼ばれる官庁があるが、これは鉱山、国立公園、インディアン（ネイティブアメリカン）など、つまりアメリカ人から見た「自然物」を所管するものであって、かつての日本の内務省が有していた規模や重要性は持っていない。

参考文献
天川晃「占領と地方制度の改革」坂本義和＝R. E. ウォード編『日本占領の研究』東京大学出版会、1987年。平野孝『内務省解体史論』法律文化社、1990年。秋月謙吾「戦後日本における地方自治の展開とアメリカ合衆国」川田稔・伊藤之雄編『20世紀日米関係と東アジア』風媒社、2002年。

行政学がよくわかる映画

アメリカの連邦・州・自治体間関係

『**羊たちの沈黙**』（The Silence of the Lambs，米1991年）で，うら若きFBI（司法省・連邦捜査局）研修生であるジョディ・フォスターが修羅場に立つシーンがある。彼女たちFBIは猟奇的連続殺人犯を追っており，その被害者らしき死体がある川沿いの田舎町で水死体として上る。殺人事件はおろか変死体もめったにない町の保安官や助手たちは興奮しきっている。そこで彼女はいきなり彼らに「ご苦労さんでした。これからはわれわれがやりますのでお引取りください」とFBIの上司に宣言させられるのである。しかし，よく考えてみれば，その時点で連続殺人鬼の仕業かどうか，そして管轄権が州や町ではなく連邦にあるかどうかは不明である。決め手は，FBIの持つ権威，そして気合である。上司は，必要な実地訓練を彼女にさせたのである。

ちなみにハリウッド映画は基本的にリベラルであり，したがって連邦の司法機関とりわけFBIを好意的に描く。『**ミシシッピ・バーニング**』（Mississippi Burning，米1988年）ではなんと保安官らが殺人・リンチなどの悪事を働き，州政府や裁判所は見て見ぬ振り，それを正すのがジーン・ハックマン，ウィレム・デフォーらが演じる正義のFBIだ。『**アンタッチャブル**』（The Untouchables，米1987年）も腐敗しきったシカゴ市警察を尻目に，連邦財務省のエージェントたちが活躍してギャングを退治する。この構図は安物ホラー映画にも見ることができる。都会暮らしに倦んで田舎に引っ越してきた家族をゾンビや幽霊が襲う。保安官を含めた地元の人たちは▷

取り合わないか，役に立たないか，ゾンビか，のいずれかで，助けてくれるのは都会出身で連邦の機関で働く科学者，といったパターンがよくある。

しかし，テレビの刑事物などで活躍するのは，そして実際の捜査活動で主役を演じているのは，市警察のメンバーである。コロンボはロスアンゼルス市，アイアンサイドはサンフランシスコ市，そして『ダイ・ハード』(Die Hard，米1988年) シリーズのジョン・マクレーンはニューヨーク市の刑事である。マクレーンはロスで妻が人質となる事件に巻き込まれるが，初動で対応したロス市警は犯人たちに歯が立たず，ここでもまたFBIの登場となる。挨拶する市警幹部が「私が責任者です」(I am in charge) と言うと，傲慢なFBI捜査官が一言「もういい」(Not anymore) と言い捨てる。その後の展開は，ハリウッドのFBI贔屓に変化が起こっている，と感じさせる。麻薬がらみの映画などでは，連邦の麻薬取締局（DEA）が捜査を進め，逮捕寸前というところで市の警察が邪魔をする（別件で立ち入り捜査をする）シーンなどもよく見られる。彼らがお互いに連絡を取り合っていないことは確かである。

日本においてはFBIに相当する組織がない（あえて言えば検察の特捜部がもっとも近いが）ため，こうした問題はあまり起こらない。しかし隣同士の県警や同じ警視庁の警察署内で縄張り争いや面倒の押し付け合いがあることは『踊る大捜査線』(THE MOVIE，THE MOVIE 2) を見れば容易に想像できる。

(秋月謙吾)

第6部　行政改革

I　行政改革の理論と歴史

行政改革の歴史的展開(2)：占領以後

① 第一臨調から佐藤内閣

　1961年に発足した臨時行政調査会（第一臨調）はアメリカの**フーバー委員会**に範を取り，財界，学界，労働界などから幅広く委員や専門委員を集めて，行政改革にかかわる広範なテーマにつき提言を出した。そのなかには，規制緩和，内閣の調整機能強化，予算編成機能の内閣への移管など，今でも新鮮かつ重要な内容が含まれている。また，行政を俯瞰的に分析したうえであるべき姿を模索する試みとしては，日本において最初のものであるとして評価できる。しかし，そうした提言はほとんど実行に移されなかった。

　行政改革を具体的に推進するにあたって重要な役割を果たしたのは，1964年から7年8カ月にわたる長期安定政権を築いた**佐藤栄作**であった。彼は，1968年，「一省庁一局削減」というやや大雑把な組織縮減の方針を打ち出した。省庁の規模を問わず一つ局を削ることは「機械的」であったが，同時に，それ以降，組織を新設するさいにはそれと同じ等級の組織を廃止してから，という「スクラップ・アンド・ビルド」が制度化されることになった。さらに，1969年には，総定員法を制定した。これは内閣の機関（内閣官房および内閣法制局），内閣府および各省の所掌事務を遂行するために恒常的に置く必要がある職に充てるべき常勤職員定員の総数の最高限度を具体的な数字として書き込むことによって，職員数のシーリング（上限設定）をかけるものであった。また，近年の独立法人化，郵政民営化なども公務員数を激減させている。これらの結果，1967年度末の時点では90万人弱であった定員は2004年ごろに50万人強にまで引き下げられ，2015年では30万人弱となっている。

② 第二臨調と中曽根行革

　第二次臨時行政調査会（第二臨調）は，1981年に，鈴木内閣の「増税なき財政再建」を達成するために行財政改革の方策を議論した。会長は財界から**土光敏夫**が起用された。四つの部会が置かれ，第1部会は行政の果たすべき役割と重要行政施策のあり方，第2部会は行政組織および基本的行政制度のあり方，第3部会は国と地方の機能分担および保護助成，規制監督行政のあり方，第4部会は3公社5現業，特殊法人などのあり方にそれぞれ分担して審議が行われた。高度経済成長の只中にあった第一臨調とは異なり，第二臨調での行政改革

▷**フーバー委員会(Hoover Commission)**
アメリカ合衆国の2次にわたって（1947, 1951年）組織された委員会。委員長が元大統領フーバーであったことからこう呼ばれる。連邦政府の行政改革に向けた数多くの提言をおこない，行政のあり方の指針を示した。

▷**佐藤栄作（1901–75）**
鉄道省に入省し，戦後運輸次官で退官，政界に入り池田勇人などとともに吉田茂の薫陶を受ける。池田の後継首相として1964年から72年の長期政権を担う。没する1年前の1974年，非核三原則などを評価されてノーベル平和賞を受賞。

▷1　大森彌「第1章　省庁の組織と定員」西尾勝・村松岐夫編『講座行政学』（第4巻　政策と管理），有斐閣，1990年，29頁。

▷**土光敏夫（1896–1988）**
技術者出身で，石川島播磨や東芝などの巨大メーカーの建て直し，経営に手腕を発揮，経団連の第4代会長となる。中曽根の要請に応えて臨調会長に就任。質素な生活ぶりから「メザシの土光」などとも呼ばれていた。

214

論議には国民からの一定の支持と関心が集まった。また，部会の段階で，各省庁と折衝をおこなうなど，提言を実現するためのエンジンとしても機能した。ただしその提言の実現は，中曽根政権下での，第4部会が扱った3公社の民営化が中心であった。

3 行政改革会議と橋本行革

1996年橋本龍太郎首相は行政改革会議を設置した。これは従来の法律を根拠とした審議会の方式をあえてとらず，総理府令の改正にもとづき，会長を内閣総理大臣たる橋本がつとめ，会長代理に行政改革担当である総務庁長官があたることとした。橋本が行政改革に相当な知見と意欲があり，会議においてもリーダーシップを発揮したことがその背景にある。この会議の議論もまた多岐にわたるが，注目を集めたのは，省庁の再編である。最終的に1府12省体制に再編成されることになった。省庁を大括りにしてほぼ半減する，という橋本が当初から抱いていた構想はほぼ実現した。ただ，その効果についてはまだ明らかではない。たとえば国土交通省は国土庁，建設省，運輸省といったインフラ整備にかかわる省庁を合併したため，ある程度統合の努力はなされている。しかし，総務庁，自治省，郵政省という不思議な取り合わせ（実際，1年任期の行政改革会議の最終答申にぎりぎりで間に合わせた結果このような組み合わせとなった）の総務省においては，たとえば現在でも採用はそれぞれの3旧省庁ごとにおこなっている。

行革会議がめざしたもう一つの改革の目玉は，内閣・官房機能の強化であった。これは，日本の中央政府における中枢指令機能が脆弱であるという認識からきており，また，それゆえに各省庁が激しい縄張り争いを繰り広げることになっていた（図6-1）。

ただし，内閣・官房機能の強化についても，内閣府に金融庁，防衛庁（のちに省に昇格），国家公安委員会といった実働する組織が置かれて，「知恵の府」という会議における構想が希薄化した。また官邸の中核である内閣官房にも，さまざまなプロジェクトチームやタスクフォースが混在し，さらに内閣補佐官の位置づけも不明確なまま運用されているなど，あくまで首相個人の資質に依存した制度的には不透明な状況にあることは否定できない。しかしながら，初めて体系的に省庁組織を再編したことや，行政評価や独立法人化などの具体的な提言を盛り込んだことなど，21世紀における日本の行政のあり方に大きな影響を与える行革努力であったことは確かであろう。

▷2 佐々木晴夫「臨時行政調査会の活動の経過と成果」日本行政学会編『「臨調」と行政改革』ぎょうせい，1985年，21頁。

▷3 ⇨ 2-Ⅱ-5 「公企業改革の歴史」

▷4 田中一昭・岡田彰編『中央省庁改革：橋本行革が目指した「この国のかたち」』日本評論社，2000年，21頁。

▷5 ⇨ 2-Ⅱ-2 「中央省庁とその内部構成，中央省庁改革」

参考文献
日本行政学会編『「臨調」と行政改革』ぎょうせい，1985年。

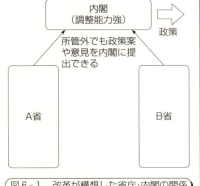

図6-1 改革が構想した省庁・内閣の関係

第6部　行政改革

Ⅰ　行政改革の理論と歴史

 # NPM

１　NPMとは何か

　NPM（ニュー・パブリック・マネジメント）とは，旧来の伝統的な行政手法が行き詰まりを見せ，行政組織に対する信頼が著しく低下するなかで模索された，新しい発想にもとづく公共管理の手法の総称である。20世紀中葉のキーワードであった「福祉国家」においては，資本主義と市場経済がもたらす悪影響から社会や市民を守ることが政府の主要な役割だとされ，そのために多様な福祉サービスを提供することになる。ところが1970年代以降，２度の石油ショックを契機にその見直しがおこなわれた。サッチャーらは，政府の役割についての見方を180度転換した。政府は個人や社会を市場から守るのではなく，個人や社会における諸団体などのエゴや要求から市場を守るのである。

　しかし，福祉国家の先導役であり，とくに労働党政権下において政府部門の肥大化がもっとも進み，経済成長率も先進国中最低水準で，さらには山猫ストを含む労働争議の頻発，犯罪増加などの社会的病理現象（「英国病」）が蔓延していたイギリスにおいてこそ，公共部門の構造改革がもっとも徹底的に押し進められたのである。

　こうして生み出されたさまざまな政府・公共部門の再編成，構造改革とその後の運用のテクニックを行政学者のクリストファー・フッドが命名したのが，New Public Management（ニュー・パブリック・マネジメント，新しい公共管理）である。彼によれば，NPMとは，プロマネジャーによる行政・計量可能なパフォーマンス評価・アウトプットへの統制・公共セクター分社化・競争原理導入・民間経営手法導入・資源使用における規律強化と縮減などを要素とする。NPMは，多様な手法やアイデアの緩い総称であって確固たる定義もなく，また日々変化をとげている。

２　日本におけるNPMの「遅れた波及」と地方自治体による先導

　NPMが日本に波及するのはかなり遅く，1990年代末ごろからとなる。この遅れた波及の理由にはさまざまな要因がある。まず，イギリスやニュージーランドが国際競争力の低下（通貨価値の下落）に苦しめられていた時期，日本は民間部門を中心とした石油ショックへの対応が奏功したこともあって経済は好調であり，危機意識が希薄であったことがある。また，イギリスにおいてとくに

▷サッチャー（Thatcher, Margaret：1925-　）
1975年保守党党首，1979年総選挙で勝利してイギリス首相となる。行政改革，福祉改革など内政面で大胆な政策を打ち出したと同時に，フォークランド紛争でアルゼンチンと戦火を交え，またゴルバチョフソ連大統領とレーガン米大統領の仲介役を果たす。また香港における「一国二制度」提案を受諾して，同植民地の無条件放棄を決断した。

▷１　⇒1-Ⅰ-7「新自由主義と小さな政府論」

▷２　Hood, Christopher, "Public Administration for All Seasons?" *Public Administration,* vol. 69, 1991. なおこのタイトルから，著者自身はNPMに多少なりとも懐疑的であることがうかがえる。

216

改革のターゲットとなっていた政府部門の肥大化については，1969年の「総定員法」に定員の総数の最高限度を具体的な数字として書き込むことによって職員数のシーリングをかけた。結果として，日本の公務員の数は先進諸国との比較において目に見えて少なくなっているのである。さらに，日本はアングロサクソンの法・政治文化（判例法主義，議会主権の徹底など）を共有していないために，少なくとも萌芽期にはアングロサクソン主導であったNPMは受容しにくかったとも言える。

しかし2000年前後から，日本において地方自治体が先導してNPMは政策の基本戦略として採用されることになる。まず，日本に限らず，地方政府は中央政府に比べてNPM的な改革への親和性は高い，と言うことができる。すなわち，「足による投票」のメカニズムゆえに（あるいは，退出の可能性が国に比べて高いために）擬似的ではあるが市場に近い構造のもとにある地方政府は，NPM的な発想は中央政府に比べてなじみがある。地方政府にはサービスの提供者という性格が強く，サービスの消費者（顧客）の満足度を測定して向上させるというNPMの考えと合致している。

おそらく最大の要因は，リーダーシップの問題である。日本の中央政府においては，自律性を強く指向する官僚制と個別官庁，内閣制度のなかでの弱い総理大臣の指導力，政権政党における派閥と族議員の力学など，トップの力は限定される。ところが，地方自治体においては直選による大統領的首長，議会における与党相乗りなど，強いリーダーシップの発揮を支える制度構造ができあがっている。そこに改革指向の政治家がNPMという新奇な言葉を掲げて当選し，NPM的な行政改革を推進することになった。

3 今後の課題

NPMの改革は日本において一定の定着を見ているが，それが表面的な改革に終わることもありうる。たとえばNPM的な改革手法の一つである**PFI**は，公共的な施設の建設，維持などに民間の資金を導入することが主眼とされるが，少なくともマクロ的に言えば，日本においては郵便貯金と財政投融資計画という制度によって（望ましいか否かは別として）かなりの程度達成されてしまっていた（2001年に廃止）。PFIの手法は盛んに研究されているものの，公共施設の運営や建設のあり方，ひいては公共部門における民間資金の導入について構造的な変化を引き起こしていない。**行政評価**についても，制度化されることによって慣れと形骸化が進むこともありうる。

NPMが一過性のはやりとされるか，行政のあり方を根本的に見直す不可逆的なものとされるかは予断を許さない。

▷ 3 ⇨ 6-Ⅰ-2 「行政改革の歴史的展開(1)」

▷ 4 1-Ⅱ-3 「政府・行政の規模」

▷足による投票（Voting with their feet）
1956年アメリカの公共経済学者チャールズ・ティブーが提唱した概念。「あまり良いサービスをしないで税率も高い地方自治体の住民は流出してしまって，良いサービスを提供するとか税率の低い地方自治体に移動してしまう……人が移動するという形で地方公共団体間の競争を刺激する」ことを言う（持田信樹『財政学』東京大学出版会，2009年，277頁）。

▷PFI（Private Finance Initiative）
公の施設等の建設や管理運営に民間の資金やノウハウを活用する手法を指す。1999（平成11）年7月「民間資金等の活用による公共施設等の整備等の促進に関する法律」（PFI法）が制定され日本でも制度化がなされた。

▷行政評価
⇨ 6-Ⅰ-3 「行政改革の歴史的展開(2)」

（参考文献）
秋月謙吾「ガバナンスの時代の地方自治」村松岐夫編『テキストブック地方自治』東洋経済新報社，2006年。

Ⅱ 現代日本の行政改革

1 民営化と民間委託

　現代の行政組織を取り巻く環境の変化は激しい。特に興味深いのは，新しい公共空間のイメージが作られつつあることである。担い手である「官」（国や地方自治体の役所）と「民」（企業や私人など）と機能である「公」と「私」のずれがはげしくなり，当然行政組織のあり方と守備範囲が大きく変化している。企業は第一に利潤を追求するものであるが，同時に公共的な使命を掲げる（CSR: Corporate Social Responsibility）。私人も個人の私的な活動による個人的な幸福追求のみならず，町内会，PTA，ボランティアなどさまざまなかたちで公的なかかわりを持つことによってその存在意義を高めている。

　公的な機能をどのように再編成するかが，現代における行政改革の一つの大きな枠組みとなる課題である。民営化，民間委託はその重要な手法であるが，こうした大きな背景を意識しておくべきである。つまり，社会が変動することによって，行政も変化する一つの重要な事例なのである。

1 民営化

　国や地方自治体が経営，所有する法人を一般の民間企業にすることを**民営化**と呼ぶ。かつて「鉄は国家なり」というスローガンのもと，官営八幡製鉄所が1863年の製鉄所官制という法律にもとづいて発足した。明治時代，製鉄業は単に国家のため（特に戦争のため）に重要なだけでなく，当時としてはハイテク・ハイリスクの産業であった。したがって国家の財産により設置運営され，その経営は農商務省，のちの商工省の管理下に置かれる。しかし，1934年に官営でなくなる時点では，いつのまにか日本には六つの民間企業が製鉄業を営んでおり，それらと大合併をするかたちで民間企業へのステップをふむことになった。日本航空は，かつては国策会社として，日本企業としては排他的に国際線を運航し，国内路線を併せ持つ強大な存在であった。しかし，国際線の独占が崩れ，また航空業の自由化が徐々に進められるなか，民間企業として再編成され，日本航空株式会社法という特殊法のもとではなく，一般的な商法上の企業になった。

　こうした民営化は，中曽根内閣によって，「民間活力の導入」（略して『民活』）というスローガンのもとで，**日本国有鉄道**がJR各社に分割され，日本専売公社がJT，日本電信電話公社がNTTとなるなど，大きな進展を見せた。さらに，小泉内閣における郵政事業の民営化が大きな政治的イシューとなり，

▷民営化
⇨ 1-Ⅰ-7 「新自由主義と小さな政府論」

▷日本国有鉄道
日本国有鉄道は，1949年，それまで国が直轄事業として運営していた国有鉄道を独立採算制で経営することを目的として発足した。鉄道・貨物・船舶事業・バス事業などを保有する世界有数の交通企業であった。現在の東京ヤクルトスワローズは1950年から65年まで国鉄スワローズであり，かつての特急つばめにその名は由来している。しかし経営の悪化が国家財政に深刻な影響を与え，世論の支持を失い1987年に分割民営化されるに至った。

総選挙の結果を大きく左右することになったことは記憶に新しい。

　民営化のメリットは，国営・公営企業の持つ保守的，閉鎖的な組織から脱し，民間企業の持つ人材やノウハウを得ながら，市場において競争に身を投じることで組織のパフォーマンスをあげることにある。ただし，日本航空や新日鐵（現：新日鐵住金，官営八幡製鉄所にルーツを持つ）などの事例において指摘されるように，組織を民間に衣替えするだけでは変わらない保守的な傾向は維持されるおそれがある。

　さらに，2003年に民営化された電源開発（J-Power）に対してイギリス系投資ファンドが株式買い増しによってその影響力を大きくしようとしたケースのように，民営化の建前や投資の誘導と公益の保持とのあいだのジレンマに陥る危険性も見逃せない。

2　民間委託

　民間委託とは，国や地方自治体が事業を直接行う代わりに，条件などを定めた上で民間業者に任せることをいう。ただそうした発想は現代だけのものではなく，例えば江戸の防火と消火という公的機能を大名火消しとともに担った町火消し（今の消防団）にも見ることができる。

　民間委託は，民営化に比べて，契約などによって委託先に対するコントロールが行政組織の側により強く残るものであるが，民間に委託したあとで直接執行に切り替えることは容易ではなく，これも行政の守備範囲を見直す作業の一つと見ることができる。官庁の庁舎，文化・体育施設などの管理，情報処理におけるデータ入力など，労働集約的な作業を委託する傾向が強い。

　民間委託のメリットは，経費の節減，業務量の変動への柔軟な対応，民間の専門技術の活用，公務員数の削減などがあげられるが，一方でデメリットとして，責任の所在の不明確化，サービスの質的低下の懸念などが指摘される。

　しかし，財政的な要因もあって民間委託は今なおさらに推進されている。特に2003年の地方自治法改正によって，地方自治体の保有する施設の管理方法が，管理委託制度から**指定管理者制度**に移行した。従来は委託先を公共的な団体に厳しく限定していたが，新たに民間事業者，NPO法人などにも委託することが可能となった。委託先としては，施設の使用許可や料金設定の裁量が与えられ，利用料を収入にすることもできるためにメリットが大きくなる。

　民間委託は，刑務所（イギリス，のちに日本を含め部分的に採用）や消防（アメリカのスコッツデール市）といった，きわめて公共性，強制性が強い分野においても採用されており，行政のあり方のイメージを大きく揺さぶっている。言い換えれば，何が委託できない行政組織のコアの機能であるか，が問われていることになる。

▷1　今村都南雄編『公共サービスと民間委託』敬文堂，1997年，48頁。

▷**指定管理者制度**
2003年地方自治法改正で盛り込まれた，公の施設の管理方式，自治体や外部団体の他，NPOなどにも代行させることができるようになった。

参考文献
山本哲三「日本の民営化：課題と問題点」『季刊　企業と法創造』2006年。岩崎忠「指定管理者制度導入に伴う第三セクターの変容」礒崎初仁編著『変革の中の地方政府』中央大学出版部，2010年。

II 現代日本の行政改革

2 評価

1 行政評価とは何か

「Plan-Do-See-Action」。行政機関の文書やホームページなどで実によく見られる言葉である。この4語によるスローガンの背景には，従来の行政が，PlanとDoすなわち計画や企画とその実行ばかりをやって，その結果の測定とそれにもとづく改善や対処を怠ってきた，という反省がある。

さまざまな評価手法のうち，三重県などが先駆けとなって推進した，事後的な評価の流れと，北海道の「時のアセスメント」などの例でよく知られる事前評価の流れがある。

事前評価とは，特定の（通常長期にわたる計画・施工期間を持つ大規模な）事業が将来実施された場合のインパクトを分析し，その事業継続の可否を決定するものである。事前評価は，**環境アセスメント**などのように，範囲を限定しつつ制度的に定着しつつあるものであるが，これまでむしろ各種公共事業における需要予測などで，事業推進に積極的な立場の評価者が需要を過大に，コストやリスクを過小に見積もる傾向があったものを政治的に転換し，むしろ計画がすでに進行していてもあえて事業を停止または縮小するためのツールである。

地方自治体においては，むしろ事後的な評価を重視する傾向が強く，大体共通しているのは，大枠の政策のあり方を対象とした「政策評価」，それをブレークダウンした「施策評価」，個別的な事務や事業を対象に設定した「事務事業評価」や個別に把握しやすい「施設評価」といったかたちで編成されていることである。

2 何が新しいのか

評価という概念自体は以前から行政にあった。現代の（NPM的な）行政評価の新しい要素は以下の三つである。

第1は「顧客志向性」である。従来であればもっとも重要視された，法令に従った手続きが取られたかどうかだけではなく，サービスの受け手である国民や住民からみて満足のいく結果や成果を生み出したかどうかを評価の基準に置くのである。そのために，行政サービスを計画や予算の執行など政策の実行状況（アウトプット）ではなく，成果（アウトカム）で見るという発想が求められる。

第2は「体系性」すなわち目的と手段のあいだの関連づけを強化することで

▷1 斉藤達三編『実践自治体政策評価』（ぎょうせい，1999年）などを参照。

▷**環境アセスメント**
ダムなどの大規模な公共事業や工業立地などの開発計画がもたらす環境への影響を事前に調査・予測する手続き。地方自治体が先行して各地でこうした手続きを要求する環境アセスメント条例が制定され，さらに1997（平成9）年に環境影響評価法（通称：環境アセスメント法）が国レベルで制定された。

ある。行政組織は多種多様な仕事をしているが，これらはそれぞれ単独で存在するものではない。たとえば「地域経済活性化」というマクロレベルの「政策」があり，これを実現するために，企業誘致，地場産業の強化，産業インフラ整備など，メゾレベルの「施策」がある。そして，企業誘致のためには，東京や外国での事務所設置，個別企業を対象としたヒアリング，市場や業界における情報収集など，ミクロレベルの「事務事業」がある。これらは目的と手段の関係に置かれ，全体として階層構造を作っていると考えることができる。問題はこれまで市民はもちろん，行政職員もそれを意識しないで与えられた仕事をする傾向があった。行政評価は体系化することによって，それを是正するという効果を狙っている。

第3は「透明性」である。評価の内容は公開されなければならない。なぜならば，評価を効率的におこなえるのは，その政策・施策・事務事業を作り，実施している行政内部の担当者たちであるが，この担当者による評価は，どうしても自己弁護や自己満足に陥る傾向がある。そのため，評価結果は広く公開され，批判的に検討される機会を設ける必要がある。成果が住民から見て理解しやすいように，客観的でわかりやすい数値で表示される目標指標を設定することが求められるのはこのためである。

▷2 一度実際に自治体HPで評価の実例や方針を見ることをすすめる。一つの例として京都市のHPをあげておく。www5.city.kyoto.jp/jimujgyohyoka/

▷3 ⇒ 5-Ⅱ-4 「政策評価」

③ 今後の課題

行政評価についての今後の課題として二つ指摘すると，第1は「評価疲れ」である。行政の活動は多面的な価値を持っており，それを一つの尺度で指標化しようとすると，どうしても無理が生じる。そこで，複数の指標を持ち込むことで解決しようとすると，きわめて読みにくく量的にも膨大な評価書ができあがる。また各部局は評価の項目を記入するだけで膨大な事務量を抱え込んでしまう。さらに，組織のなかで評価をとりまとめる部局はシステムの設計，維持，編集，督促，見直しのなかで疲労困憊する。評価にはそれに伴うコストがあり，それについても配慮が必要なのである。

第2は，「想定外の反応」である。評価の対象事業を抱える部局は，評価のしくみを知ったうえで，過去問を分析する学生のごとく対策を打つ。図書館を評価するとして，これまではアウトプット，つまりどの程度蔵書を増やしたか，ということで評価をしてきた。しかし，アウトカムに近づけようとして，たとえば図書の利用率や回転率を重要視する評価システムを採用したとすると，図書館の蔵書に漫画本が増える。図書を管理運営する側には，良い評価を得ることで図書館に対する予算カットを防ごうという意識があり，回転率を上げるために，お金にあまり余裕のない若年層に人気の高いこれらの本を優先して購入することになる。評価によってまた別の官僚制問題を生む可能性があるのである。

参考文献

山本清『自治体経営と政策評価──消極的顧客主義を超えるNPMを』公人の友社，2000年。岸道雄「政府の業績をいかに測定するか」山内弘隆・土山信一編『パブリックセクターの経済・経営学』NTT出版，2003年。行政管理研究センター編『政策評価ハンドブック』ぎょうせい，2006年。

第6部　行政改革

II　現代日本の行政改革

規制と規制緩和

▷カーター（Carter, Jimmy：1924- ）
ウォーターゲート事件以来の政治不信を背景に，ジョージア州の無名の知事が民主党予備選，大統領選で旋風を巻き起こして当選した。ただ規制緩和による経済効果は彼の任期中には顕在化せず，イラン大使館人質事件などの外交面での失策もあって不人気のまま改選を迎えレーガンに敗れた。退任後外交面で活躍し，2002年ノーベル平和賞を受ける。

▷1　規制緩和は，市場における競争を促進し，資源の最適配分を実現するものだ，とされている。しかし，一方でデメリットも指摘される。アメリカにおける航空業界の規制緩和を見れば明らかなように，かつての政府による国内航空路線の規制緩和によって，低価格化の実現はある程度達成されたが，同時に①新規参入企業の撤退などによる混乱，②路線の自由化のためにおこるハブ・スポークシステム（「6カ所の空港をつなげば15本の航路が要るが，そのうち一つを拠点つまりハブ空港にすることにより5本で済む」という考え）の発達による直行便の減少およびハブ空港における1社の独占的地位のための価格上昇などの問題が起きている。アメリカにおいてかつての規制体制に戻ること

　規制（regulation）とは，一定のルールにもとづいて社会における特定の行為に制限を加えることであり，行政組織が担っているもっとも重要な機能の一つである。

　本来，自由社会においては，人間は基本的に自由に行動するものとされ（たとえば，強制労働，強制退去などは例外的にしかおこなわれない），さらに自由主義経済においては契約自由と自己責任の原則のもとで規制なく取引が行われる。しかし，たとえば医療というサービスを提供するもの（病院，医師）と，受けるもの（患者）の関係を考えればすぐわかるように，取引はしばしば非対称的（力が強く知識のあるプロと弱く知識のないアマチュアの）関係のあいだでおこなわれ，単に「騙されたほうが悪い」と片づけられるものではない。そこで権力を持つ政府が，誰でも医療行為をしてはならない（免許制）とか，医療ミスを処罰するなどのさまざまな介入をおこなうことになる。

　そして，とくに1940年代ごろから，政府規模が拡大し，さらに社会の営みが複雑化するなかで，社会や経済に対する規制の網は拡大していったのである。

1　規制緩和をささえる理論

　こうした状況に対して，規制緩和（deregulation）が幅広く唱えられ始めたのは，1970年代のアメリカであった。新自由主義の立場に立つ経済学者らを中心に，石油ショックなどの影響でアメリカ経済がスタグフレーションと呼ばれる不況下のインフレに陥った主な原因の一つとして，過剰または不要な規制の蔓延があげられたのである。要するに，市場経済の本来の姿に立ち戻って，政府のお節介な介入を排除しなければ，市場そして社会が持っている活力が失われてしまうという主張である。また，政治学において，規制機関がしばしば規制対象を監視する立場から味方となり，業界への新規参入を禁止するが，すでに業界にいる者には甘い態度を取るといった傾向が指摘された。そうした考えのもとで，現存する規制やその体制の抜本的見直しが推進された。**カーター大統領**による航空業に対する規制緩和が最初に本格的な実施を見た事例である。

　日本においては，アメリカの影響もあり多様な方面で規制緩和が1980年代ごろから進められた。しかし，規制緩和という訳語（おそらく，「規制撤廃」というほうが deregulation の訳語としては正確であった）を用いたことからうかがえるように，その程度はしばしば不十分であるという批判も，徹底した改革を求める

立場からは投げかけられる。

2 規制緩和のプロセス

日本において，タクシーの運賃は，かつては同一地域の同型車両であれば，全く同じであった。これは，価格の競争を抑制する規制である。また，地域におけるタクシーの台数などもきめこまかな規制がかけられていた。こうした規制の体制（レジーム）に異議を申し立てたのが京都のMKタクシーであった。同社は規制機関である運輸省を相手取って訴訟を起こし，最終的には和解によって運賃の自由化を勝ち取った。それに至るまでの間，運輸省は，こうした規制はたんにタクシー業界を保護するだけでなく，運賃がばらばらになることによって生じる社会の無用の混乱を避けることも規制を維持する根拠としてあげていた。しかし，実際には，タクシー利用者はさしたる「混乱」もなく多様な運賃体系のタクシーを利用している。

ただし，タクシーの運賃が自由化され価格競争が起こったことは，一般消費者に利益をもたらしたが，需給の自由化（台数規制の緩和）はタクシー運転手の労働環境や賃金などに悪影響をもたらしているという面も否定できない。こうした面がクローズアップされると，今度は台数の規制を復活させるという動き（いわゆる再規制）が出てくることにも注意が必要である。

3 不徹底な規制の問題

2007年ごろ，食品偽装の問題が大きな社会的関心を集めた。しかし，責任を問われた当事者の記者会見などを見ていると，しばしば「それほど悪いことをやったのか？」といった表情や発言が目立った。これは一体どうしてなのであろうか。食品は人間の健康に直結する重要な規制対象である。しかし，複雑な流通経路を経て人の口に入る加工食品などを厳格に規制するには，たいへんなコスト（大量の専門家による頻繁な抜き打ち検査など）がかかる（いわゆるパトロールカー型規制）。そこで通常は，たいへんなこと（集団食中毒の発生）が起こったときに初めてその原因を徹底的に調べ，責任者に営業停止や免許の取り消しなどの厳しい制裁を加える（いわゆる火災報知器型規制）。つまり産地やブランドやらを偽装した者たちの「本音」の一部に，「誰も死んだり病気になったりしていないじゃないか」（火災報知器は鳴っていないではないか）という意識が潜んでいる可能性がある。

大量の人員をやとってパトロールカー型の体制を再構築することが困難であるかぎり，この問題の解決は規制強化よりもルールを明確にして関係者に周知徹底することと，流通経路の単純化など背景の要因の解消につとめる他ないであろう。

を主張するものは少ないが，規制緩和によって生ずる新たな問題を監視し修正・抑止する政府の取り組みは必要だとされる。

▷2 秋吉貴雄は日米の航空業の規制改革を比較して日本における不徹底を指摘している（『公共政策の変容と政策科学』有斐閣，2007年）。

▷3 その後，国土交通省は運賃の規制再強化を打ち出したが，これは国による「強制値上げ」であるとしてMKタクシーをはじめとする一部事業者が，運賃変更命令などを差し止めるよう仮処分申請を求め，大阪高等裁判所は2015年1月7日，差し止めを命じた一審・大阪地方裁判所の決定を支持し，国の即時抗告を棄却した。このように規制する側とされる側の争いは現在も続いている。

▷4 派遣社員の送り先を自由化したことによって不正規労働者が増大し，社会不安が生じる，各種運送業の参入規制を撤廃したことで安全性が低下し事故が頻発する，などのパターンが考えられる。

参考文献

伊藤大一編『変動期の公的規制』行政管理研究センター，1998年。

Ⅱ 現代日本の行政改革

4 財政健全化

　財政赤字とは，行政組織の収入よりも支出が大きく，そのギャップを借金などで埋めざるをえない状態を指す。財政赤字は行政改革と不可分の関係にあると言ってもよい。レーガン大統領は，就任以来，大胆な減税をおこなう一方で，軍事費を大幅に拡張した。これは，前政権から受け継いだ経済不況を脱するためのカンフル剤として有効なもののように思われた。しかし，レーガンは2期8年にわたってこのカンフル剤を打ち続ける。結果として，連邦政府は巨額の赤字を積み上げることになった。レーガノミックスと呼ばれる経済政策の評価は分かれる。肯定する立場は，軍事力強化がソ連の崩壊，冷戦の終結という大きな成果につながったとする。一方で，政府支出を十分削減できず，結果として大きな政府を作り上げたという批判もある。しかし確かなことがある。それは後任者，とくに**クリントン**政権における行政改革の火付け役となったことである。

▷**クリントン（Clinton, Bill：1946- ）**
若くして政治家として台頭し，出身のアーカンソー州で34歳にして再選に失敗して元知事となる。1993年から2期8年アメリカ大統領を務める。ルインスキー事件で不適切な関係について虚偽の証言をしたこともあって議会の弾劾を受けるが有罪を免れた。内政面で金融規制緩和推進，外交面では北米自由貿易協定（NAFTA）などで手腕を発揮した。

1 財政赤字の本質

　財政赤字に関しては，よく個人の経済状況と比較される。しかし政府の財政は企業や個人とは異なる。まず，企業の場合でも，個人の場合でも，強制的に収入を確保することはできない。働いてお金を稼ぐとか，うまく投資をする，とかいった手段に頼らざるをえない。しかし，政府は税金を課すことによって収入を得ている。さらにその率や制度も，政治的な条件はつきまとうが，政府によって調節することができる。さらに，国家には国民がいて，一定の帰属意識を持っている。企業に対する帰属意識もあるが，国家に対する帰属意識のほうが安定的である。

　さらに，日本の場合，政府にお金を貸しているのはほとんどが日本国内の企業や投資家たちである。いわば家族のなかでお父さんからお母さんにお金を貸している状態に見えるのである。だから，ODAなどの政府による援助は財政赤字を理由に削減されているが，この見方では途上国は納得し難いことになる。国全体としては依然として豊かではないか，ということである。

　では赤字が膨らんでも問題はないのであろうか。そうではない。経済官僚出身のエコノミスト小林慶一郎によれば，流動性と信頼性の問題がある。流動性の問題は，政府に債権や財産があって，トータルの債務額はそれほど大きくなくとも，とにかく借りてしまったお金は巨額であり，これに一斉に返済を求め

▷1　小林慶一郎「財政悪化，何が問題か」『朝日新聞』2004年12月5日付。

る「取り付け」が起これば，政府は支払い不能に陥る。重要なのは取り付けが起こることより，起こるかもしれない，という不安で国債市場や経済が影響を受けることだというのである。信頼性の問題は，投資家が，政府がいずれ歳出削減か増税を断行するという期待があって国債を買っているのに，それを裏切る，あるいは裏切ったと感じることで信頼が失われることをいう。

巨額の財政赤字は，こうしたメカニズムで一国の経済全体（金利，失業率，景気など）に悪影響を及ぼすおそれがある。さらに，赤字を大半は国内で処理しているということは，言い換えれば外国企業や国際機関（IMFなど）といった恐ろしい連中が口うるさく言うことがない，ということになり，改革を進める一つの原動力が欠如しているとも言えるのである。

2 財政赤字と財務省

予算の編成をおこなうのは，財務省（旧大蔵省）主計局である。編成作業の中核は主計官が担う。各省庁が会計課を中心に取りまとめた予算要求を査定する。査定は，前年度をたたき台にしながら，節減主義（とにかく切り詰めなさい，という方針）と受動主義（特定の政策に関心を持たないで，他の省庁の出方を待つ）をもとにおこなう。また，財源の不足を大義名分として，政治の介入をできるかぎり限定しながら，一定のシーリングをかけて予算を削ろうとする。

しかし，主計局の守りの姿勢だけで財政を健全化することはできなかった。1968年の「財政硬直化」打開キャンペーンや PPBS 導入は失敗した。自民党の一党優位体制のもとで社会が多元化し，予算を拡大せよという要求に抗しきれなくなった。さらに1970年代後半にはサミットによって押しつけられた「機関車論」という国際的要請が（大蔵省出身でもともとは財政緊縮論者であった）福田赳夫内閣にもたらされた。

銀行局，証券局という金融機関所管局を抱える大蔵省にあって，財政赤字をものともしない拡大路線に財源が不足しているという理由で予算の拡大を封じ込めることは制度的に困難であった。

なお，財政赤字は，当然国だけでなく地方にも広がっている。それは融合的な体制にあるとされる日本の中央地方関係において必然とも言える現象であった。財政健全化法が2007年に制定され，公営企業や第三セクターなどを含めた財務状況を示す指標を公表し，財政破綻状態の「財政再生」と，それに準じる「黄信号」を意味する「早期健全化」の指定（および，自治体の指定回避努力）によって地方自治体の財政改善をめざしている。

▷ 2 ⇨ 1-I-7 「新自由主義と小さな政府論」，2-V-5 「日本財政の争点」

▷ 3 2-V-3 「予算編成の技術」

▷ 4 真渕勝『大蔵省統制の政治経済学』中央公論社，1994年。

参考文献

井堀利宏『財政赤字の正しい考え方』東洋経済新報社，2000年。

練習問題

Ⅰ 行政改革の理論と歴史／Ⅱ 現代日本の行政改革

1. 行政改革は，なぜ必要なのか。改革にあたってめざすべき理念・方向性（複数）は何か。
2. NPMや民間委託を，サービス供給を政府の行政機構が直接執行する方式，およびそれを民間企業に委ねてしまう「民営化」の方式と，比べてみよう。
3. インターネット等で，国や自治体の政策評価文書の事例を読んで，評価がどんな効果や意味を持つか考えてみよう。
4. 規制緩和のメリット，デメリットを，複数の事例をもとに議論してみよう。

あとがき

■よくわかる行政学［第2版］

　ミネルヴァ書房の「よくわかる」シリーズで，行政学の初学者用教科書を編みませんかというお話をいただいたとき，村上さんはともかく，私のところにもその話が来るのは奇妙だという気分と，さもありなんという気分がないまぜになっていた。

　「はじめに」で村上さんが行政学は地味なように見えるかもしれないが，実はおもしろいと書いているが，私も村上さんも行政学はおもしろい科目だということを感じさせていただいた村松岐夫先生からこの科目を学んだ。実は，私は行政学専攻というわけではないし，大学でも行政学を講義した経験はあまりないが，地味な科目であるはずの行政学が，実は現代政治過程論に通じるすこぶるおもしろい科目であるということは知っている。私の師匠は村松先生の兄弟子にあたる（長浜政壽先生の門下でということ）福島徳寿郎先生だが，村松先生が長浜先生の行政学の後継者であるのに対して，こちらは国家学，政治機構論，政治原論を引き継いだシューレである。福島門下からすれば村松先生は，いわば叔父さんの位置にあたるので，現代政治に関心の強い大学院生は村松先生に行政学を学び，先生が提供してくださった共同研究の機会に積極的に参加してきた。そういう事情だから，外から見ると行政学を専攻しているように見える人も多い。そんなこんなで，行政学の教科書編集の話が私のところにも来るのだろうと思った。

　村上さんと私がこの教科書を編むについて考えたのは，行政学の堅い部分（ややもすれば地味だと思われる部分だ）もしっかり押さえつつ，われわれが村松行政学から学んだおもしろいところもきちんと伝えたいということだった。自然，役割分担としては，行政学教科書としての全容については村上さんが構想し，そのなかで，政治過程論に深くかかわるところについては私が村上さんに意見しつつ作り上げていくということになった。

　各章の執筆は，それぞれその領域を専門にしている，私たちのよく知る，多くは村松門下の先生方にお願いすることとなった。同門の縁を離れてさまざまの機会に知己を得た方々にお願いした章もあるが，いずれも，この章はどうしてもこの方に書いていただきたいという思いで，一所懸命口説いた。

　編者自身も書き始めてみて気付くことになったのだが，この本の執筆は皆さんにとっても結構大変だったろう。一つのトピックを見開き2ページに過不足なく収めるというのが大変で，側注に本文の文章を追い出しても，そちらでも

行あふれが生じてしまうことも多く，皆さん，割愛をやむなくしたところも多い。その分だけ，比較的自由に書けるものなら冗長となってしまったかもしれないものが，よりクリアに書けているのではないかと思う。執筆者の先生方には，編者2人からやかましい注文も多くつけたが，いやな顔もせずによく応えていただいた。もっとも，電子メールの時代で，多くはメーリングリスト上でのやり取りなので，渋い顔やうんざりした顔は見ないで済んだし，見せないでも済んだと思うのだが。

最近の学生諸君は本を読まないのだそうだ。とくに長いものが苦手だと聞く。そこで，この本のようなスタイルのものを編んで，存外におもしろい行政学への入口に導きたいと思った。見開き2ページの読みきりだから，長いものが苦手な学生諸君にもこれなら読めるだろう。読んでみておもしろいと感じたら，側注に示したものや参考文献に掲げたものを手に取ってもらえればと思っている。教科書を編むというのは自分が学問の世界に導かれた最初の入口を思い起こすことにも通じていて，この本の編集作業を進めつつ，妙に懐かしい気分に包まれていたのは村上さんも同じだろう。彼とは大学院以来の付き合いで，現在の職場も共有することとなった。一緒に楽しい仕事をさせてもらって感謝している。

僕ら2人にこの仕事をしないかと最初に持ちかけていただき，本書でも重要な組織論の部分を執筆していただいた田尾先生に感謝するとともに，ときに編集の方針をめぐり厳しく対立し激しい議論を交わす村上さんと私を静かに見守り，本書の完成に導いてくれたミネルヴァ書房の梶谷さんにも感謝したい。ときに編者2人が混乱したことを言い出したりもして，執筆の皆さんにもいろいろご迷惑をかけたが，梶谷さんの采配のおかげで何とか最後までたどり着くことができた。執筆者の皆さんにも感謝したい。第2版を出すことになって，新たに編集に加わってくれた中村さんも，丁寧な作業で執筆者の大雑把な表現をチェックしていただいた。感謝している。また行政法上の文言について，立命館大学の見上崇洋先生に相談したが，懇切丁寧な御指導を戴いた。とくに記して感謝したい。

多くの学生諸君が，本書を入口に行政学，政治学，公共政策の世界に入って行ってくれたらと願う。

佐藤　満

さくいん

あ行

アイデアの政治　189
相乗り（首長選挙の）　176, 177
足による投票　105, 217
アソシエーション　108
アバーバック，J. D.　120, 121
天下り　83, 84
委員会中心主義　119
意思決定　46-48, 65
イシュー・ネットワーク　189
一党優位体制　189
一般会計予算　88
一般財源　169
イノベーション（革新）　50, 51
入口選抜方式　77
インクレメンタリズム（漸増主義）　92, 186, 187
インフォーマルな集団　43, 112
ウェーバー，M.　5, 108
ウェストミンスター・モデル　124
影響力　182, 188
営団　62
NPM（New Public Management）　38, 111
NPO　127, 136
エルダー，C.　192
欧州大陸型モデル　125
大きな政府　12, 14, 17
大阪都（大阪市廃止分割）構想　173
オープン・システム（組織における）　39
大部屋主義　211
遅い昇進　77
オンブズマン　148
オンブッド　149

か行

会期　123, 124
会期制　118
会計検査院　58, 94
概算要求基準　90
外部過程（行政の）　3, 208
外部不経済　11
開放型任用制　85
科学的管理法　40
画一主義（地方制度の）　174
閣議　54
革新自治体　159, 176
閣法（内閣提出法案）　118
価値推進団体　127
価値前提　46
ガバナンス　21, 131
カリスマ　71
環境アセスメント　220
環境適合　112, 113
監査委員　145
幹事長（自民党の）　124
官製談合防止法　83
官邸　121
官邸主導　29
幹部候補育成課程　81
官房　56
官房学　5
官民人材交流センター　84
管理　40
官僚制　5, 108, 110-112
官僚制組織　109
官僚制の病理　110
官僚優位論　120
議院運営委員会　119
議院内閣制　116, 119, 124
議院内閣制のウェストミンスター化　125
議員立法　119
機関委任事務　158, 164, 165, 168, 170, 171
危機管理　101
規制　106, 222
規制緩和　222
議題（課題，アジェンダ）設定　182, 192
北川正恭　208
基本計画　64
基本構想　64
基本的人権　→人権
キャリア官僚　76, 84
ギューリック，L.　44
教育委員会　59
行政　2, 3
行政委員会　58
行政改革会議　215
行政学　2
行政官僚制　108
行政救済　142
行政国家　13, 102, 196
行政裁量　106
行政指導　107
行政責任　100, 102
行政相談　143
行政組織　38, 39, 45, 46, 48, 51, 65-67
行政訴訟　146
行政手続法　103, 107
行政統制　104
行政評価　202, 217
協働（行政と市民等の）　131, 137
許認可　106
均衡（諸集団の）　182
近代市民革命　6
口利き　107
クライエント（顧客）　114
クリントン，B.　224
グループ・ダイナミックス　43
計画行政　64
経済財政諮問会議　209
経済的合理性　39
経済部門団体　126
権威　45
権限　45
権限委譲　44, 45
原子力発電所の大事故（福島）　58, 101
言説政治　193
限定された合理性　46, 48
現場裁量　114
公益法人　136
公企業　62
合議制　58
公共サービス　39
公共財　11, 60
公共性　18, 20, 127

229

公共政策　*130*
構造は戦略に従う　*113*
公的アジェンダ　*192*
公平性　*23*
広報・広聴　*138*
合法性（行政における）　*22*
ゴミ箱モデル　*49*
公務員　*31, 33, 74, 76, 82, 209*
公務員制度改革　*84*
公務員の労働組合　*82, 105*
公務員批判　*13, 32*
合理主義　*186*
合理性　*40, 41, 44, 46–48, 112*
効率性（行政における）　*22*
合理的な政策決定　*186*
コーチング　*71*
国士型官僚　*121*
個人情報保護　*140*
護送船団方式　*201*
国家　*4, 188*
国会中心主義　*124*
国家公務員倫理法　*83*
コブ, R.　*192*
個別計画　*64*
雇用と年金の接続（公務員の）　*85*
コラボレーション　*111*
コンティンジェンシー理論　*111*

さ行

財政赤字　*30, 96, 224, 225*
財政調整　*168, 169*
最大動員モデル　*200*
最適基準　*46*
財務省原案　*91*
財務省主計局　*90, 225*
サイモン, H.　*46, 47, 50*
サッチャー, M.　*14, 216*
佐藤栄作　*214*
サミュエルズ, R.　*200*
参議院　*117*
サンセット法　*205*
暫定予算　*89*
参法　*118*
GHQ　*156, 157, 159*
資格任用制　*8, 74*
仕切られた競争　*201*
事実前提　*46*
自主財源　*168, 169*
市場原理　*6, 10, 104*

市場の失敗　*10, 60*
市制町村制　*158*
自治事務　*164, 165*
実現可能性　*23*
執行（政策の）　→実施（政策の）
実施（政策の）　*106, 182, 183, 188*
実施過程　*198*
実施計画　*64*
実施のギャップ　*199*
執政制度　*116*
執政長官　*116*
指定管理者制度　*219*
指定都市　*173*
市民活動　*20, 21, 134, 156*
市民参加　*113, 127, 134*
社会権　*12*
社会的合理性　*38*
シャットシュナイダー, E. E.　*193*
衆議院　*117*
衆議院の優越　*122*
集団浅慮　*49*
集団の噴出　*182*
集中と分散　*66*
衆法　*118*
自由放任主義　*6*
住民監査請求　*145*
住民自治　*156, 157*
住民訴訟　*145*
住民投票　*150, 151, 173*
熟議民主主義　*135*
シュタイン, L.　*5*
守秘義務　*82*
準公共財　*11*
小選挙区制　*125*
省庁再編　*125*
常任委員会　*119*
省別任用制　*77*
情報公開　*135, 140*
情報公開法　*103*
省令　*106*
職員参加　*68*
職務権限　*68*
食糧管理制度　*204*
職階制　*85*
審議会　*59, 128, 197*
人権　*6, 12, 23*
人事院　*58, 80, 210*

人事院勧告　*80*
新自由主義　*14, 21*
人的資源　*41*
スタッフ　*56, 66, 67*
ストリート・レベルの官僚　*50, 114, 115*
政界再編　*117*
声価法　*194*
請願　*144*
政官関係　*28, 120, 121*
税源（地方自治体の）　*168, 171*
制限列挙　*158, 160*
政策過程　*134, 182, 183, 188, 189*
政策形成　*182*
政策受益団体　*127*
政策ネットワーク　*189*
政策の発展，縮小，中止　*204*
政策評価　*202, 203*
政策評価法　*202*
政策領域　*182, 183*
政策類型　*183*
政治過程　*182, 183, 188, 189*
政治過程論　*182*
政治・行政二分論　*8*
政治主導　*29*
生存権　*12, 28*
政党優位論　*121*
政府政策　*130*
政府の失敗　*14, 60*
政府の役割　*4*
政務調査会長　*124*
政令　*106*
セクショナリズム　*27, 29, 47*
ZBB　*93*
説明責任　*102*
ゼネラル・スタッフ　*67*
前決定過程　*182, 192*
全庁的視野　*67*
相互依存　*160*
相互作用　*182, 183*
総裁　*124*
総定員法　*81, 217*
争点法　*195*
総務会長　*124*
族議員　*121, 189*
組織　*38, 39*

さくいん

た行

ダール, R. A.　*194, 195*
第三セクター　*61*
大臣補佐官　*75*
大統領制　*116*
第二次臨時行政調査会（第二臨調）　*63, 214*
対日人事行政顧問団　*210*
タスクフォース　*67*
脱官僚制　*110*
縦割り（行政の）　*159, 169*
縦割り（組織の）　*66*
他の条件がみな同じならば（ceteris paribus）　*187*
団体自治　*156, 157*
地域代表　*175, 176*
小さな政府　*7, 14*
地方官官制　*158*
地方議会　*13, 175-177*
地方公営企業　*61, 63*
地方公社　*61, 63*
地方交付税　*169*
地方自治　*29, 156*
地方自治の本旨　*156*
地方分権　*172*
チャンドラー, Jr. A. D.　*113*
中央集権　*27*
中央地方関係　*160*
中選挙区制　*124*
調整型官僚　*121*
直接請求制度　*150*
陳情　*144*
通常国会　*118*
辻清明　*120*
積み上げ褒賞制度　*77*
強い参議院　*125*
テーラー, F.　*40*
テーラー主義　*40, 41*
テクノクラート　*196*
鉄の檻　*110*
鉄の三角形（アイアン・トライアングル）　*65, 189*
討議型審議様式　*123*
党三役　*124*
道州制　*172*
当初予算　*89*
動態化　*113*
統治連合　*189*
討論（熟議）　*49*
時のアセスメント　*205*

特殊法人　*61, 62*
特定財源　*169*
特定非営利活動法人 → NPO
独任制　*58*
特別委員会　*119*
特別会計　*60, 88*
特別国会　*118*
特別市制　*159*
特命担当大臣　*54*
独立行政法人　*61*

な行

内閣　*27, 29, 54, 121, 125*
内閣官房　*55*
内閣人事局　*75, 81, 121*
内閣府　*55, 57, 125*
内閣法制局　*118, 197*
内環・外環モデル　*189*
内部過程（行政の）　*3, 208*
内部告発　*105*
内務省　*158*
二院制　*117*
二元代表制　*157, 159, 174-177*
日本国憲法　*28, 29*
日本的経営　*42, 112*
人間関係論　*42*
ねじれ国会　*117, 122, 123, 125*
粘着型審議様式　*123*
粘着性論　*124*
ノースコート・トレヴェリアン報告　*74*

は行

パートナーシップ →協働　*21, 111*
バーナード, C.　*44*
バクラック, P.　*193*
派閥　*124*
パブリック・マネジメント　*39*
バブル経済　*96*
バラッツ, M.　*193*
半大統領制　*116*
繁文縟礼　*50, 110*
PFI　*217*
PMモデル　*71*
PDSサイクル　*64*
PDCA　*64*
PPBS　*93, 225*
非決定権力　*193*
必要性（行政における）　*22*
秘密保護法　*140*

ヒューマン・リレーションズ（人間関係）　*43*
標準型審議様式　*123*
ビュロクラシー　*108, 109*
ファイナー, H.　*102*
ファヨール, H.　*41*
フーバー顧問団　*210*
フォーディズム　*40*
フォーマルな組織　*43, 44*
不確実性　*25, 187*
部局主義　*47*
福祉国家　*12, 216*
副大臣　*56*
府県制郡制　*158*
復活要求　*91*
不服申立前置主義　*143*
フリードリッヒ, C.　*102*
フルセット自治体　*161, 168*
プロジェクト・チーム　*67*
文官任用令　*75*
分権改革　*160, 161, 164, 170, 171*
分離（中央地方関係の）　*160, 161*
閉鎖型任用制　*85*
ヘイリー, J.　*200*
ペンドルトン法　*74*
包括授権　*158, 160*
法定受託事務　*164, 165*
ホーソン研究　*42, 43*
ホーム・ルール　*157, 174*
保守主義　*187*
補助金　*169, 171*
POSDCORB　*9, 44*
補正予算　*89*
骨太の方針　*55*
ポピュリズム（大衆扇動政治）　*29*
ポルスビー, N.　*194*

ま行

埋蔵金論争　*97*
マネジメント・サイクル　*64, 65*
真渕勝　*121*
慢性的な資源の不足　*115*
民営化　*14, 63, 218*
民間委託　*219*
民間活力の導入　*218*
民主主義の学校　*156, 157, 170*
民主性（行政における）　*22*

231

や行

村上泰亮　200
村松岐夫　121, 200
明治憲法（大日本帝国憲法）　26
メーヨー, E.　42
メンタリング　71
モチベーション　42, 43
モラール（集団士気）
モラルハザード　60

薬害エイズ事件　100
夜警国家　7
野党　117, 122
融合（中央地方関係の）　160, 161, 164, 168

有効性（行政における）　22
予算　31, 88, 225
予算局議　91
予算編成　90
与党　117, 122
与党審査　118, 119, 125

ら行

ライン　56, 66, 67
リーダーシップ　29, 67, 70, 71
吏員型官僚　121
利益団体　126, 128
利益誘導　107
利害関係者（ステークホルダー）　47, 65

リベラリズム　14
両院協議会　119, 122
猟官制　8, 74
稟議制　69, 197
臨時国会　118
ルース・カップリング　47
レントシーキング　14
連立政権　117
労働基本権　82
労働の人間化　41

わ行

ワーク・ライフ・バランス　81
ワグナー, A.　5

執筆者紹介 (氏名／よみがな／執筆分担／現職／主著／行政学を学ぶ読者へのメッセージ)　　＊50音順

村上　弘（むらかみ　ひろし）
　　第1部Ⅰ、Ⅱ・第3部Ⅰ、Ⅳ・第4部Ⅱ-5
立命館大学法学部教授
『新版 日本政治ガイドブック：民主主義入門』（法律文化社）
「政治学教育における目的，内容，方法」『年報政治学』2016-Ⅰ
行政学はウクライナ，ロシアを含むヨーロッパのように多様で広いので，この本で全容を理解したうえで，興味あるテーマを深化させましょう。

佐藤　満（さとう　みつる）
　　第1部Ⅰ-11(3)・第4部Ⅰ、Ⅱ-1～4、Ⅲ・第5部Ⅰ
立命館大学政策科学部教授
『厚生労働省の政策過程分析』（慈学社）
『政策過程論：政策科学総論入門』（編，慈学社）
政治と行政は不可分に結びついていますから，行政学に関心を持つ人は現代日本政治についても広く関心を持ってほしいと思います。

秋月謙吾（あきづき　けんご）第6部Ⅰ、Ⅱ
京都大学大学院法学研究科教授
『行政・地方自治』（東京大学出版会）
新聞・テレビ・インターネットから得られる行政にかかわる情報は有益なものもありますが，相当バイアスがかかっています。それはなぜか？ これも重要な疑問です。

芦立秀朗（あしたて　ひであき）第2部Ⅳ
京都産業大学法学部教授
「幹部人事と政治介入制度」『現代日本の公務員人事』（第一法規）
「援助行政への参加と政策への支持の関係——JGSS-2006データから」『産大法学』第48巻第1・2号，2015年
日本の行政の「今」を知ろうとする場合，日本だけを見ていてもその特徴は分かりません。他の国や過去の日本と比較するという作業も並行しておこなってみて下さい。

田尾雅夫（たお　まさお）第2部Ⅰ、Ⅲ・第3部Ⅱ
愛知学院大学経営学部教授
『行政サービスの組織と管理——地方自治体における理論と実際』（木鐸社）
『公共マネジメント——組織論で読み解く地方公務員』（有斐閣）
行政学も含めてほとんどの学問には，不易と流行が影のように寄り添いながらある。肝心なことは不易の部分を知ることだと思います。

辻　陽（つじ　あきら）第3部Ⅲ
近畿大学法学部教授
『戦後日本地方政治史論——二元代表制の立体的分析』（木鐸社）
「多選首長の政策と政治手法」『近畿大学法学』第61巻第1号，2013年
今日の「行政」を理解するには，それをとりまく「制度」の概要や与野党間勢力関係などの「政治」的状況にも目を配る必要があるでしょう。

土山希美枝（つちやま　きみえ）第3部Ⅴ
龍谷大学政策学部教授
『高度成長期「都市政策」の政治過程』（日本評論社）
『「質問力」ではじめる自治体議会改革』（公人の友社）
今日の行政は，社会や政治と切り離しては考えられません。政策・制度の対象となる課題を見る目，結果を予想し見込み違いを調整する想像力，発想力を養って下さい。

藤井禎介（ふじい　ただすけ）第5部Ⅱ
立命館大学政策科学部准教授
「日本の外国人労働者受け入れ政策——比較分析のための一試論」『政策科学』第14巻第2号，2007年
行政活動の全体は，想像以上に複雑でかつ日々変化しています。その理解のためには，現実を注意深く観察し，それを理論的に説明するという姿勢が大切です。

松並　潤（まつなみ　じゅん）第2部Ⅱ
神戸大学大学院国際協力研究科教授
「特殊法人改革の虚実」『レヴァイアサン』第43号，2008年
「長期在任市長と市職員」『国際協力論集』第20巻第1号，2012年
理論を学ぶときには，行政の現実をぜひ見て下さい。そして現実を学ぶときには，理論がそれをどう説明しているのかをぜひ考えて下さい。

真渕　勝（まぶち　まさる）第2部Ⅴ
立命館大学政策科学部教授
『大蔵省統制の政治経済学』（中央公論社）
『行政学』（有斐閣）
『風格の地方都市』（慈学社）
常に現実感覚を持ち，テキストに書かれていることを身近な現象とリンクさせて考えるよう努力して下さい。理解は格段に深くなります。

やわらかアカデミズム・〈わかる〉シリーズ
よくわかる行政学 [第2版]

2009年4月25日　初　版第1刷発行	〈検印省略〉
2014年2月15日　初　版第4刷発行	
2016年1月30日　第2版第1刷発行	
2019年2月25日　第2版第3刷発行	

定価はカバーに
表示しています

編著者　村　上　　　弘
　　　　佐　藤　　　満
発行者　杉　田　啓　三
印刷者　江　戸　孝　典

発行所　株式会社　ミネルヴァ書房
　　　　607-8494 京都市山科区日ノ岡堤谷町1
　　　　電話代表（075）581-5191
　　　　振替口座 01020-0-8076

Ⓒ村上・佐藤ほか, 2016　共同印刷工業・新生製本
ISBN978-4-623-07516-4
Printed in Japan

―― やわらかアカデミズム・〈わかる〉シリーズ ――

よくわかる憲法［第2版］	工藤達朗編	本 体	2600円
よくわかる刑法［第2版］	井田 良ほか著	本 体	2500円
よくわかる刑事訴訟法	椎橋隆幸編著	本 体	2600円
よくわかる労働法［第2版］	小畑史子著	本 体	2500円
よくわかる会社法［第3版］	永井和之編著	本 体	2500円
よくわかる地方自治法	橋本基弘ほか著	本 体	2500円
よくわかる法哲学・法思想［第2版］	深田三徳・濱真一郎編著	本 体	2600円
よくわかる現代経営［第4版］	「よくわかる現代経営」編集委員会編	本 体	2700円
よくわかる現代の労務管理［第2版］	伊藤健市著	本 体	2600円
よくわかる企業論	佐久間信夫編	本 体	2600円
よくわかるNPO・ボランティア	川口清史・田尾雅夫・新川達郎編	本 体	2500円
よくわかる司法福祉	村尾泰弘・廣井亮一編	本 体	2500円
よくわかる社会保障［第4版］	坂口正之・岡田忠克編	本 体	2500円
よくわかる社会福祉［第10版］	山縣文治・岡田忠克編	本 体	2500円
よくわかる子ども家庭福祉［第9版］	山縣文治編	本 体	2400円
よくわかる障害者福祉［第5版］	小澤 温編	本 体	2200円
よくわかる家族福祉［第2版］	畠中宗一編	本 体	2200円
よくわかる精神保健福祉［第2版］	藤本 豊・花澤佳代編	本 体	2400円
よくわかる社会的養護［第2版］	山縣文治・林 浩康編	本 体	2500円
よくわかる地域福祉［第5版］	上野・松端・山縣編	本 体	2200円
よくわかる心理統計	山田剛史・村井潤一郎著	本 体	2800円

―― ミネルヴァ書房 ――

http://www.minervashobo.co.jp/